Die schönsten Märchen aus Tausendundeiner Nacht

NACHERZÄHLT VON
HORST KÜNNEMANN

ILLUSTRIERT VON
MARIO GRASSO

LAPPAN

Inhalt

Einleitung

Von Prof. Horst Künnemann

Wer bringt heute noch die Ausdauer und Geduld auf, die ungekürzten „Erzählungen aus Tausendundeiner Nacht“ zu lesen – etwa die 4857 Seiten der 1953 im Insel Verlag erschienenen vollständigen deutschen Ausgabe von Enno Littmann nach dem arabischen Urtext der Calcuttaer Ausgabe aus dem Jahr 1839? Dabei haben diese Märchen, die sich oft zu ganzen Romanen auswuchsen, unsere europäischen, abendländischen Vorstellungen vom Morgenland über Generationen wie keine andere Lektüre geprägt. Das in unzähligen Bilder- und Jugendbüchern, in Klassiker- und gekürzten Gesamtausgaben geprägte Orient-Bild schlägt sich bis heute in den werblichen Klischees von Ferienprospekten und Reiseführern nieder. Und gerade heute, wo das Zwiegespräch zwischen Orient und Okzident, zu dem die „Erzählungen aus Tausendundeiner Nacht“ über Jahrhunderte eingeladen haben, immer mehr dem Disput und der Konfrontation weichen, lohnt sich die Lektüre für Jung und Alt. Denn heute gilt noch verstärkt, was der Dichter Hugo von Hofmannsthal in seiner Einleitung zur Insel-Ausgabe schrieb: Als Kind bekommt der Mensch von dieser Sammlung eine erste Ahnung und Vorstellung vom Geheimnisvollen, weit entfernt Liegenden, Exotischen. Für Jugendliche kommen jene interessanten Lebensbereiche hinzu, die mit Reisen, Abenteuern und Wundern zusammenhängen – auch und gerade jenen der Erotik und der Liebe in jeder Form. Und den Erwachsenen schließlich eröffnet die Lektüre bisher kaum erahnte Horizonte und die Erkenntnis vom lebenslangen Lernen bis zum Ende unserer Tage, davon, Lesende zu bleiben, bis dass der Tod uns scheidet von all den Büchern und Texten, die wir einmal gelesen und teilweise schon wieder vergessen haben oder die wir eigentlich noch lesen wollten ... aber dann war leider Schluss. Seit längerem schon diskutieren wir – Eltern, Erziehende und Erziehungsberechtigte – darüber, was zu den Standards des Wissens gehört, zur Allgemeinbildung, wie man so schön sagt. Die PISA-Studie steckt uns allen seit Jahren in den Knochen, im Hirn und im Herzen. Sind wir wirklich so blöd, wie international erkannt und bewiesen? Und was können, sollen, müssen wir dagegen tun, uninformiert, desinteressiert und schlecht ausgebildet zu sein? Falls demnächst wieder einmal die Frage aufgeworfen wird, was denn nun zu den Standards und zum Bildungskanon gehört, welche fünf oder zehn Bücher der Mensch auf die legendäre Robinson-Insel mitzunehmen hat, wenn wieder einmal Schiffbruch angesagt ist: „Die schönsten Märchen aus Tausendundeiner Nacht“ gehören dazu!

Ehe diese Märchen des Orients Europa erreichten, hatten sie eine lange und weite raumzeitliche Reise hinter sich gebracht. Erste Anfänge

Fortsetzung Seite 11

Liebe Kinder,

Nun erzähl doch keine Märchen!, sagten die Großen früher oft, wenn sie sich miteinander unterhielten und jemand eine ganz unglaubliche Geschichte zum Besten gab. „Erzähl mir doch kein Märchen!", sagen wohl heute noch manche Eltern oder Lehrer, wenn ihnen Kinder etwas vorschwindeln wollen. Sind Märchen also etwas Schlimmes? Ganz und gar nicht! Märchen sind im Gegenteil eine wunderbare Möglichkeit, etwas Fantastisches, etwas eigentlich Unmögliches zu transportieren. Märchen haben sich die Menschen aller Länder und Völker in fernen Zeiten erzählt, als es weder Zeitung noch Fernsehen oder Internet gab. Nicht mal fließendes Wasser aus dem Hahn in der Küchenwand und im Bad oder elektrisches Licht über den Schalter. Wenn es dunkel wurde, wenn Menschen in Wüsten, Steppen und Gebirgen an Lagerfeuern oder in ihren Hütten und Häusern am wärmenden Herd zusammenhockten, vertrieben sie sich die Zeit mit Märchenerzählen. Das war so bei uns, lange bevor die Brüder Grimm die bis heute bekannten und beliebten Kinder- und Hausmärchen aufschrieben, welche ihnen von alten Frauen und Männern erzählt worden waren. Und ähnlich wird es sich mit den „Märchen aus Tausendundeiner Nacht" verhalten haben:

Auf langen Wanderungen mit Kamel- und Eselskarawanen, am flackernden Feuer oder bei der Glut aus dem Holzkohlebecken der Tee- und Kaffeebuden der arabischen Märkte fing jemand an, eine tolle, spannende, ja vielleicht völlig verrückte Geschichte zu erzählen. War die Geschichte gut, blieb sie in den Köpfen der Zuhörer haften, und sie erzählten sie bei passender Gelegenheit weiter. Wir können uns das wie bei der „stillen Post" vorstellen: Je länger einst Erlebtes oder Erdachtes weitergesponnen wird, desto mehr verändert es sich. Um einen Kern herum legen sich immer neue, manchmal endlos viele Schichten, bis die ursprüngliche Erzählung schließlich kaum mehr zu erkennen ist.

„Erzähl mal!", „Los, erzähl weiter!" Und die Männer und Frauen des Orients, den Ländern Nordafrikas bis hin nach Persien, Arabien und China, erzählten, dass es eine Freude war! Dabei ging es längst nicht immer nur um wichtige Nachrichten und um selbst Erlebtes. Oft war es viel interessanter, Typen zu erfinden, die aus der Rolle fielen. Ob die Geschichte wahr oder erfunden war, spielte keine große Rolle – Hauptsache sie war spannend und gut erzählt. In Märchen konnte das schier Unglaubliche passieren. Menschen trafen auf bedrohliche Geister, auf Ungeheuer und Riesenvögel, denen sie unter Aufbietung ihrer Fantasie und all ihres Mutes entkommen mussten. Sie konnten durch die Luft fliegen, wie wir das heute aus Fantasy- und Science-Fiction-Geschichten kennen. Für einen Zauberer und Dschinn, einen Geist früherer Jahrhunderte, war es ein

Klacks, sich über Nacht von einem Kontinent zum anderen zu beamen. Und auch der fliegende Teppich wurde im Orient erfunden!
Für das dicke Bilderbuch, das du hier in Händen hältst, haben wir – der Verleger Peter Baumann, mein Freund Mario Grasso, der teuflisch gut zeichnen kann, und ich – uns vorgenommen, einige der wichtigsten Märchen aus Tausendundeiner Nacht nachzuerzählen. Viele orientalische Vorreden, wortreiche Begrüßungsfloskeln, umständliche Erklärungen und endlose Wiederholungen haben wir ratz-fatz rausgelassen und weggeschmissen: Beim Weitererzählen jemandem eine kurze Inhaltsangabe geben, kann und darf man. Das ist so ähnlich wie ein Helikopterflug über unübersichtlichem Gelände: Je höher dich der Rotor hebt, desto besser und klarer wird der Überblick. Wenn deine Eltern, Verwandten oder vorlesenden Freunde mosern, die Geschichten in diesem Buch seien viel zu kurz, und überhaupt hätten wir ganz wichtige Dinge und Geschichten ausgelassen, dann sage ich dir und ihnen: Sie haben ja Recht! Dafür haben andere Verlage dickere Ausgaben und Bearbeitungen für jedes Alter und jeden Geschmack herausgebracht. Die gibts in Büchereien und guten Buchhandlungen.
Und ein Letztes: Natürlich kennt auch der Orient (wo der genau liegt, zeigen dir die Karten ganz vorne und ganz hinten in diesem Buch) längst modernste Informationstechnologien mit Farbfernsehen, Internetanschluss und Handy. Dennoch sind die Märchenerzähler bis heute nicht von den Märkten und Plätzen, aus den Teestuben und Cafés der Basare verschwunden. Wenn du wissen willst, ob sie noch genau so wie die Männer und Frauen der Vergangenheit erzählen und ihre Fäden spinnen, liegen ein jahrelanges Studium und viel Arbeit vor dir: Du musst Arabisch lernen!

Horst Künnemann

reichen bis ins Indien des achten nachchristlichen Jahrhunderts zurück. Von dort kamen sie auf Karawanenwegen nach Persien, nach Ägypten, in den Nahen Osten und nach Nordafrika. Unterwegs wurde das transportierte Erzählgut immer reicher, vielfältiger und farbenfroher. Bis heute lassen sich keine Autoren oder Erfinder bestimmter Geschichten und Motive namentlich nachweisen.

Im 14. Jahrhundert gelangten einzelne Erzählungen nach Italien und beeinflussten dortige Autoren wie Boccaccio (1313–1375) und sein „Decameron". Dem französischen Orientalisten Antoine Galland (1646–1715) gelang anhand eines aus Ägypten erworbenen Manuskripts der Zeit um 1400, das sich seit 1701 im Besitz der französischen Nationalbibliothek befindet, eine erste französische Übertragung. Schon Galland kürzte die ausufernde, oft weitschweifige Erzählweise und ergänzte sie um Elemente des damaligen Zeitgeistes. In der Folge wurden insbesondere jene Erzählungen, die stark erotisch gefärbt waren, entweder abgeschwächt oder ganz ausgespart. Ähnlich erging es den Geschichten, die um 1839 erstmals auf Deutsch erschienen: „1001 Nacht, arabische Geschichten" enthielt alte Motive des Mittleren und Fernen Ostens, dazu Erzählungen, Fabeln und Reiseberichte aus näher liegenden Gebieten wie Mesopotamien, Ägypten und Nordafrika.

Mit Sicherheit können wir annehmen, dass sich die Anekdoten, Novellen, Erlebnis- oder Fantasiegeschichten zunächst mündlich verbreiteten, in Teestuben, Karawansereien, auf Basaren und am abendlichen Lagerfeuer. Dabei haben die Märchenerzähler von den unterschiedlichen Handwerken, die im Orient noch heute ausgeübt werden, einige Techniken übernommen – von den Korb- und Mattenflechtern etwa die Art, unterschiedliche Stängel und Binsenhalme so geschickt miteinander zu verbinden, dass ein festes Ganzes entsteht; wie Fischernetze sind in manchen Märchen die Handlungsstränge geknüpft und verknotet.

Auch sahen die Märchenerzähler schon damals den Außen- und Innenschmuck an Stadttoren und Moscheen, an Palästen und an den Häusern reicher Kaufleute. Der Islam und der Koran verbieten die menschliche Abbildung. Die Ornamente und Arabesken, der Bauschmuck aus Stein und Holz, zeigten deshalb vorzugsweise Schnörkel und Pflanzenranken, die kompliziert ineinander wuchsen, so wie manche die Geschichten der Märchenerzähler ins scheinbar End- und Uferlose führen. Ähnlich verhält es sich mit den Teppichknüpfern und den Verbindungen, die am Webstuhl entstehen: Von außen sehen wir nur die schön gemusterte, vielfach mit Bildern geschmückte Oberfläche; wir fühlen das Material aus weicher Wolle oder glatter Seide, wenn wir mit der Hand die Außenseite berühren oder barfuß darüber laufen. Wie das Ganze mit Kettfäden, unterschiedlichen Knoten und raffinierten Verknüpfungen zusammenhängt und fest verbunden wird, erkennen wir erst, wenn wir in einer Werkstatt zusehen, wie ein Teppich entsteht oder wenn wir ihn umschlagen und seine Rückseite genauer betrachten. Garantiert haben das alles die frühen Märchenerzähler ebenfalls beobachtet, als sie ihre Geschichten zusammenzuspinnen begannen!

Wieder andere Geschichten scheinen beim Stafetten- und Botenlauf entstanden zu sein: Ein Stück Erzählung wird an den Nächsten und von diesem an den Übernächsten weiter gereicht. Am Ende langt – vielleicht – das an, was einst auf den Weg gebracht wurde. Weil aber Fantasie und Erfindungsreichtum mit im Spiel sind, kann am Schluss auch etwas gänzlich anderes ankommen.

Schließlich sind orientalische Märchen wie Kino, Jahrhunderte bevor das wirkliche Kino gegen Ende des 19. Jahrhunderts erfunden wurde: Da springt die Handlung ohne Vorwarnung von einem Schauplatz zu einem anderen; eine Person kann in Gedanken- und Blitzesschnelle vom fernen China ins nähere Nordafrika entrückt, „gebeamt" werden und umgekehrt. Jemand ist auf Reisen unterwegs und gleichzeitig läuft bei ihm zu Hause das normale Leben weiter. Die Zeit kann in Windeseile verstreichen oder wie frischer türkischer Honig zäh dahintropfen. Alles jahrhundertealt und zugleich ganz modern ...

Als das gesprochene Wort vom Mund zum Ohr verschriftlicht wurde und die Fülle an Geschichten schließlich in Druck gehen sollte, wurde, so ist anzunehmen, eine zusammenhaltende Klammer erforderlich. Diese ergab sich durch die Rolle der Scheherazade. Der tatkräftigen, hoch gelehrten und mit Geschichten erfüllten Tochter eines Wesirs gelingt es, den mental kranken Sultan Scheherban zu kurieren und ihn davon abzubringen, seiner traumatischen Eifersucht immer neue Landestöchter zu opfern. Vom mordlüsternen Gewaltherrscher, der am Morgen danach seine nächtlichen Gefährtinnen töten lässt, gesundet er nach drei Jahren Erzähltherapie zum liebenden Vater, der sich fürsorglich seinem Staatswesen, seinem liebenden Weibe und den inzwischen drei gemeinsamen Kindern zuwendet!

Die kluge Scheherazade aus der Rahmengeschichte ist übrigens nur eine von vielen einfallsreichen und mutigen Mädchen und Frauen, die uns in den ungekürzten Fassungen der „Erzählungen aus Tausendundeiner Nacht" begegnen: Immer wieder sind es Mütter, Töchter und Schwestern aus allen gesellschaftlichen Schichten, aus den Hütten der Armen, aus den Basaren und aus den Häusern wohlhabender Kaufleute, Töchter von Zauberern und Magiern, die sich voller Tatendrang durchsetzen und kämpferisch behaupten, die voller List und Einfallsreichtum selbst in auswegloser Lage noch eine Lösung finden. Es muss also in jenen fernen Zeiten, als diese Märchen entstanden sind, schon einmal

einen Orient gegeben haben, in dem die totale Verhüllung, ja selbst die Diskussion um das Kopftuch der muslimischen Mädchen und Frauen keine zentrale Rolle spielten!

Wozu noch immer oder immer wieder „Tausendundeine Nacht", selbst in unserem medialen elektronischen Zeitalter? Um in uns, den Vermittelnden, Erinnerungen an Vergangenes wachzurufen, die es lohnt, an Jüngere weiterzugeben. Um Motive jener zugleich fernen und doch immer nahe gelegenen Märchen- und Fantasiewelt mit ihren vielfältigen Bearbeitungen und Veränderungen auf aktuelle Bezüge hin zu überprüfen.
Gerade die für dieses Hausbuch gewählte Beschränkung auf kurze Nacherzählung und bildkünstlerische Umsetzung bekannter und weniger bekannter Märchenmotive soll eigene Vorstellungen und Imaginationen in Bewegung setzen. Eigentlich bieten wir hier nur märchenhafte Kurzfassungen, Appetithäppchen an, die Lust auf eine weiterführende, vertiefende Lektüre machen sollen. Der Buchmarkt bietet eine reiche Titelzahl umfangreicherer Ausgaben an, die uns die Märchenwelt des Orients in stunden-, tage- und nächtefüllender Lektüre eröffnen – aktuell etwa die 687 Seiten starke Neuübersetzung nach der ältesten arabischen Handschrift, die 2004 bei C.H. Beck erschienen ist. Wer dieses Leseabenteuer unternimmt, darf sich auf spannende Stunden freuen!

In den „Märchen aus Tausendundeiner Nacht" geht es keineswegs immer friedfertig und harmonisch zu. Selbst romantisch verbrämt erscheinende Helden von Kinder- und Jugendbuchfassungen wie Sindbad der Seefahrer oder Aladin und die Wunderlampe (und ihre Aufbereitung in Kinofilmen, Fernsehserien und Hörbüchern) sind in Grenzsituationen, dann, wenn es darum geht, den eigenen Hals, die eigene Haut zu retten oder sich persönliche Vorteile zu verschaffen, zu argen Schandtaten und Verbrechen fähig. Ob gekürzt, verändert oder in ihrer ursprünglichen Version dargeboten: Immer ergeben sich Anlässe, über Mentalitätsunterschiede, über Vertrautes und total befremdlich Erscheinendes miteinander zu reden. Das Glossar am Ende dieses Buches hilft, Begriffe zu (er)klären, die heute in keiner Nachrichtensendung fehlen. „Die schönsten Märchen aus Tausendundeiner Nacht" in dieser als Bild-Text-Kompendium und Hausbuch für die ganze Familie konzipierten Form zielt bewusst auf Frage und Antwort zwischen den Generationen, will knappe Vorlese-Situationen ermöglichen und dabei keinem förderlichen Streitgespräch ausweichen.

Scheherazade: Wie alles begann

Im tiefsten Herzen Asiens, in der schönen Stadt Samarkand, lebte vor uralten Zeiten ein weiser König vom Geschlecht der Sassaniden. Der König oder besser Sultan, denn so wurden die mächtigsten Herrscher im alten Asien genannt, dieser Sultan also herrschte über ein riesiges Reich und hatte in seiner Hauptstadt prächtige Paläste und Moscheen mit leuchtenden Kuppeln und hoch aufragenden Minaretten errichten lassen. Der Sultan hatte zwei Söhne, Schahzaman und Scheherban, die einander herzlich zugetan waren.

Als der alte Herrscher nach einem langen und erfüllten Leben im Sterben lag, rief er seine beiden Söhne zu sich und teilte sein Riesenreich in zwei gleiche Hälften. So kam es, dass Schahzaman und Scheherban, nachdem sie gemeinsam um ihren Vater getrauert und ihn zu Grabe getragen hatten, auch voneinander Abschied nehmen mussten. Schahzaman reiste in jene weit entfernt liegenden Länder, die der alte Sultan einst erobert und ihm auf dem Sterbebett zugewiesen hatte, während Scheherban in Samarkand blieb und dort als neuer Sultan über die andere Hälfte des alten Reiches herrschte.

Die Jahre vergingen; die beiden Brüder regierten ihre immer noch großen Reiche, gingen auf die Jagd, heirateten, und führten ein gutes Leben. Eines Morgens aber erwachte Scheherban in seinem Prunkbett und spürte, wie ihn die Sehnsucht erfasste, seinen geliebten Bruder nach so langer Zeit einmal wiederzusehen. Kurz entschlossen bereitete er alles Nötige vor, ließ die edelsten Pferde mit kostbarem Zaumzeug satteln und einige Kamele mit Gastgeschenken sowie ausreichenden Vorräten an Essen und Trinken beladen. Dann übergab Scheherban die Regierungsgeschäfte für die Zeit seiner Abwesenheit seinem obersten Wesir, verabschiedete sich von seiner geliebten Frau und ritt los.

Nach ein paar Stunden fiel ihm ein, dass er einen Jagdfalken, den er seinem Bruder Schahzaman zum Geschenk machen wollte, im Palast vergessen hatte. So ließ er die kleine Karawane anhalten und kehrte im gestreckten Galopp, nur von einem Leibwächter begleitet, wieder nach Samarkand zurück. Unangemeldet betrat der Sultan seinen Palast durch einen Seiteneingang, um den Falken zu holen und gleich wieder aufzubrechen. Doch wie er seine Gemächer betrat, überraschte er seine Frau dabei, wie sie mit einem schwarzen Sklaven turtelte und ihn liebkoste.

Scheherban wurde von Eifersucht und rasender Wut gepackt: „Kaum bin ich auch nur einige Schritte fort, schon betrügst du mich, Weib!", schrie er außer sich vor Zorn, packte seinen Krummsäbel und erschlug die Frau mitsamt ihrem Liebhaber. Dem obersten Wesir aber befahl er, auch alle Sklavinnen seiner Frau hinrichten zu lassen, weil diese von dem Treubruch der Gattin gewusst und dazu geschwiegen hatten.

Verstört und innerlich aufgewühlt kehrte Scheherban zu seiner Karawane zurück und setzte die Reise zu Schahzaman fort. Der freute sich sehr, seinen Bruder wiederzusehen und dankte ihm auch herzlich für die Gastgeschenke, doch war ihm sogleich aufgefallen, dass Scheherban ein bekümmertes Gesicht machte. „Du siehst bleich und erschöpft aus, Bruder. War die Reise so anstrengend oder ist es etwas anderes, was dir auf der Seele liegt?", fragte er. „Es ist nichts", wehrte dieser ab und versank in brütendes Schweigen.

Um seinen Bruder etwas aufzumuntern, veranstaltete Schahzaman am nächsten Tag eine Jagd auf Antilopen. Dabei wollte er den geschenkten Jagdfalken erproben. Scheherban stieg eher widerwillig auf sein Pferd und schloss sich dem Jagdtrupp an. Aber bald verlor er die Lust daran und kehrte unbemerkt in den Palast des Bruders zurück. Als er kurze Zeit später aus seinen Gemächern auf einen Balkon hinaustrat, sah er in den Palastgarten hinunter, wo sich seine Schwägerin, begleitet von zehn ausgesucht schönen Sklavinnen, gerade zu einem großen Wasserbecken begab. Von seinem Balkon aus beobachtete Scheherban erstaunt, wie sich eine Schar kräftig gebauter schwarzer Sklaven zu den Frauen gesellte. Bald wurde ausgiebig gespielt, getanzt und musiziert und es ging nicht lange, bis sich alle gegenseitig zu

liebkosen begannen und der entsetzt hinter eine Säule zurückgewichene Scheherban die Gewissheit hatte, dass auch sein Bruder von seiner Frau betrogen wurde!

Als Schahzaman von der Jagd heimkehrte, freute er sich zunächst, dass sein Bruder wieder viel lebhafter schien und Farbe in sein Gesicht zurückgekehrt war. Doch Scheherban zog ihn alsbald zur Seite und erzählte ihm mit leiser Stimme, was daheim in Samarkand geschehen war und fügte an: „Es tut mir Leid, Bruder, doch ich habe guten Grund zu befürchten, dass dir ein ähnliches Geschick droht!" Schahzaman mochte seinem Bruder nicht glauben, denn er liebte seine Frau und war sich ihrer Treue sicher. Schließlich aber befolgte er dessen Rat, einen weiteren Ausritt vorzutäuschen und heimlich zurückzukehren, um zu sehen, was seine Frau in seiner Abwesenheit trieb.

So kam es, wie es kommen musste: Die Szene, die Scheherban schon einmal vom Balkon aus beobachtet hatte, wiederholte sich und Schahzaman sah mit eigenen Augen, wie ihn seine Frau mit einem Sklaven betrog. Auch ihn packte eine so unbändige Wut, dass er seiner Frau und deren Liebhaber mit seinem Krummsäbel eigenhändig die Köpfe abschlug und alle anderen Beteiligten vom Scharfrichter töten ließ.

Vom Erlebten völlig erschüttert, zogen die Brüder allein in die Wüste hinaus. Beiden schien es unmöglich, nach dem, was vorgefallen war, weiter ihren Regierungsgeschäften nachzugehen oder jemals wieder ein glückliches Familienleben zu führen. Die folgenden Tage verbrachten die Brüder mit Grübeln und Wehklagen. In ihrer Pein wurden sie von bösen Geistern und verführerischen Zauberinnen heimgesucht, derer sie sich nur mühsam erwehren konnten.

Es war Schahzaman, der nach einiger Zeit vorschlug: „Lass uns in unsere Paläste zurückkehren und dort versuchen, wieder Frieden und innere Ruhe zu finden."

Scheherban willigte wortlos ein. Seine Wut auf die treulosen Frauen aber war noch längst nicht verflogen. Er wusste, dass er sich nach der Rückkehr in sein Reich an allen Frauen und Mädchen für das ihm und seinem Bruder angetane Leid rächen würde!

In der Tat begann für die Menschen in Samarkand eine böse Zeit: Von seinen Un-

tergebenen, den einfachen Leuten wie den Bessergestellten, ließ sich Scheherban Tag für Tag die schönsten Töchter des Landes zuführen. Von keiner glaubte er, dass sie tugendhaft und treu sei. So verbrachte er die Nacht mit ihnen und am nächsten Tag befahl er dem Wesir, den unglücklichen Mädchen den Kopf abzuschneiden! Es half kein Flehen und kein Treueschwur, jeden Morgen wurde eine junge Frau hingerichtet und jeden Abend eine andere genötigt, zum Sultan in den Palast zu kommen.

Wie ein Lauffeuer verbreitete sich die Nachricht vom unbarmherzigen Wüten des Sultans im ganzen Lande. Wer über die nötigen Mittel verfügte, um aus dem Land zu fliehen, suchte mit seinen Töchtern alsbald das Weite. Wer bleiben musste, versteckte seine Töchter vor dem Tyrannen. Das öffentliche Leben auf Märkten und Basaren kam zum Erliegen. Das einst so lebhafte und geschäftige Samarkand glich allmählich einer Geisterstadt.

Auch der Palast des Sultans verwaiste. Am Ende blieb nur noch der Großwesir, der dem Sultan schon gedient hatte, als dieser noch ein gerechter Herrscher war und den wahren Grund für Scheherbans Hass auf alle Frauen kannte. Der Wesir hatte selber zwei Töchter, die er vom Hofe fern hielt aus Angst, sie könnten dasselbe schreckliche Schicksal erleiden wie all die anderen Mädchen, die er täglich dem Henker übergab: Scheherazade und deren jüngere Schwester Dinarazade.

Von Scheherazade wird berichtet, dass sie nicht nur schön wie der Morgentau, sondern darüber hinaus auch sehr klug und geistreich war. Neben Gesang und Tanz beherrschte sie die hohe Kunst des Erzählens und kannte sich aus in den Wissenschaften der damaligen Zeit. Aus der großen Bibliothek ihres Vaters hatte sie die meisten Bücher über Geschichte und Geographie, über Medizin, Sternkunde und Philosophie gelesen – und sie auch verstanden!

Eines Tages nun, die Straßen und Plätze Samarkands waren menschenleer, trat Scheherazade vor den Großwesir und sprach:

„Höre, Vater, was mir einfiel: Gehe du hin zum Sultan und schlage ihm vor, sich mit mir zu vermählen!"

„Bei Allah, bist du von allen guten Geistern verlassen?", entgegnete der Großwesir erschrocken. „Was du da vorschlägst, Tochter, bringt dir den sicheren Tod! Du weißt doch, was mit den armen Mädchen geschieht, welche der Sultan zu sich ruft."

„Den Tod fürchte ich nicht, Vater. Tue, worum ich dich gebeten habe, und du wirst sehen, alles wird gut!"

Der Wesir mochte noch so viele Warnungen und Einwände vorbringen, seine Tochter blieb standhaft und beharrte auf ihrem Vorhaben. Da willigte der Vater schließlich schweren Herzens ein.

Als Scheherazade am nächsten Tag zu Scheherban geführt wurde, blickte sie dem Sultan geradewegs in die Augen und sprach:

„Ich weiß wohl, was du im Sinne führst, mein Gebieter, allein ich will dich trotzdem heiraten – unter einer Bedingung: Du sollst dir das Märchen anhören, das ich dir heute Nacht erzählen will. Und wenn dir das Märchen gefällt und du hören möchtest, wie die Geschichte weitergeht, lässt du mich und auch meine Schwester Dinarazade am Leben, damit ich dir morgen Abend die Fortsetzung oder auch ein anderes Märchen erzählen kann. Bist du damit einverstanden?"

Der Sultan staunte nicht schlecht über die Kühnheit der schönen Tochter seines Großwesirs. Er ordnete an, dass sie und ihre Schwester an diesem Abend zu ihm geführt werden sollten und ließ einen üppigen Diwan mit seidenen Kissen und schön bestickten Zierdecken zum Sitzen und Liegen bereitstellen.

Als an diesem Tag die Sonne unterging, der Muezzin das letzte Abendgebet ausgerufen hatte und die Dunkelheit hereingebrochen war, machte es sich Scheherazade vor dem Sultan bequem und begann mit verführerischer Stimme zu erzählen:

Die Expedition zur Messingstadt

In einer Runde von Seeleuten und reichen Handelsherren, die sich beim Hohen Kalifen zu Tee und Gesprächen eingefunden hatten, kam die Rede aufs Reisen und auf die spannenden und gefährlichen Erlebnisse, die damit manchmal verbunden sind. Jeder der Anwesenden wusste Selbsterlebtes oder Gehörtes zu berichten und schließlich kam die Reihe an einen weit gereisten Mann. Dieser erhob sich und begann zu erzählen:

„Mein Großvater war eines weit zurückliegenden Tages auf hoher See unterwegs. Er wollte die Insel Sizilien erreichen, doch starke Winde trieben ihn vom Kurs ab. Nach wochenlanger Irrfahrt landete er mit seinem Schiff an unbekannten Ufern am Fuße eines hohen Berges. Keiner von den Menschen, die sie dort antrafen, beherrschte ihre Sprache; nur ihr König, so stellte sich heraus, verstand etwas Arabisch. Der König lud meinen Großvater und seine Leute in seinen Palast ein und bewirtete sie fürstlich, bevor er sie wieder zurück an den Strand des Meeres führte und ihnen die Richtung wies, in die sie segeln sollten, um nach Sizilien zu gelangen. Am Strand sahen mein Großvater und sein Gastgeber einem Fischer bei seiner Arbeit zu und beobachteten, wie dieser langsam sein Netz einholte und eine mit Blei versiegelte Flasche aus den Maschen fischte. Wie der Fischer das Siegel löste und dadurch die Flasche öffnete, floss dunkler Rauch aus dem engen Flaschenhals. Der Rauch verwandelte sich alsbald in eine hässliche Gestalt, die sich bedrohlich in die Höhe reckte. Weil der Geist aus der Flasche meinen in der Nähe stehenden Großvater wohl für den mächtigen Salomon hielt, mit dem er eine gewisse Ähnlichkeit hatte, rief er laut und jammernd aus: ‚Erbarmen, oh Erbarmen, du Verkünder Gottes! Ich bereue meine Taten!'

Bei diesen Worten wuchs die schreckliche Gestalt höher und höher, bis ihr Kopf fast an die Wolken reichte. Danach löste sie sich in Luft auf und verschwand.

Während die Seeleute meines Großvaters vor Entsetzen erstarrten, blieb ihr Gastgeber beim Anblick dieser Erscheinung gleichmütig und gelassen: ‚Das war einer der Dschinns, die sich einst gegen den großen Salomon erhoben haben und von ihm besiegt worden sind. Der mächtige Herrscher verbannte sie in Flaschen, versiegelte diese und warf sie in die tiefe See. Ab und zu gerät eine solche Flasche ins Netz eines Fischers und die Dschinns flehen diejenigen, die sie aus der Flasche befreien, um Gnade und Vergebung an.'"

Einer der Männer aus der Runde, die sich um den Kalifen geschart hatten, unterbrach den Erzähler und rief entzückt: „Solch eine Flasche möchte ich wohl auch gerne besitzen!"

Darauf erwiderte der Erzähler: „Eine solche Flasche ist nur in der Messingstadt zu finden. Und es ist sehr schwierig, dahin zu kommen, denn die Messingstadt liegt am äußersten Ende unseres Reiches. Unser verehrter Gastgeber, der Hohe Kalif, könnte vielleicht einen Brief

an seinen Statthalter im Westen seines Reiches schreiben und ihn bitten, in die Messingstadt zu reisen."
Die versammelten Seeleute und Handelsherren diskutieren lange hin und her, was sie von der Geschichte halten sollten und ob es wünschenswert wäre, eine solche Flasche zu besitzen. Schließlich überzeugten sie den Kalifen, das Abenteuer zu wagen und einen Boten mit einem Brief loszuschicken.

Der Bote hatte eine weite Reise vor sich: Sie führte ihn über Damaskus bis nach Oberägypten, wo er das Schreiben an den Statthalter des Kalifen übergab. Der getreue Mann hieß Musa und meinte, nachdem er den Brief seines Herrn gelesen hatte:
„Nie bin ich auch nur in die Nähe der Messingstadt gekommen. Sie liegt auch von hier aus noch sehr weit entfernt. Wir brauchen jemanden, der des Weges kundig ist."
So jemand fand sich auch bald. Sein Name war Abdul Kadus. Abdul war schon alt und sah von seinen vielen Fahrten ganz verwittert aus. Aber er wusste Bescheid:
„Du willst in die Messingstadt reisen? Der Weg dahin ist endlos lang und voller Gefahren. Wir werden viele Monate benötigen, um dorthin zu gelangen und noch mal so lange, um wieder zurückzukommen. Was wird aus deinem Land, wenn du so lange fort bist?"
Doch daran hatte Musa bereits gedacht. Er ließ seinen Sohn kommen und setzte ihn für die Zeit seiner Abwesenheit als Stellvertreter ein. Danach ging es zügig an die Reisevorbereitungen: Tausend Kamele wurden mit Essensvorräten beladen. Auf weitere tausend Kamele wurden Schläuche mit Wasser gepackt. Und nochmals tausend Kamele sollten auf Anweisung von Abdul Kadus große Krüge schleppen.
„Was willst du mit all diesen Krügen, Abdul?", wollte Musa wissen, „so viele Krüge gibt es hier nicht!" Der erfahrene Alte aber erwiderte: „Wir brauchen diese Krüge, weil wir vierzig Tage oder mehr durch die Wüste von Kairouan ziehen müssen. Dort gibt es wenig Wasser und es weht ein so heißer Wind, dass unsere Wasserschläuche austrocknen könnten. In dieser Wüste können wir nur überleben, wenn wir das Wasser in Krügen aus gebranntem Ton aufbewahren, die das Wasser kühl halten."
Musa war mit dieser Erklärung zufrieden. Er schickte seine Gehilfen nach Alexandria, um die noch fehlenden Krüge zu beschaffen. Seinem Wesir trug er auf, die notwendigen Truppen zu sammeln und reisefertig zu machen.
Schließlich machten sich Musa und Abdul Kadus mit zweitausend gut ausgerüsteten Soldaten und der großen Karawane von Lastkamelen auf die weite Reise in die Messingstadt. Nachdem sie die Berge nahe der Küste hinter sich gelassen hatten, zogen sie tagelang durch die heiße, von der Sonne ausgeglühte Wüste. Weil Abdul Kadus irgendwann vom rechten Weg abkam, gingen sie prompt in die Irre. Doch dank ihrer Gebete und weil sie schließlich noch großes Glück hatten, fanden sie endlich aus der Wüste heraus und kamen in einer grünen Ebene gut voran.
Eines Tages erblickte Musa in der Ferne einen riesigen schwarzen Palast. Neugierig führte er seine Karawane darauf zu. Der aus mächtigen

Steinblöcken errichtete Palast war so groß, dass Musas Krieger tausend Schritte machen mussten, um ihn zu umrunden.

„Jetzt erinnere ich mich wieder!“, rief Abdul aus. „Wir sind auf dem richtigen Weg. Mein Urgroßvater hat mir von diesem schwarzen Palast erzählt: Von hier aus sind es vielleicht noch zwei Monate bis zur Messingstadt. Wir müssen uns nur immer am Rande der Wüste entlang bewegen. Dort gibt es ausreichend Wasser und gastfreundliche Leute, die uns weiterhelfen.“

Doch ehe sie mit ihrer Karawane weiterzogen, wollten Musa und Abdul Kadus den geheimnisvollen Palast erkunden. Mit ein paar Getreuen stießen sie das riesige Tor auf und traten ein. Wie staunten sie, im Inneren nur leere Säle und Gemächer zu finden!

In einem der großen Innenhöfe erhob sich eine hohe Kuppel, um die herum mehr als vierhundert Gräber angeordnet waren.

Als sie sich in den leeren Räumen umblickten, entdeckten sie, dass die Wände überall von Inschriften bedeckt waren. Diese erzählten davon, was sich in diesem Palast vor langer Zeit abgespielt hatte. Sie erfuhren, dass hier einst ein mächtiger, reicher, aber auch sehr geiziger Herrscher gewohnt hatte.

Musa erbleichte, als er auf eine Inschrift stieß, die der letzte Herrscher in der Stunde seines Todes mit schwindender Kraft an die Wand geschrieben hatte:

„Ich befehlige ein Heer von mehr als zehntausend Reitern, alle gepanzert und mit besten Lanzen und Schwertern gerüstet. Doch gegen den Tod können meine Soldaten nichts ausrichten. Auch all die Schätze, die ich angehäuft habe, nützen mir nichts mehr. Da, wo ich hingehe, kann ich sie nicht mitnehmen.“

Musa nahm diese Botschaft so mit, dass er ohnmächtig zu Boden sank. Nachdem er wieder zu sich gekommen war und sich erholt hatte, wies er seinen Schreiber an, die Verse und Ermahnungen von den Wänden abzuschreiben, und zog mit seiner Karawane weiter.

Drei Tage später stieß die Expedition auf einen kupfernen Reiter, der wie ein Denkmal hoch auf einem kupfernen Ross saß. Von einem Hügel herab überblickte er das weite Land. Als sich Musa und Abdul Kadus die kupfern glänzende Statue genauer ansahen, entdeckten sie auf der Lanze des Reiters eine weitere Inschrift:

„Oh Wanderer, willst du zur Messingstadt, so reibe nur an Ross und Reiter, auf dass sie sich drehen und dir den Weg weisen.“

Musa befolgte diese Aufforderung und ritt in die von der Reiterstatue angezeigte Richtung weiter. Nachdem er seine Karawane durch eine weite Ebene geführt hatte, kam er zu einem Berg, auf dem eine seltsame Gestalt thronte: Ein Mensch steckte bis auf Kopf und Arme in einer pechschwarzen Säule. Aus den Schultern wuchsen ihm zwei Flügel. Die Hände gingen in Löwentatzen mit mächtigen Krallen über. Sein Haupthaar war so lang wie ein Pferdeschwanz. Und aus den gespaltenen Augen sprühten Flammen. Das Merkwürdigste aber war das dritte, grässliche Auge einer Raubkatze, das ihm mitten auf der Stirn prangte.

Musa überredete Abdul dazu, seine Angst zu überwinden und die rätselhafte Gestalt auszufragen. Dies ist die Auskunft, die der Alte bekam:

„Dasmusch heiße ich und bin ein Dschinn. Einst hieß mich mein König, eine Götzenstatue aus rotem Karneol zu bewachen. Der König und auch seine schöne Tochter beteten diesen Götzen an. Mein König war mächtig. Er gebot über viele hunderttausend Krieger und genauso viele Luft- und Wassergeister. Galt es, den Truppen Befehle zu erteilen, so hieß mich der König heimlich in den hohlen Bauch des Götzenbildes zu kriechen und mit mächtiger Stimme daraus hervor zu sprechen. Das machte stets mächtig Eindruck auf die Krieger, und nie habe ich es erlebt, dass einer dieser Befehle missachtet worden wäre.

Eines Tages nun verliebte sich Salomon in die schöne Tochter meines Königs. Der Prophet Gottes schrieb meinem König einen Brief, worin er ihn um die Hand seiner Tochter bat, aber zugleich von ihm verlangte, den roten Götzen zu zerstören, denn er könne solchen Aberglauben nicht länger dulden.

Darüber wurde mein König so wütend, dass er den Brief zerriss und Salomon den Krieg erklärte. Mich selber ernannte der König zum Befehlshaber über seine Truppen und schickte mich, nachdem ich aus dem hohlen Bauch des roten Götzen mit mächtiger Stimme zu den Kriegern und Geistern gesprochen hatte, in die Schlacht.

Salomon jedoch herrschte nicht nur über die Menschen, sondern auch über alle anderen Lebewesen. So konnte er riesige Vögel, Schlangen, Geister, Löwen und Adler in den Krieg gegen meinen König schicken. Salomon selbst ließ sich auf einem fliegenden Teppich zum Kriegsschauplatz bringen.

Die Schlacht war wahrlich fürchterlich! Menschen kämpften gegen Menschen, Geister gegen Geister, Vögel gegen Vögel. Manche von ihnen stießen vom Himmel herab, um uns Götzendienern die Augen auszuhacken. Die Schlangen beider Kriegsparteien verknäuelten sich ineinander und versuchten, sich gegenseitig zu erwürgen.

Ich selber wurde im Kampfgetümmel von einem Feuerball getroffen und schwer verwundet. Ich stürzte zu Boden und wurde gefangen genommen. Als Strafe dafür, dass ich die gegnerischen Truppen in den Kampf geführt hatte, verbannte mich Salomon in diese steinerne Säule. Hier soll ich bis zum Tag des Jüngsten Gerichts gefangen bleiben."

„Welch schweres Geschick! Kannst du uns trotzdem sagen, wie wir zur Messingstadt gelangen?", fragte Abdul Kadus.

„Das kann ich wohl", erwiderte Dasmusch, der Dschinn. „Ihr müsst in jenes Land reisen, welches am Meer Kar liegt und zwei Tagesmärsche hinter diesem Gebirge liegt. Dort wohnen noch Leute aus Noahs Zeiten, die von der Sintflut nicht erreicht wurden. Ihr erkennt sie an dem grellen Licht, das dort leuchtet."

Also kletterte die von den Strapazen der weiten Reise schon arg gezeichnete Karawane über ein weiteres Gebirge und sah nach zwei Tagen am Horizont zwei mächtige Flammen zum Himmel aufsteigen. Abdul Kadus freute sich: „Genau so hat es mir mein Urgroßvater geschildert! Dort hinten liegt die Messingstadt. Zwei Paläste aus Messing stehen sich gegenüber. Sie leuchten so stark, dass man denken könnte, Flammen würden zum Himmel züngeln."

Und so rückten die erschöpften Krieger mit ihren ermatteten Lastkamelen denn endlich bis vor die Tore einer fast bis zu den Wolken aufragenden Stadt mit mächtig leuchtenden Türmen und hell glänzenden Mauern: Die Messingstadt! Aber wie sollten sie in die Stadt hineinkommen? Bewaffnete Verteidiger konnten sie auf den Zinnen nicht erkennen. Doch alle Tore waren verriegelt und ließen sich auch mit Gewalt nicht öffnen. Vielleicht würde es

mit sehr, sehr langen Leitern gelingen, die Mauern zu erklimmen und von dort in die Stadt einzudringen. Musa schickte einige Soldaten mit Lastkamelen zurück in die Berge, wo sie hohe Bäume fällen sollten. Aus den Stämmen und Ästen hieß er sie lange Leitern bauen. Stunden und Tage vergingen, bis die Leitern lang genug waren und gegen die Mauern der Messingstadt gelehnt wurden. Dann aber geschah Schreckliches: Kaum waren die ersten Männer die Leitern hochgeklettert, um von oben in die Stadt hinunterzuschauen, schrien sie vor Entzücken auf – und stürzten, geblendet vom Messingglanz, in die Tiefe!

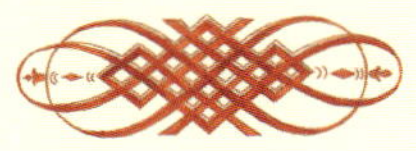

Hier unterbrach Scheherazade ihre Erzählung. „Wohlan, mein Gebieter", sprach sie zum Sultan, der ihr die ganze Nacht gebannt zugehört hatte, „die Nacht ist um. Wenn ich dich mit meiner Geschichte gelangweilt habe, so tue, was du jeden Morgen tust und töte mich. Wenn du aber wissen willst, was es mit der Messingstadt auf sich hatte und ob die Flasche mit dem Geist gefunden wurde, so lasse mich und meine Schwester Dinarazade am Leben und ich will dir, wenn es wieder Nacht geworden ist, gerne weiter erzählen."

Am liebsten hätte Scheherban die Fortsetzung der Geschichte jetzt gleich gehört. Aber er wusste, dass er ein paar Stunden Schlaf brauchte, bevor er sich seinen Tagesgeschäften widmen musste. Er ließ den beiden Schwestern ein fürstliches Gemach zuweisen und bat sie, am Abend, als der Muezzin das letzte Abendgebet ausgerufen hatte, erneut zu sich.

Wieder machte es sich Scheherazade auf dem Diwan bequem und begann zu erzählen, wie es Musa und seinem getreuen Führer Abdul Kadus ergangen war, nachdem ihre Soldaten über lange Leitern auf die Mauern der Messingstadt geklettert und von dort – vom Messingglanz geblendet – zu Tode gestürzt waren:

Erst dem alten Abdul Kadus gelang es, nachdem er Allah, den Allmächtigen beschwörend angerufen hatte, die Leiter zu erklimmen und in die Stadt zu schauen, ohne sich blenden zu lassen und zu Tode zu stürzen. Er kletterte über die Zinnen und lief zum nächstgelegenen Stadttor. Doch der Alte hatte nicht genügend Kraft, um das riesige Tor aufzustoßen. Als er sich in den messingglänzenden Straßen umsah, entdeckte er einen weiteren Reiter aus Kupfer. Auch diesmal half eine Inschrift auf dessen Schwert weiter. Wie durch ein Wunder öffnete sich das nächstgelegene Tor und die Karawane konnte in die Stadt einziehen. Die Messingstadt war prächtig gebaut, mit großen Plätzen und breiten Straßen. Doch

kein Mensch war zu sehen. Die Stadt schien wie ausgestorben. Nur die Leichen der zu Tode gestürzten Soldaten aus Musas Truppe und ein paar ausgebleichte Skelette lagen herum. Aus leeren Fenstern schauten Eulen auf die Eindringlinge hinunter. In den verlassenen Häusern und Palästen lagen Schätze zuhauf, kostbare Gewürze, Gold und Perlen, dazu wertvolle Waffen, Teppiche und Gemälde.

Des Rätsels Lösung fanden die Männer schließlich, als sie im Prunksaal des größten Palastes auf das Skelett der einstigen Herrscherin der Messingstadt stießen. Der toten Herrscherin zu Füßen lag eine goldene Tafel mit dieser Inschrift:

„Ich hab einst die ganze Welt beherrscht, ein Riesenreich, das sich von Isfahan und Chorasan bis nach Damaskus erstreckte. Alle Truppen hörten auf meinen Befehl und unsere Schatzkammern waren bis an die Decke gefüllt mit erobertem Gut. Doch was konnten wir bewirken, als der Tod näher kam? Bei uns brach eine große Dürre aus. Jahrelang fiel kein Regen. Der Boden verdorrte. Die Nahrung wurde knapp. Die Brunnen versiegten. Da halfen uns unsere Waffen und all unsere Reichtümer nichts. So wurden wir schließlich ausgelöscht. Ihr Nachgeborenen, die ihr diese Botschaft lest, nehmt so viel von unseren Schätzen mit, wie ihr gute Taten verrichtet habt. Uns wurde von einem weisen Mann berichtet, der einen neuen Glauben verkündet. Sie nennen ihn Mohammed, den Propheten. Wenn ihr seinem Glauben anhängt, so kehrt beruhigt heim. Für uns war alles zu spät."

Musa, dessen weiches Gemüt wir bereits kennen, brach in Tränen aus, nachdem er diesen Text entziffert hatte. Rasch ließ er jene Kamele, die keine lebensnotwendigen Lasten mehr zu tragen hatten, mit so vielen Schätzen beladen, wie sie nur schleppen konnten. Er selbst machte sich auf die Suche nach der mit Blei verschlossenen Flasche, deretwegen er hergekommen war. Er fand sie im tiefsten Verlies des Herrscherpalastes und verstaute sie sorgsam an seinem Sattel.

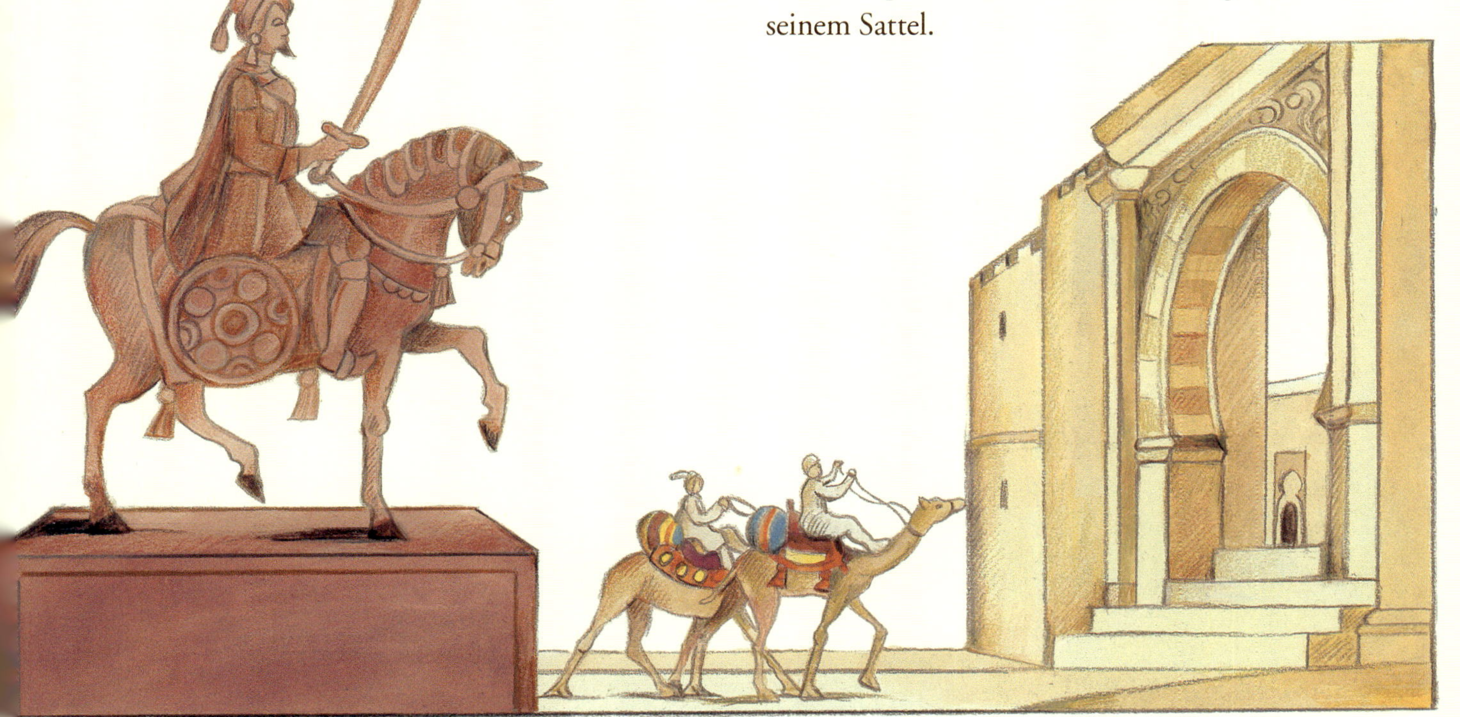

Der Heimweg nach Oberägypten war lang und beschwerlich. Und damit war die Reise für den braven Statthalter des Kalifen noch keineswegs zu Ende: Er sollte die geheimnisvolle Flasche persönlich nach Bagdad bringen. So zog Musa nach kurzer Erholungszeit im Palast seines Sohnes erneut los. Er reiste durch ganz Oberägypten nach Damaskus und von dort weiter nach Bagdad.

In Bagdad sprach sich die Nachricht von Musas Ankunft schnell herum. All die Seeleute und Handelsherren, die seinerzeit zugegen waren, als die Suche nach der rätselhaften Flasche beschlossen wurde, kamen neugierig in den Palast des Kalifen. Die Spannung war groß, als der Hohe Kalif die mit Blei versiegelte Flasche öffnen ließ. Kaum war das Siegel aufgebrochen, floss dunkler Rauch aus dem engen Flaschenhals. Der Rauch verwandelte sich alsbald in eine hässliche Gestalt, die sich bedrohlich in die Höhe reckte.

„Ich möchte nicht mehr so sein, wie ich bin!“, rief der Geist aus der Flasche und bewegte sich drohend auf die ängstlich zurückweichenden Menschen zu. Doch der mächtige Kalif befahl dem Geist mit gestrenger Stimme, sogleich in die Flasche zurückzuschlüpfen. Was blieb dem Geist anderes übrig, als dem Hohen Herrn zu gehorchen? Der Kalif aber verschloss die Flasche mit seinem Siegel und ließ sie für ewige Zeiten im Meer versenken.

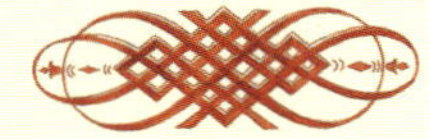

„Wahrlich, du verstehst es, eine lehrreiche Geschichte spannend zu erzählen!“, kommentierte Sultan Scheherban, nachdem Scheherazade das Märchen zu Ende gebracht hatte. Der Sultan hatte in diesen beiden Nächten Gefallen an der ebenso schönen, wie klugen und furchtlosen Scheherazade gefunden und spürte zum ersten Mal, wie sich die lähmende Dumpfheit, die sich vor langer Zeit auf sein Gemüt gelegt hatte, wenigstens für ein paar Stunden verflüchtigte. Er ließ gutes Essen und Getränke auftischen und Musikanten aufspielen. Und als der Morgen dämmerte und der Großwesir erneut um das Leben seiner beiden Töchter bangen musste, fragte Scheherban: „Sag an, Scheherazade, weißt du auch eine Geschichte zu erzählen, bei der es statt um abenteuerliche Reisen um das Abenteuer der Liebe geht?“

„Gewiss, mein Gebieter!“, entgegnete Scheherazade. „Wenn du mich und meine Schwester am Leben lässt, will ich dir kommende Nacht gerne eine Geschichte von der Liebe und den sinnlichen Genüssen des Lebens erzählen.“

„Wohlan denn, so kommt morgen Abend wieder zu mir. Aber ich warne dich, Scheherazade, ich glaube nicht mehr an das ewige Glück der Liebe, denn ich habe anderes erlebt. Wenn du glaubst, dem Henker zu entkommen, indem du mir das süße Gift der Liebe ins Ohr träufelst, irrst du dich, und die kommende Nacht könnte sehr wohl deine Nacht sein.“

Scheherazade ließ sich von diesen Worten nicht einschüchtern, und als der Muezzin an diesem Tag das letzte Abendgebet ausgerufen hatte und die Dunkelheit hereingebrochen war, begann sie zu erzählen:

Aziz und Aziza
oder: Geht die Liebe durch den Magen?

Aziz, der einzige Sohn eines reichen Kaufmannes, lebte mit seiner Cousine Aziza unter demselben Dach. Der Vater von Aziza war gestorben, und so hatte sie Zuflucht bei ihrem Onkel gefunden. Die beiden Kinder kamen gut miteinander aus, und als aus den Jugendlichen junge Erwachsene geworden waren, meinte der Kaufmann, es wäre gut, die beiden würden heiraten, denn so bleibe das Geld in der Familie. Aziz und Aziza hatten nichts dagegen zusammenzubleiben, und so ließ der Vater die nötigen Vorbereitungen treffen. An einem Freitag nach dem großen Gebet sollte der Ehevertrag aufgesetzt werden. Auf diesen Tag lud der reiche Kaufmann die Edlen der Stadt, den Emir und auch den Kadi in sein Haus ein. Wenn der Kadi alles Vertragliche besiegelt hatte, sollte die Verlobung bei süßem Wein und feinen Kuchen gefeiert werden.

Am Freitag wurde Aziz zum Baden in den Hammam geschickt, danach gesalbt und mit

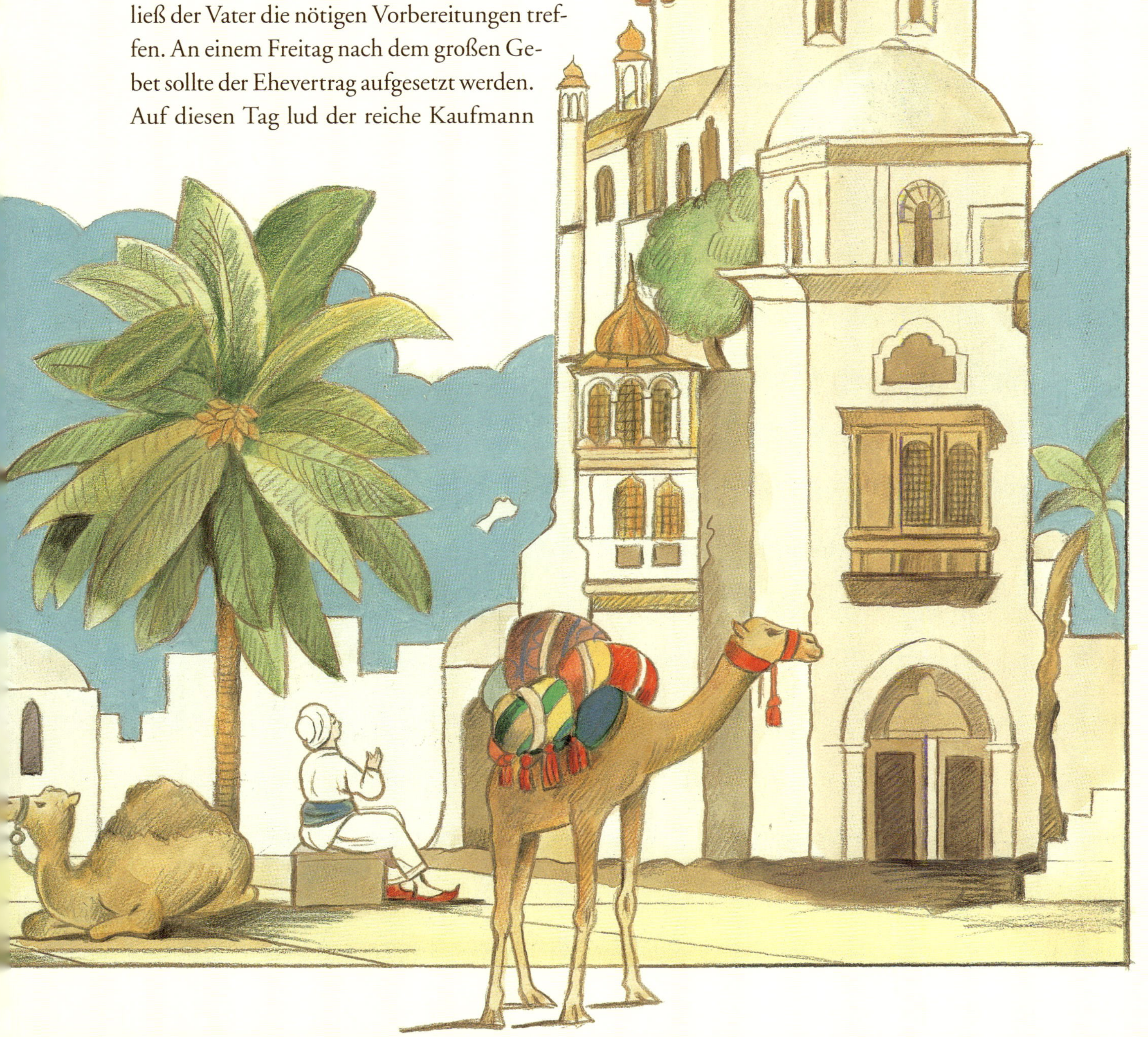

wohlduftenden Essenzen besprengt. Auch Aziza wurde von den Dienerinnen gebadet, geschminkt und in feine Kleidung gesteckt.

Nach dem Gebet in der Moschee ließ sich Aziz, erschöpft von der Hitze und schwitzend unter dem neuen, kostbaren Gewand, alleine auf einer Bank nieder, um sich vor den anstehenden Festlichkeiten noch etwas auszuruhen. Wie der junge Mann eine Weile ruhig dagesessen hatte, wehte ihm aus der Höhe der Häuser ein wunderbar riechendes Tuch vor die Füße. Als er den Kopf hob und nach oben blickte, sah er hinter einem Gitterfenster eine junge Frau, die zu ihm herunterblickte. Die Frau war schön wie eine Gazelle. Aziz stockte der Atem und allsogleich entflammte sein Herz in Liebe zu der unbekannten Schönen. Sie aber schaute nur noch kurz zu ihm herunter, legte zwei Finger auf den Mund und zeigte mit der anderen Hand nach unten. Dann wurde das vergitterte Fenster geschlossen und die Frau verschwand.

Aziz hob das wohlriechende Tuch auf, das zu ihm heruntergeflattert war, und trat klopfenden Herzens an die Tür des Hauses, in dem die Gazellenschöne wohnte. Doch die Tür war verriegelt und ließ sich nicht öffnen. Auch auf sein Klopfen hin wurde der junge Mann nicht eingelassen. Voller Ungeduld entfaltete er das feine Tuch und entnahm ihm ein dünnes Blatt Papier, auf das ein leidenschaftliches Liebesgedicht geschrieben war. Auch das zarte Tüchlein selbst war mit tief empfundenen Liebesschwüren bestickt.

Noch lange wartete der in Liebe entflammte Aziz darauf, dass sich die Tür des Hauses öffnen würde. Vergeblich. Spät in der Nacht erst kehrte er betrübt und erschöpft nach Hause zurück. Dort wurde er von seinem erzürnten Vater empfangen: Stundenlang hatten seine hohen Gäste auf Aziz gewartet, alle Köstlichkeiten der Tafel verzehrt und sich dann enttäuscht auf den Heimweg gemacht. Der reiche Kaufmann überschüttete seinen Sohn mit Vorwürfen und zog sich dann grollend in sein Schlafgemach zurück.

Völlig verstört erzählte Aziz seiner Cousine Aziza, die ihn ebenfalls seit vielen Stunden ungeduldig erwartet hatte, was ihm zugestoßen war. Diese hatte Tränen der Enttäuschung in den Augen, riss sich aber zusammen und versuchte Aziz zu trösten. Wie sehr sie ihrerseits dem jungen Burschen zugetan war, verriet sie mit keinem Wort. Es brach ihr fast das Herz, Aziz die Zeichen der Unbekannten zu deuten: Aziz möge, so schloss Aziza aus den beiden Fingern, welche die Gazellenschöne auf ihre Lippen gelegt hatte, in zwei Tagen

wiederkehren und sein Glück bei ihr versuchen. Das Liebesgedicht und die ins Tüchlein eingestickten Liebesschwüre brauchte sie Aziz nicht zu deuten, sie sprachen für sich selbst.

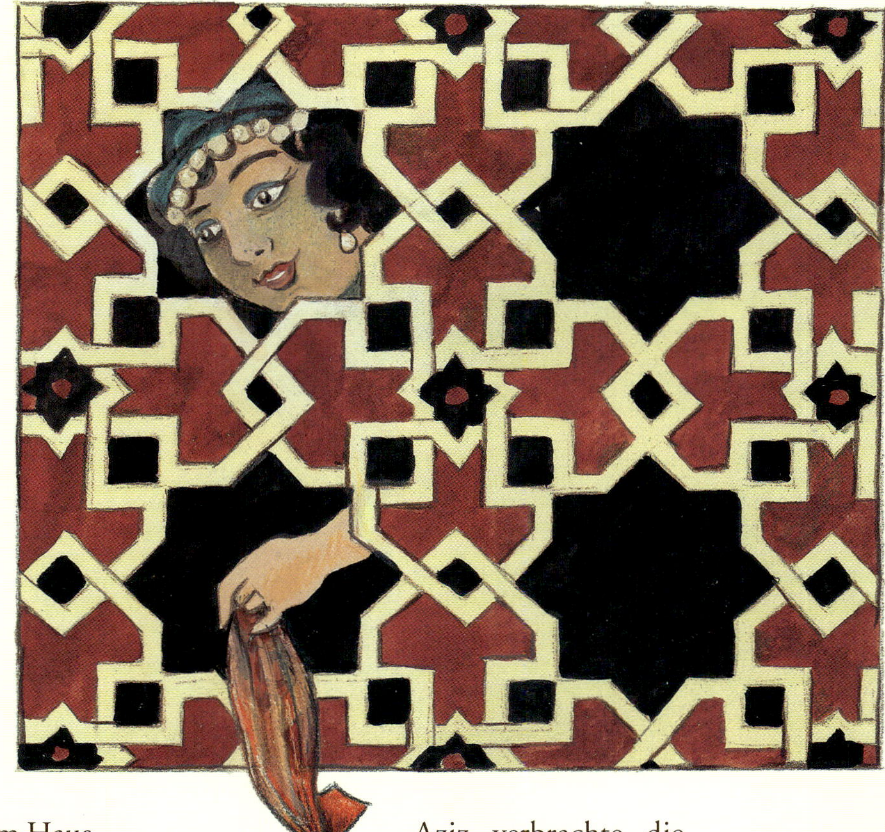

Am liebsten wäre Aziz gleich am nächsten Morgen wieder zum Haus der Schönen gelaufen. Aber dann hörte er doch auf Aziza und wartete zwei Tage und zwei Nächte, ehe er sich wieder auf den Weg machte. Auch diesmal zeigte sich die Angebetete kurz am vergitterten Fenster, machte mit der einen Hand geheimnisvolle Zeichen und winkte mit der anderen Hand mit einem roten Tuch. Der Zutritt zu ihrem Haus aber blieb Aziz verwehrt.

Nach stundenlangem vergeblichem Warten kehrte er verzweifelt nach Hause zurück und weinte sich bei Aziza aus. Aziza war selber zum Heulen zumute, aber auch diesmal war sie die Stärkere, tröstete den Unglücklichen und deutete ihm die rätselhaften Handzeichen und das rote Tuch: In fünf Tagen solle Aziz vor dem Geschäft eines Färbers warten; bestimmt werde er dort von einer ihrer Sklavinnen abgeholt werden.

Aziz verbrachte die nächsten fünf Tage und Nächte voller Ungeduld. Er verzehrte sich in Leidenschaft und aß und trank nichts mehr. Immer wieder las er die Verse mit den heißen Liebesbeteuerungen, bis die lange Zeit endlich um war und er sich zum von Aziza gedeuteten Treffpunkt begeben konnte.

Um eine lange Geschichte kurz zu machen: Auch dieses Mal wartete Aziz vergebens. Niemand kam, um ihn vom Geschäft des Färbers zu seiner Angebeteten zu führen. Und als er

selber zu ihrem Haus zurückging, wurde er erneut nur mit geheimnisvollen Zeichen abgespeist. Die Tür aber blieb verschlossen.

Aziz wurde immer ruheloser. Er konnte nachts nicht mehr schlafen, hatte nun schon seit vielen Tagen nichts mehr gegessen, trank nur ab und zu einen Schluck Wasser und weinte sich daheim bei Aziza aus, die ihre eigenen Tränen kaum noch zurückhalten konnte. Wie schlecht es Aziza seinetwegen ging, bemerkte Aziz nicht. Im Gegenteil ließ er seine Verzweiflung und ohnmächtige Wut an der Unschuldigen aus, zerbrach das Geschirr, in dem sie ihm Essen reichte, und stieß sie gar mit dem Kopf gegen einen Nagel, der aus der Wand ragte. Ergeben reinigte sie die Wunde, verband sich die blutende Stirn und spendete Aziz trotz allem Trost und Rat. Er solle, so deutete sie die jüngsten Zeichen, nachts zum Haus der Angebeteten gehen, ihren Garten betreten und dort auf sie warten.

Das Herz von Aziz schlug freudig erregt, als er dieses Mal ein offenes Tor vorfand. Endlich wurden seine Sehnsüchte erhört! Er trat ein und befand sich in einem wundersamen Garten. Zwischen üppigem Gebüsch und hinter Bäumen sah er ein Licht schimmern. Als er vorsichtig näher trat, fand er sich in einer prächtigen Laube wieder. Über die Laube spannte sich eine Kuppel aus edlem Elfenbein und kostbarem Ebenholz. Am Boden lagen verschiedene wertvolle, mit goldenen und silbernen Fäden durchwirkte Teppiche. In der Nähe plätscherte ein Springbrunnen.

Am köstlichsten aber erschien Aziz ein Tisch, über den eine Decke gebreitet lag und von dem ihm die herrlichsten Speisedüfte entgegenströmten. Daneben standen ein mit Wein gefüllter Krug und ein gar köstlich verzierter Trinkbecher.

Erst noch zögernd, dann jedoch von Hunger und brennender Neugierde verzehrt, hob Aziz das Tuch hoch. Was lag da alles vor seinen Augen! Feigen, Weintrauben und Granatäpfel, frische Datteln, Orangen, Zitronen von unterschiedlicher Färbung. Alles reich verziert mit Mimosen, Kirschblüten, Rosen und Jasmin.

Aziz sah sich im Garten um, aber es war niemand zu sehen, keine Bediensteten, keine Sklavinnen und erst recht keine gazellengleiche Schönheit. Zwei Stunden verstrichen, dann eine dritte, und schließlich rührte sich der Magen. Sollte er noch länger warten oder waren all die Leckerbissen nur für ihn allein

bereitgestellt worden? Hungrig schob Aziz das Tuch beiseite und begann erst zaghaft, dann immer hemmungsloser zu schmausen und zu trinken. Das Angebot war aber auch allzu verlockend: Hühner, unterschiedlich gewürzt, frisches Fladenbrot, Gurken, Pistazien, dazu Mandel- und Nusskuchen.

Von allem probierte Aziz nach Herzenslust und trank auch manchen Schluck Wein. Schließlich wurde er müde, legte seinen schwer gewordenen Kopf auf eines der weichen Kissen und versank in einen abgrundtiefen Schlaf.

Der erste Schlaf nach all den im Liebessehnen durchwachten Nächten war so tief, dass die Sonne bereits hoch am Himmel stand, als Aziz erwachte. Auf seiner Brust lagen Salzkörner und Kohlestaub. Verblüfft schaute sich der junge Mann um: Er war noch immer allein! Weit und breit war niemand zu sehen und so schüttelte Aziz die rätselhaften nächtlichen Salz- und Kohlespuren ab und zog jammernd heimwärts.

Dort traf er die unglückliche Aziza tränenüberströmt. Doch auch diesmal blieb Aziz blind für ihr Leiden. Die junge Frau aber hatte immer noch die Kraft, ihn zu waschen, zu trösten und ihm die Zeichen zu deuten: Da er nicht Manns genug war, die Geliebte wach zu erwarten, war Salz über ihn gestreut worden. Und den Kohlestaub sollte er sich besser ins Gesicht schmieren, denn Allah glaube ihm nicht, ein wirklicher Liebhaber zu sein!

Nun versank Aziz erst recht in Gram und Kummer. Und wieder wusste seine Cousine guten Rat. Er solle abermals zum Garten gehen, diesmal aber um Himmels willen nichts von den verlockenden Speisen und Getränken anrühren oder gar zu sich nehmen und geduldig warten, bis die Geliebte zu ihm käme.

Aziz nahm sich felsenfest vor, diesen Ratschlag zu befolgen. Doch als er nach Einbruch der Dunkelheit in den Garten ging, dort erneut einen reich gedeckten Tisch vorfand und abermals viele Stunden vergeblich auf die schöne Unbekannte gewartet hatte, schwanden die guten Vorsätze dahin. Trockenfrüchte und le-

ckerer Süßkram, vielerlei gebratenes Huhn und köstliche Gemüse schienen ihn anzulächeln. Der herrliche Duft der Gewürze stieg ihm in die Nase, kitzelte ihm den Gaumen und ließ ihm das Wasser im Munde zusammenlaufen. Anfangs probierte er von allem nur ganz wenig – eine Gabel von dem, ein Löffelchen von jenem, ein Schlückchen Wein. Als aber nochmals Stunden vergangen waren, ohne dass sich die Herbeigesehnte auch nur von ferne blicken ließ, verlor Aziz jede Beherrschung und schlug sich den Magen nach Kräften voll. In der Folge wurde er erneut schläfrig und lehnte sich in die weichen Kissen zurück. Diesmal nahm er sich jedoch ganz, ganz fest vor: Nur nicht die Augen zufallen lassen ... und war schon tief und fest eingeschlafen!

Wieder erwachte Aziz im hellsten Sonnenlicht. Wieder fand er merkwürdige Dinge auf seiner Brust: einen Dattelkern und das leere Gehäuse eines Johannisbrotes, dazu den Stab für ein Spiel. Und wieder ließ er daheim Wut, Enttäuschung und Verzweiflung über seine eigene Schwäche an der unschuldigen Aziza aus, die ihn insgeheim immer noch vergeblich liebte. Beide waren zutiefst unglücklich. Doch dann wischte Aziza dem liebesblinden Aziz die Tränen aus dem Gesicht und deutete ihm die seltsamen Zeichen:

„Die Geliebte war letzte Nacht bei dir. Doch dir schienen die Speisen wichtiger, als auf sie zu warten! Die Kerne, das leere Gehäuse des Johannisbrotes und der Stab sagen: Sie hat genug von dir! Du sollst sie vergessen, so wie sie dich vergessen wird!“

Aziz aber konnte die Schöne nicht vergessen. Und so ging er noch ein drittes Mal in den Garten ... und scheiterte ein drittes Mal, weil er zwar wieder stundenlang tapfer ausharrte, dann aber doch von den Leckereien zu naschen anfing und in seiner Verzweiflung schließlich so unmäßig aß, fraß und trank, dass er am Ende besinnungslos in die Kissen sank.

Am andern Morgen erwachte Aziz nicht mehr im Garten, sondern draußen auf der Straße. Auf seiner Brust lagen ein spitzer Dolch und eine wertlose Münze. Als er nach Hause wankte, um Aziza zu befragen, die selber schon ganz verweinte Augen hatte, meinte diese nur: „Sie schwört bei ihrem Augenlicht, dass sie dir den Dolch in den Leib stoßen wird, wenn sie dich noch einmal schlafend antrifft.“

Aziza wirkte todkrank und ermattet, so sehr hatte ihr zugesetzt, dass Aziz ihre Liebe nicht erwiderte, ja nicht einmal wahrnahm und sie sogar zurückstieß, wenn sie sich ihm näherte. Wie zum Abschied überreichte sie ihm einige Blatt Papier, auf die sie eigenhändig Verse und Gedichte geschrieben hatte, die er der anderen Frau vortragen sollte. Dann zog sich Aziza in ihr Zimmer zurück.

In der folgenden Nacht schaffte es Aziz zwar auch nicht ganz, das im Garten bereitgestellte Essen unberührt zu lassen. Aber wenigstens gelang es ihm, dieses Mal wach zu bleiben, bis die schöne Frau, begleitet von ihren Sklavinnen, zu ihm kam. Zusammen verbrachten sie eine wunderbare Nacht, und dieser ersten folgten noch viele weitere Nächte.

In einer besonders schönen Stunde besann sich Aziz der Verse und Gedichte, die Aziza ihm in die Hand gedrückt hatte, als er sie zum letzten Mal gesehen hatte. Als er die Verse vortrug, erschrak die Gazellenschöne und rief: „Aziz, lauf ganz schnell nach Hause. Aziza liegt im Sterben!“

Wie erschrak da der Verblendete! Rasch eilte er zum Hause seines Vaters. Dort traf er auf viele Trauernde und großes Wehklagen erklang. Aziza war bereits gestorben. Zusammen mit seinem Vater hüllte er die Verstorbene in ein Leichentuch, beerdigte sie und verharrte, den Koran lesend, drei Tage an ihrem Grab. Danach eilte er in den Garten seiner Geliebten zurück und verbrachte die nächsten Monate in ihrer Gesellschaft.

Immer wieder musste Aziz der Gazellenschönen die letzten Verse seiner verstorbenen Cousine sprechen: „Gut ist es, treu zu sein. Gemein ist der Verrat.“

Erst allmählich dämmerte es Aziz, dass seine schöne Geliebte von allem Anfang an nur auf ihr eigenes Glück bedacht gewesen war und vor ihm schon viele andere Männer ins Unglück gestürzt hatte. Die Augen aber gingen ihm erst vollends auf, als sie ihm eines Tages an den Kopf warf:

„Ich habe dich nur deshalb am Leben gelassen, weil Aziza in unverbrüchlicher Treue zu dir gestanden hat. Hätte sie dich nicht so geliebt, hättest du mich nicht interessiert.“

Aziza hatte ihn geliebt! Und er hatte in seinem blinden Liebeswahn nichts davon gemerkt!

Von nun an nagten Kummer und Reue an Aziz. Endlich konnte er sich vom Zauber der Gazellenschönen befreien. Er lernte eine andere Frau kennen, heiratete sie und bekam mit ihr ein Kind. So fröhlich und unbekümmert aber, wie er einst in seiner Kindheit und Jugend an der Seite von Aziza gewesen war, wurde Aziz seiner Lebtag nie mehr.

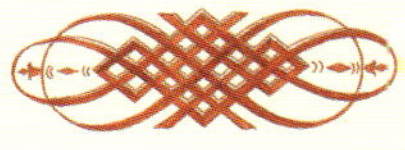

So erzählte Scheherazade, und dem Sultan schien es zu gefallen.

„Wahrlich, so sind die Menschen!“, sagte er. „Du tatest gut daran, mir keine fröhliche Liebesgeschichte zu erzählen! Ich will dich und deine Schwester heute am Leben lassen, wenn du für morgen Abend eine weitere Geschichte auf Lager hast. Von den Menschen allerdings habe ich fürs Erste genug: Kennst du auch ein Märchen aus der Welt der Tiere?“

„Lass dir vom Igel und den Tauben berichten, mein Gebieter“, sprach Scheherazade. Und als am nächsten Abend der Muezzin das letzte Abendgebet ausgerufen hatte und die Dunkelheit hereingebrochen war, begann sie zu erzählen:

Vom Igel und den Tauben

Ein Igel hatte sich seine Behausung zu Füßen einer Dattelpalme erwählt, in deren Krone ein Taubenpärchen sein Nest baute. Der Igel schaute den Tauben zu, wie sie auf den Palmwedeln umherhüpften, mühelos an den Früchten pickten und ein Leben im Überfluss führten.

Voller Neid murmelte der Igel vor sich hin: „Die Tauben habens gut! Sie schlagen sich dort oben ihre Bäuche mit süßen Datteln voll, und ich muss hier unten schon froh sein, wenn für mich und meine Frau wenigstens ein paar Dattelsteine abfallen. Wie stell ichs bloß an, ihnen ihre reiche Ernte abzujagen?"

Schließlich hatte der Igel eine Idee. Neben dem Eingang zu seiner Wohnhöhle errichtete er sich für alle sichtbar eine Andachtsstätte. Da begab er sich nun jeden Morgen hin und verbrachte seine Tage mit dem lautstarken Vortrag von Gebeten und mit frommen Reden von den Segnungen eines anspruchslosen Lebens.

Natürlich blieb dieses Treiben von den Tauben nicht unbemerkt, und es dauerte nicht lange, da flatterte der Täuberich aus der Palmenkrone zum Igel hinunter, beäugte sich die Andachtsstätte, hörte dem Igel noch eine Weile zu und fragte ihn dann neugierig:

„Sag, Nachbar, hast du immer schon so gelebt?"

„Gewiss, schon an die dreißig Jahre", entgegnete der Igel.

Das machte dem Täuberich gewaltig Eindruck, und er fragte verblüfft:

„Und was hast du all die Zeit gegessen?"

„Mir genügt zum Leben, was hin und wieder vom Baum herunterfällt."

„Und wie kleidest du dich?"

„Mir genügen meine Stacheln, auch wenn sie nachts nicht sehr gut wärmen."

Da war der Täuberich noch stärker beeindruckt, und er fragte weiter:

„Sag, ist das ein gutes Leben, was du da führst?"

„Gewiss doch!", sagte der Igel, „ich würde es gegen kein anderes tauschen wollen." Und dann versuchte der Igel, den Täuberich mit wohlgesetzten Worten davon zu überzeugen, wie erfüllt ein Dasein ist, das sich ganz dem Gebet und der Entsagung verschreibt.

„Auch du könntest mehr aus deinem Leben machen, wenn du etwas mehr beten und etwas weniger essen würdest", schloss er.

„Soll ich etwa mein schönes Nest aufgeben und all die guten Früchte verderben lassen, die dort oben reifen?", fragte der Täuberich.

„Davon ist nicht die Rede", meinte der Igel. „Aber statt dir jetzt zur Erntezeit den Bauch voll zu schlagen, bis du fast platzt, und darob

das Gebet zu vernachlässigen, könntest du vielleicht einige Datteln herunterwerfen, die es dir und deiner Frau auch in Zeiten der Dürre und der Nahrungsknappheit ermöglichen werden, ein glückliches und zufriedenes Leben zu führen."

„Allah sei Dank dafür, dass er mich deine Bekanntschaft machen ließ! Du hast mich überzeugt – genau so will ich es halten!" Mit diesen Worten flatterte der Täuberich hinauf zu seiner Frau, und gemeinsam begannen die beiden, die reifen Datteln abzupflücken und hinunterzuwerfen.

Unten am Fuß der Palme aber begannen der Igel und seine Frau geschäftig, die reifen Datteln einzusammeln und in ihre Vorratskammer zu schleppen.

„Hast du dir auch darüber Gedanken gemacht, was du tun wirst, wenn die Tauben kommen

und nach ihren Vorräten verlangen?“, fragte die Frau des Igels, als sie sich zwischendurch eine kurze Verschnaufpause gönnten.

„Dazu müssen sie zunächst herbeifliegen. Ich werde sie ganz nahe an mich herankommen lassen. Und wenn ich sie packen und totbeißen kann, will ich sie auffressen. Dann gehören nicht nur diese reifen Datteln uns ganz allein. Auch die jetzt noch unreifen Datteln, die in der Palmenkrone heranreifen, werden überreif zu uns herunterfallen, wenn sie uns von diesen törichten Tauben nicht mehr fortwährend weggefressen werden.“

Nachdem alle reifen Datteln abgeerntet waren, kamen die Tauben von der Palme herabgeflogen. Wie staunten sie, als sie am Boden nicht eine einzige Dattel mehr fanden!

„Bei Allah, Igel, ich vermeinte dich in Andacht und Gebet. Wo sind all unsere Datteln abgeblieben, die uns auch in Zeiten der Not ein glückliches und zufriedenes Leben ermöglichen sollen, wie du sagtest?“

„Vielleicht hat sie der Wind davongetragen. Wir wollen einmal schauen.“ Und dann begann der Igel damit, die Tauben wieder mit schönen Sätzen über ein einfaches und genügsames Leben voll zu schwatzen, bis sie gemeinsam beim Eingang zu seiner Höhle angelangt waren. Kaum war das Taubenpaar vertrauensvoll eingetreten, verriegelte der Igel die Tür und ging mit gefletschten Zähnen auf die Tauben los.

„So also sehen deine Frömmigkeit und dein karges Leben aus!“, entrüstete sich der Täuberich beim Anblick der gebleckten Zähne und der wohl gefüllten Vorratskammer des Igels. „Dazu fällt mir eine Geschichte ein, die dich interessieren dürfte!“ Und dann begann der Täuberich auch schon zu erzählen:

„Einst weidete eine Schafherde hinter einem Zaun. Da stieß ein Adler vom Himmel herunter, packte eines der Lämmer mit seinen kräftigen Krallen und entführte es durch die Lüfte. Das alles hatte ein Spatz gesehen, der auf der Umzäunung saß. Er schüttelte sein struppiges Gefieder und schrie:

‚Das kann ich auch!‘

Und da die Herde noch immer in der Umzäunung stand, flatterte der Spatz sogleich auf einen mächtigen Widder zu und wollte ihn mit seinen Krallen packen und in die Luft heben. Doch statt den Widder zu packen, wurde der Spatz nun selber gepackt – vom Hirten nämlich, der hilflos hatte zuschauen müssen, wie ihm der mächtige Adler das Lämmlein raubte. Voller Wut packte er den Spatz, riss ihm kurzerhand die Flugfedern aus und fesselte seine Füße mit

einem Band. Daheim warf er den kleinen Vogel seinen Kindern zum Spielen hin.
'Wer ist das?', fragten die Kinder.
'Das ist ein Größenwahnsinniger, der meinte, er könne es dem Adler gleichtun. Das stürzte ihn ins Unglück.'"
Der Igel hatte dem Täuberich gespannt zugehört und sich von der Geschichte so gefangen nehmen lassen, dass er nicht mitbekam, wie die Frau des Täuberichs hinter seinem Rücken heimlich den Riegel gelöst hatte, sodass das Taubenpaar nun flink das Tor öffnen und aus der Höhle des Igels entwischen konnte.
Um eine bittere Erfahrung reicher, flogen die Tauben zurück in ihr sicheres Nest und hielten von dort Ausschau nach anderen Dattelpalmen, an denen noch reichlich Früchte hingen.

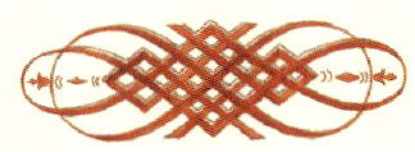

So erzählte Scheherazade. Und zum ersten Mal in all den Nächten, die sie nun schon zusammen verbracht hatten, lächelte Scheherban und sprach: „Der Täuberich, so will mir scheinen, ist dir nicht unähnlich. Auch er versteht es, eine Geschichte zu erzählen und sich damit das Leben zu retten. – Wohlan, du machst das gut und ich will auch morgen Abend wieder eine deiner Geschichten hören. Nun aber lasset uns ein wenig ruhen, ehe das Tagwerk beginnt.“ Und so geschah es.

Abu Mohammed, du Faulpelz!

Nein, was war Abu Mohammed doch für ein fauler Bursche! Sein Vater verdiente sich sein Geld mühsam als Barbier, schor den Männern ihre Bärte und zog ihnen, wenn es sein musste, auch schon mal einen kranken Zahn. Reichtümer waren damit nicht zu verdienen. Es reichte gerade so zum Überleben. Sein Sohn aber war ein so träger Schlingel, dass ihm seine Mutter das Essen eintrichtern und ihm den Becher an den Mund führen musste, wenn er hungrig war oder Durst verspürte. Nicht mal seine Schuhe oder die Pantoffeln konnte er sich allein überstreifen. Dabei war er für solche Dinge schon groß und alt genug – aber eben so faul, dass er es nicht schaffte,

selber aus der stechenden Sonnenhitze in den kühlenden Schatten zu rücken oder zu schlurfen, sondern sich von seiner Mutter ins Kühle schleppen ließ.
Selbst seine Altersgefährten und Schulkameraden konnten mit Abu Mohammed nichts anfangen. Ihre Spiele und Streiche waren ihm alle viel zu anstrengend. Sahen sie ihn, und das geschah selten genug, einmal aus eigenen Kräften im Schatten den Hauswänden entlangstreichen, verfielen sie sofort in Spott und Hohn und riefen, wie sie es von ihren Eltern gehört hatten: „Abu, du Faulpelz! Wenn dereinst deine letzte Stunde schlägt, bist du bestimmt noch zu faul zum Sterben!“ Doch das kümmerte diesen wenig; kaum dass er schlaff die Hand anhob und müde abwinkte.
Abu Mohammed war mit dem faulen Leben schon fünfzehn Jahre alt geworden, als sein Vater ganz plötzlich starb. Was er seiner Witwe und dem Sohn hinterließ, war herzlich wenig, und die arme Mutter machte sich große Sorgen, was aus ihrem trägen Sohn werden sollte. Eines Tages kam ihr jedoch der rettende Einfall. Sie nahm die wenigen Silbermünzen, die ihr vom Verkauf des bescheidenen Barbiersalons geblieben waren, drückte sie dem Sohn in die Hand und sprach:
„Pass auf, Junge! Wie ich auf dem Basar gehört habe, wird der edle Scheich Muzafar schon bald ins ferne China segeln. Da er immer

reichlich Almosen spendet und etwas für arme Schlucker wie uns übrig hat, gehst du jetzt zu ihm. Das, was ich dir hier gebe, ist alles, was dir dein armer Vater hinterlassen hat. Du bittest den Scheich darum, dir für dieses Geld aus China irgendetwas mitzubringen, womit du hier Handel treiben kannst. Vielleicht kann aus dir doch noch ein ordentlicher Kaufmann werden."

Was blieb da dem Faulpelz anderes übrig, als sich matten Schrittes zum Hafen zu schleppen und nach dem Schiff des Scheichs zu suchen? Das Schiff war schnell ausgemacht, denn dort herrschte ein reges Kommen und Gehen. Große Fässer mit Süßwasser und Nahrung wurden an Bord gehievt, Kisten voller Gold, aber auch bündelweise Waren, die der Scheich in China gegen andere Produkte tauschen und nach der Rückkehr nach Basra zu Geld machen wollte. Abu Mohammed stand inmitten der fleißigen Seeleute faul herum und trat so lange von einem Bein aufs andere, bis der Scheich auf ihn aufmerksam wurde.

„Was ist mit dem Faulpelz da unten?", fragte er seine Matrosen, die emsig sein Schiff beluden.

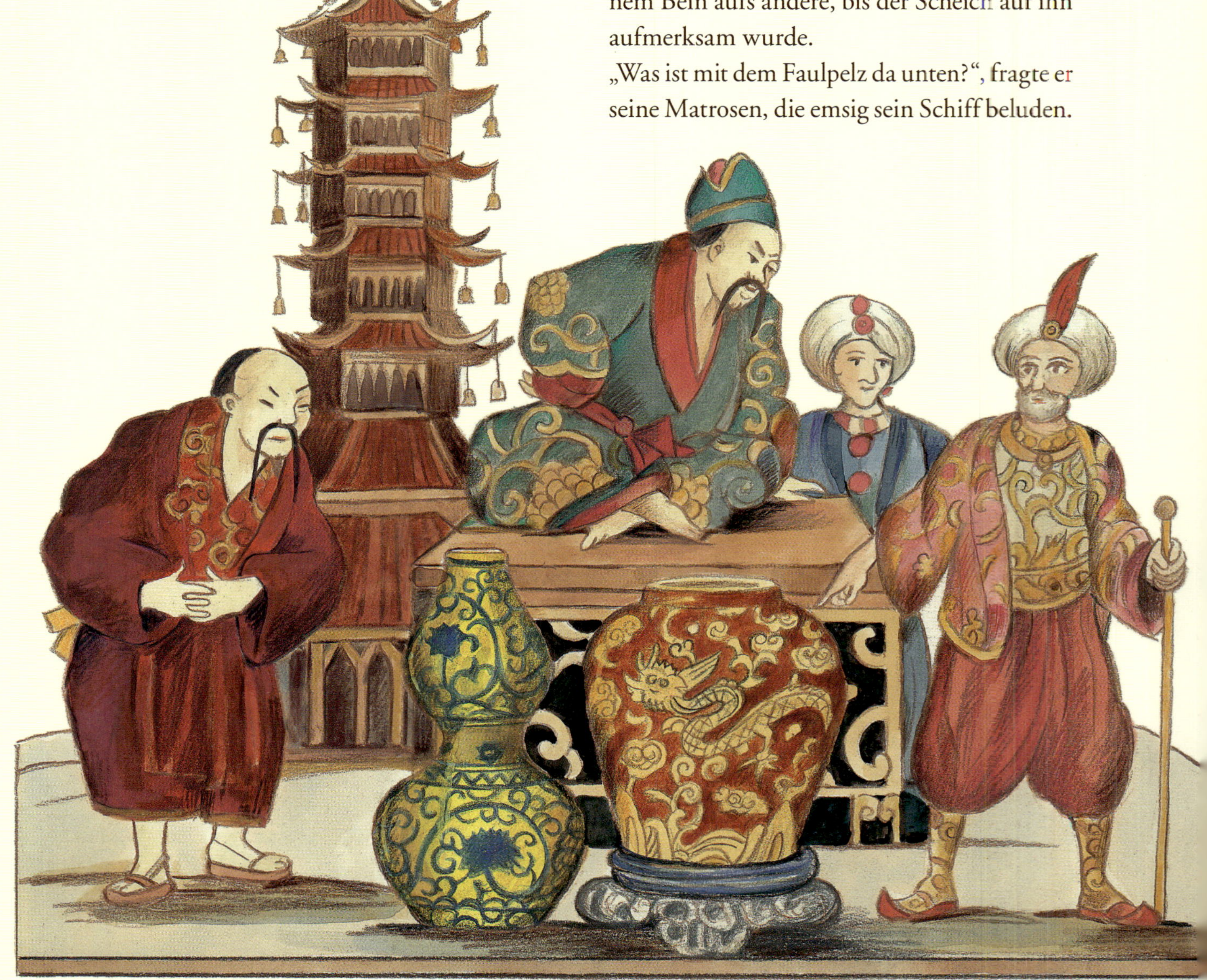

Einige von ihnen kannten Abu Mohammed und erzählten dem Scheich, dass dessen Vater ein rechtschaffener Barbier gewesen, aber kürzlich leider verstorben sei. Seine Witwe hätte sich nicht anders zu helfen gewusst, als den Sohn mit seinem kleinen Erbe hier in den Hafen zu schicken und den Scheich zu bitten, ihm für das Geld aus dem fernen China etwas mitzubringen, mit dem er einen bescheidenen Handel treiben könne. Aber der Faulpelz von einem Sohn sei wohl selbst noch zu träge, den Scheich um diesen Gefallen zu bitten.

„Na, Faulpelz", rief der Scheich nun spöttisch, „willst du mir dein Geld nicht wenigstens an Bord bringen und in die Hand drücken? Oder muss ich es auch noch bei dir abholen kommen?" Da endlich raffte sich Abu Mohammed auf, schleppte sich aufs Schiff und brachte seine Bitte vor.

Seine Mutter hatte Recht, der Scheich war tatsächlich ein gutmütiger Mensch. „Mit Allahs Hilfe werden wir China erreichen und anschließend heil in diesen Hafen zurückkehren. Ich will versuchen, für dein Geld etwas zu finden, was du hier mit Gewinn verkaufen kannst. Mal schauen, was sich ergibt."

Nachdem auf dem Schiff des Scheichs die Segel gesetzt worden waren und es nach ein paar Stunden am Horizont verschwunden war, schleppte sich Abu Mohammed zufrieden nach Hause, legte sich auf die Bärenhaut und nervte seine Mutter die nächsten Tage und Wochen mit seinem Nichtstun.

Die tüchtigen Seefahrer aber erreichten nach vielen Wochen auf hoher See, bei denen sich Tage voller Stürme und gewaltiger Wellen mit Tagen völliger Windstille abgewechselt hatten, endlich das ach so ferne China. Mit dem Ankaufen, Verkaufen und Tauschen lief alles so,

wie es sich Scheich Muzafar erhofft hatte, und so stach sein Schiff eines Tages erneut in See und nahm Kurs auf die Heimat.

Das Schiff war bereits auf hoher See, als sich der Scheich an den Kopf schlug. „Gütiger Allah, über all dem Handeln und den Geschäften habe ich doch glatt vergessen, dem Knaben Abu für seine Münzen etwas zu kaufen! Lasst die Segel wenden und uns umkehren, auf dass ich mein Versprechen einlösen kann."

„Bei allem Respekt, großer Scheich, wir sollten besser nicht umkehren", bestürmte ihn seine Mannschaft, „Umkehren bringt Unheil! Wir sollten versuchen, unterwegs noch etwas zu kaufen, auch wenn es da vielleicht etwas teurer ist als in China. Lieber steuern wir ein wenig von unserem eigenen Geld bei, als dass wir umkehren!"

Dieser Vorschlag gefiel dem Scheich. Und in der Tat kam bei der Sammlung unter den Seeleuten noch eine Handvoll Münzen zu dem hinzu, was Abu Mohammed dem Scheich vor der Abreise in Basra in die Hand gedrückt hatte.

Der Scheich und sein Schiff waren mehrere Tage unterwegs, als der Matrose im Ausguck am Horizont ein Eiland ausmachte und Scheich Muzafar seine Mannschaft anwies, darauf zuzuhalten. Nachdem das Schiff in gehörigem Abstand von der Insel vor Anker gegangen war, ließ Muzafar ein Ruderboot

und ein paar Waren bereitstellen. Dann ruderte er mit zwei Matrosen an Land, wo er von einigen Eingeborenen begrüßt wurde. Nach der Begrüßung und dem Austausch von Höflichkeiten kam ein reger Handel zustande. Tücher und billiger Schmuck wurden gegen schön glänzende Muscheln und rot leuchtende Korallen getauscht.
Etwas abseits von der Gruppe der am Tauschhandel beteiligten Eingeborenen sah der Scheich einen alten Mann, der von einer ganzen Horde Affen umringt war. Einer der zottigen Gesellen sah besonders erbarmungswürdig aus.
Immer wenn der Alte nicht aufpasste und nicht bei der Sache war, zausten die anderen Affen dem Außenseiter das Fell, rissen ihm ganze Haarbüschel aus und prügelten auf ihn ein.
Nun haben wir ja schon gehört, dass Scheich Muzafar ein gutmütiger Mensch war und ein mildes Herz hatte. Er erbarmte sich der geschundenen Kreatur und rief zu dem alten Mann mit der Affenschar: „Verkauf mir diesen armen Affen. Hier, diese Handvoll Münzen will ich dir dafür geben, Allah sei mit dir."
Der alte Mann griff sogleich zu, ließ sich von einem der Matrosen aus der Mannschaft des Scheichs einen Strick reichen, band den von seinen Artgenossen arg zerzausten und gequälten Affen fest und übergab ihn den Seeleuten. Diese stiegen nun mit den eingetauschten Waren und dem kleinen Affen ins Ruderboot und ruderten zum Hauptschiff zurück.
Das Schiff von Scheich Muzafar war schon wieder mehrere Tage auf hoher See, als der Matrose im Ausguck erneut „Land in Sicht!" rief. Tatsächlich waren am Horizont Baumspitzen und kleine Berge zu erkennen, auf die das Schiff zuhielt.

Als sie sich der Insel näherten, sahen die Seeleute, wie geschickte Taucher von hohen Felsen ins Meer sprangen, einige Zeit unter Wasser blieben und schließlich mit großen Muscheln auftauchten. Wenn sie die Schalen der Muscheln öffneten, glänzte ihnen hin und wieder eine strahlende Perle entgegen.

Die Matrosen, aber auch der an Bord gebrachte Affe sahen dem Treiben der Taucher eine Weile fasziniert zu. Die Seeleute hatten den Affen längst vom Strick befreit und ihren Spaß daran, wenn er über das Deck rannte und sich an den Seilen auf die Masten hochhangelte. Jetzt aber sprang der Affe plötzlich über Bord, gesellte sich zu den Männern im Wasser und tauchte hinter ihnen her in die Tiefe.

Der Scheich war entsetzt: Ein Affe als Taucher, das konnte nicht gut gehen. Bestimmt würde der arme Kerl ertrinken!

Aber da tauchte der Affe auch schon wieder an der Oberfläche auf. In seinen putzigen Händen hielt er Perlen, die viel größer waren

als die, welche die örtlichen Taucher zutage förderten: Offensichtlich hatte der Affe die Muscheln gleich an der Fundstelle tief unten am Meeresgrund geöffnet!

Behände kletterte der Affe an einem Ankerseil zurück aufs Schiff und brachte die Perlen zu Scheich Muzafar, als wolle er damit seinen Dank für die Befreiung aus dem Kreise seiner Artgenossen zum Ausdruck bringen. Vergnügt ließ der Scheich die Anker lichten und weiter ging die Reise, Richtung Sansibar.

Auch auf Sansibar ging der Scheich mit seinen Leuten an Land, um die zur Neige gehenden Vorräte an Wasser und Nahrung aufzufüllen. Daraus wurde jedoch nichts, denn kaum hatten sie einen Fuß auf die Insel gesetzt, wurden sie von der See her angegriffen: In schnittigen Kanus ruderten Angehörige des Stammes der Zunudsch herbei, die mehrere Meter groß und damit so hoch wie die Palmen am Strand gewachsen waren. Die Riesen griffen sich die in alle Himmelsrichtungen um ihr Leben davonlaufenden Seeleute und den Scheich und fesselten sie an die Palmen. Alsbald war lautes Wehklagen zu hören, denn die Seeleute wussten sehr wohl, wem sie da in die Hände gefallen waren und welches ihr Los war. Die Zunudsch waren weit herum gefürchtete Kannibalen! Und es dauerte denn auch nicht lange, bis die riesigen Kerle Feuer entfacht und Spieße geschnitten hatten, an denen sie die dicksten ihrer Opfer rösteten und sie anschließend auffraßen.

Das Wehklagen war inzwischen leisem Wimmern gewichen, denn viele der noch am Leben gebliebenen Seeleute waren beim Anblick dieses grauslichen Festessens in Ohnmacht gefallen, den anderen hatte es die Stimme verschlagen.

Es war tiefe Nacht, als die Menschenfresser fürs Erste satt waren und sich zur Ruhe legten. Da plötzlich spürte Scheich Muzafar, wie jemand geräuschlos und sehr flink seine Fesseln löste. Es war der Affe! „Hilf uns, hilf uns!“, flüsterten die Seeleute, die an den Palmen links und rechts vom Scheich festgezurrt waren und mitbekamen, was der Affe tat. „Hilf uns! Du wirst es nicht zu bereuen haben!“

Da hüpfte der Affe von Baum zu Baum und band die Gefangenen los. Leise, leise schlichen sich die Seeleute hinter Scheich Muzafar zum Strand und schwammen zu ihrem Schiff zurück. Dort lichteten sie geschwind die Anker und segelten im Schutz der Dunkelheit von dannen.

Überschwängliche Freude kam bei den Geretteten nicht auf, als sie sich in Sicherheit wussten. Zu sehr schauderten sie noch immer bei der Erinnerung an die grässlichen Bilder von ihren unglücklichen Gefährten, welche ihr Leben an den Bratspießen der Zunudsch hatten

lassen müssen. Aber natürlich waren sie ihrem Schicksal dankbar, dass sie noch einmal mit dem Schrecken davongekommen waren. Und dankbar zeigten sie sich auch ihrem mutigen Retter, dem Affen, gegenüber: Viele Goldstücke kamen zusammen, als der Scheich zu einer Sammlung für den Affen aufrief und diesem das gesammelte Geld in einem großen Lederbeutel überreichte.

Von Sansibar aus verlief die restliche Heimfahrt ohne große Schwierigkeiten und Gefahren, und endlich landete das Schiff im heimatlichen Hafen.

Die Nachricht von der Ankunft des Scheichs verbreitete sich wie ein Lauffeuer durch Basra und gelangte auch zur Mutter von Abu Mohammed. Ihr Sohn hatte während der ganzen Zeit, da der Scheich Muzafar und seine Gefährten auf großer Fahrt waren und gefährliche Abenteuer erlebten, auf der faulen Haut gelegen. Auch jetzt döste er auf seinem Lager vor sich hin. Von seiner Mutter geweckt und zum Hafen geschickt, stöhnte der Faulpelz: „Zum Hafen? Schon wieder? Allein schaffe ich das nicht noch einmal!"

Was blieb der armen Frau da anderes übrig, als den Faulpelz aus dem Haus zu stoßen und ihn Richtung Hafen zu schubsen?

„Das ist alles, was der Scheich mir mitgebracht hat!", jammerte Abu Mohammed seiner Mutter vor, als er, sich auf den Affen stützend, nach Hause gewankt kam und dort sogleich wieder auf sein Lager sank. „Ein Affe! Was soll ich mit einem zerzausten Affen?"

Doch schon der nächste Tag brachte eine jähe Wende ins Leben von Abu Mohammed. Scheich Muzafar nämlich schickte zwei Boten zum Hause der armen Witwe. Sie sollten den Faulpelz sogleich in sein Haus führen. Mühsam rappelte sich Abu Mohammed auf und schlurfte hinter den Boten her zum Haus des Scheichs. Dort wurde er bereits von anderen Bediensteten erwartet und zum Hausherrn geführt, auf dessen Wink hin eine mit Goldmünzen reich gefüllte Kiste angeschleppt wurde.

„Dies alles ist dein, mein Sohn. Es gehört dem Affen, dem wir unser Leben verdanken, und damit dir. Denn diesen Affen habe ich dir von unserer Reise nach China mitgebracht. Möge er dir von Nutzen sein, wie er uns von Nutzen war. Und nun gehe mit Allah!"

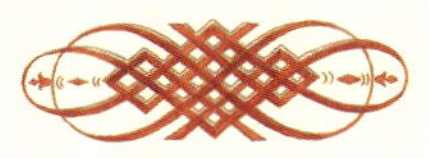

„Das ist wahrlich eine merkwürdige Geschichte!", rief Scheich Scheherban aus, als Scheherazade in ihrer Erzählung innehielt, weil von draußen die Morgenröte durchs Fenster drang. „Und was hat dieser Faulpelz mit dem Affen angestellt?"

„Das sollst du erfahren, wenn es wieder Nacht geworden ist", lächelte Scheherazade. Und als am nächsten Abend der Muezzin das letzte Abendgebet ausgerufen hatte und die Dunkelheit hereingebrochen war, nahm sie den Faden der Erzählung wieder auf:

Der plötzliche Reichtum und die Aussicht, diesen noch zu mehren, machten aus Abu Mohammed einen neuen Menschen. Schon am nächsten Tag mietete er einen Laden an, kaufte große Mengen Waren zu entsprechend günstigen Preisen ein und begann, die Waren mit Gewinn weiterzuverkaufen. Es stellte sich heraus, dass Abu Mohammed beim Handeln ein glückliches Händchen hatte. Seine Geschäfte gediehen prächtig. Jeden Tag wurde der junge Mann, der eben noch der größte Faulpelz war, tüchtiger und tüchtiger. Bald schon war er wohlhabend, schließlich sogar ziemlich reich. Seine Mutter brauchte sich um ihn nun keine Sorgen mehr zu machen und war glücklich und zufrieden.

Der Affe aber saß nie weit von Abu Mohammed entfernt, hielt gerne einen Beutel mit Goldmünzen in seinen Händen und ahmte im Übrigen jede Bewegung seines Herrn nach, wie es die Art mancher Affen ist. Eines Abends aber begab sich höchst Erstaunliches: Nachdem der Affe stundenlang unruhig hin und her gerutscht war, öffnete er schließlich seinen Mund und sprach:

„Guten Abend, Abu Mohammed!"

Da fuhr der Schreck dem Abu gar mächtig in die Knochen. Ein Affe, der sprechen konnte – das ging nicht mit rechten Dingen zu! Abu Mohammed bekam ganz weiche Knie und musste sich setzen.

„Du brauchst keine Angst zu haben", beruhigte ihn der Affe, „ich stamme von guten Geistern ab und bin dir wohl gesinnt. Weil du ein so

armer Schlucker warst, kam ich zu dir und erlöste dich von deiner Faulheit. Jetzt aber bist du tüchtig und reich geworden und könntest mir einen Gefallen erweisen."

„Und d…, de…, der wäre?", stotterte Abu, der sich erst allmählich zu fassen begann.

„Ich möchte, dass du dich verheiratest. Beim Futtermarkt wohnt ein reicher Kaufmann mit einer wunderschönen Tochter. Setz dich auf deinen Esel, reite hin und sage ihm, dass du dich mit seiner Tochter verloben möchtest. Wenn er dich mit der Begründung abweist, du wärst nicht reich genug, um seine Tochter standesgemäß zu unterhalten, überreichst du ihm ein Säckchen mit Goldmünzen. Gibt er sich damit nicht zufrieden, gibst du ihm noch etwas dazu. Jetzt wird er bestimmt auf noch mehr Geld hoffen und dich nicht mehr abweisen."

„Diesen Gefallen will ich dir wohl erweisen", sagte Abu Mohammed, „denn ich weiß, welches Mädchen du meinst und bin einer Ehe nicht abgeneigt."

Nicht faul, sattelte er am nächsten Morgen seinen Esel, ließ sich von einigen Sklaven begleiten und ritt zum Futterbasar.

Der reiche Kaufmann mit der schönen Tochter war rasch gefunden. Wie der Affe vorausgesagt hatte, war er mit dem ersten Säckchen Gold nicht zufrieden, sodass Abu noch zwei weitere nachschieben musste. Dann erst sperrte der Kaufmann seinen Laden zu, lud eine Menge reicher Leute zu sich ein und ließ den Ehevertrag aufsetzen.

Der Geist in Gestalt des Affen war mit dieser Entwicklung zufrieden und rückte mit einem weiteren Wunsch heraus:

„Wenn du in der Nacht nach der Hochzeit mit deiner Gemahlin in eurem Zimmer bist und deine schöne Frau eingeschlafen ist,

so schaue dich dort genau um. An der Wand wirst du einen kleinen Schlüssel finden, mit dem sich eine eiserne Tür aufschließen lässt. In dem Raum dahinter liegt eine Truhe aus Metall mit Fahnen an jeder Ecke. In der Truhe findest du Schlangen, ein goldenes Becken mit einem Hahn darin und daneben ein Messer. Stich den Hahn ab, zerfetze die Fahnen und kippe die Truhe um, bevor du dich wieder zu deiner Frau ins Bett legst."

Abu Mohammed fand diesen zweiten Wunsch schon sehr seltsam, aber der Affe hatte ihm so viel geholfen, da war es nur recht und billig, ihm auch diesen Gefallen zu erweisen.

Die Hochzeit wurde ein pompöses Fest. Als sich das Hochzeitspaar spät in der Nacht in sein Zimmer zurückgezogen hatte und die junge Ehefrau eingeschlafen war, beeilte sich ihr Mann, sein dem Affen gegebenes Versprechen einzulösen, um sich dann ebenfalls schlafen zu legen.

Der kleine Schlüssel und die Tür zur Nebenkammer waren rasch gefunden. In der Truhe, die dort stand, befand sich alles, was der Affe beschrieben hatte.

Kaum jedoch hatte Abu Mohammed die Fahnen zerrissen, den Hahn getötet und die Truhe umgestürzt, erwachte seine Frau. Als sie sah, was ihr frisch angetrauter Ehemann angerichtet hatte, schrie sie entsetzt:

„Weh uns, der böse Geist ist los! Er wird mich verschleppen!"

Ihr Ausruf war noch nicht verklungen, da brauste auch schon ein mächtiger Geist in den Raum. Abu musste hilflos und entsetzt mit ansehen, wie der Geist die junge Frau packte und mit ihr entfloh.

„Oh Unheil über dich und uns!", rief sein Schwiegervater aus, als er von der Entführung erfuhr. „Die Fahnen zerrissen, den Hahn getötet! Sie waren der Schutz meiner Tochter gegen die bösen Geister. Was hast du nur angerichtet? Geh mir aus den Augen, bevor ich mich an dir vergreife!"

Da zog Abu Mohammed betrübt und einsam in die Wüste, um über das Vorgefallene nachzudenken. Hatte ihn der Affengeist nur deshalb aus seinem Dasein als nichtsnutziger Faulpelz herausgerissen und zum fleißigen und wohlhabenden Kaufmann gemacht, um ihm dereinst die Frau auszuspannen? Und wenn

dem so war: Wie hatte der Affe das alles von der fernen Insel aus planen können, wo ihn Scheich Muzafar an Bord genommen und nach Basra gebracht hatte?
Diese und andere Gedanken gingen Abu durch den Kopf, als er nach Tagen ziellosen Wanderns auf einem Stein rastete und plötzlich eine weiße und eine braune Schlange bemerkte, die miteinander kämpften. Abu sprang auf, griff den Stein, auf dem er gesessen hatte, und warf ihn auf die braune Schlange. Dann stürzte er betäubt zu Boden.
Abu hätte nicht zu sagen vermocht, wie lange er ohnmächtig dagelegen hatte, bevor er eine menschliche Stimme vernahm.
„Wach auf, Abu Mohammed, und erschrick nicht! Du brauchst keine Angst zu haben: Ich bin ein guter Geist und dein Freund. Du hast die weiße Schlange errettet, unsere verzauberte Schwester. Zum Dank dafür will ich dir helfen, den Affengeist zu finden, der deine Frau nach der Messingstadt entführt hat."
Als Abu seine Augen öffnete, erblickte er einen mächtigen, freundlich dreinblickenden Dämon. Dieser hieß ihn auf seinen Rücken zu klettern und ermahnte ihn, unterwegs zu schweigen, vor allem aber nicht den Allmächtigen anzurufen, weil ihr Flug sonst böse enden könnte. Abu tat, wie ihm geheißen, obwohl er sich zusammennehmen musste, um nicht

in Begeisterungsrufe auszubrechen, als er auf dem Rücken des gutmütigen Dämons über das weite Land flog und den ungewohnten Anblick von oben genoss.
Der Flug führte sie gerade übers weite Meer, als sie hoch am Himmel auf einen grünen, durch die Lüfte dahinwehenden Geist trafen, mit dem sie beinahe zusammengestoßen wären. Von Schreck erfüllt rief Abu Mohammed: „Allah hilf!“ Zwar legte er sich sogleich die Hand auf den Mund, aber der Name Allahs war gefallen. Wie von einem Blitzschlag getroffen, verglühte der Dämon und Abu stürzte ins Meer.

Nein, Abu Mohammed ist nicht im Meer ertrunken, denn, Allah seis gedankt, Fischer zogen den erschöpft im Wasser Treibenden in ihr Boot, gaben ihm zu trinken und brachten ihn ans Ufer, wo ihm andere Fischer den Weg zur Messingstadt wiesen. Der Weg dahin war noch viele Tagesmärsche weit, und als Abu endlich vor der Stadt ankam, schien sie fest verriegelt und ohne Zugang von außen. Schließlich aber gelangte er durch einen unterirdischen Kanal doch noch in die Messingstadt, wo der Affengeist seine Frau gefangen hielt. Mit einer List und der Hilfe guter Luftgeister schaffte es Abu, die Schöne aus der Gewalt ihres Entführer zu befreien und mit ihr zurück ans Meer zu fliehen, von wo sie schließlich gemeinsam auf dem Seeweg nach Basra zurückkehrten.
Wie wurde der reiche Kaufmann wieder froh, als er seine Tochter gesund heimkehren sah!Auch seinem Schwiegersohn war er nicht mehr gram und verzieh ihm, nachdem ihm berichtet worden war, was dieser alles auf sich genommen hatte, um seine entführte Frau aus den Händen des Affengeistes zu befreien.
Mit seiner Familie lebte Abu Mohammed noch viele Jahre glücklich und zufrieden. Seine einstigen Schulkollegen waren inzwischen auch erwachsen und älter geworden. Sie staunten nicht schlecht, als sie erkannten, welcher Wandel sich im trägen Lümmel aus ihren Kindheitstagen vollzogen hatte. Und manchmal, wenn sie abends in fröhlicher Runde zusammensaßen, erinnerten sie sich gerne daran, wie sie bei Abus Anblick immer gerufen hatten: „Abu, du Faulpelz! Wenn dereinst deine letzte Stunde schlägt, bist du bestimmt noch zu faul zum Sterben!“

Vom Stier und vom Esel

Auf dem Hof eines reichen Bauern lebten viele Tiere, unter ihnen ein Stier und ein Esel. Eines Abends standen die beiden zusammen bei der Tränke. „Muh – du hast es gut!“, stöhnte der Stier. „Tag für Tag muss ich von früh bis spät schuften, dass mir alle Knochen wehtun. Du aber stehst den ganzen Tag faul rum oder darfst mit den Kindern ausreiten. Dir wird täglich dein Stall gefegt, reichlich Futter hingestreut und das Fell gestriegelt. Mir graust jetzt schon, wenn ich nur daran denke, wie ich morgen wieder die Mühle in Bewegung halten und die schweren Mahlsteine drehen muss, damit das Mehl herausrieselt. Damit noch nicht genug, muss ich vorher auch noch den großen Pflug durch den Acker mit den vielen Steinen ziehen!“

„Jah!“, erwiderte der Esel, „mir geht es gut. Ich bins zufrieden, denn ich bin klug. Du aber bist ein dummes Tier! Wärst du so schlau wie ich, würde es dir nicht minder gut ergehen.“

„Muh – du weißt, wie ich mein hartes Schicksal mildern kann?“, muhte der Stier. „Sag an und ich will dir ewig dankbar sein!“

„Jah! Ich will dir wohl raten. Also höre: Wenn sie dich morgen früh holen kommen, um dich auf den Acker hinauszutreiben und dir den dicken Jochbalken aufzuladen, so lasse dich zu Boden fallen. Lass sie ruhig auf dich einprügeln und dich anbrüllen. Bleib einfach liegen und stell dich krank. Oder noch besser: Tu so, als würdest du versuchen, dich mühsam aufzurappeln und auf die Beine zu kommen. Taumele ein wenig herum und lass dich dann wieder zu Boden fallen. Der Bauer soll glauben, dass du völlig geschwächt und siech bist. Jetzt wird er dir vom besten Futter vorstreuen und frisches Wasser in den Trog gießen lassen. Du aber lass beides unberührt stehen und tue so, als ob du sogar zum Fressen und Saufen zu schlaff und zu schlapp wärst. Du wirst sehen: Schon bist du die Arbeit für diesen und den nächsten Tag los!“

Dieser Vorschlag gefiel dem Stier über alle Maßen. Am nächsten Morgen tat er, wie vom Esel geheißen. Er machte sich einen Spaß daraus, neben den Knechten aufs Feld hinauszuwanken und zu stolpern. Und als sie ihm das Joch aufluden und die Riemen umschnallten, damit er den Pflug durchs Feld zerre, ließ er seine Beine einknicken, plumpste zu Boden und ließ mit verdrehten Augen die Zunge aus dem Maul hängen. Die Knechte erschraken gehörig, legten das Joch zur Seite und flößten dem Stier eilig etwas Wasser ein. Dann halfen sie dem schweren Tier mit vereinten Kräften vorsichtig auf die Beine und führten es langsam, langsam in den Stall zurück.

„Herr, dein schöner und so kräftiger Stier ist krank geworden“, meldeten die Knechte dem Bauern, „wir können ihn unmöglich vor den Pflug spannen.“

Der Bauer war erstaunt: „Gestern war er noch wohlauf und bei Kräften! Nun denn, so gebt ihm reichlich und vom besten Futter und fegt seinen Stall gründlich aus; wir wollen hoffen, dass es ihm morgen wieder besser geht. Für heute aber spannt statt seiner den Esel vor den Pflug. Und wenn er sich störrisch zeigt, so macht von der Peitsche Gebrauch!“

Mit dieser Wendung hatte der Esel nun wahrlich nicht gerechnet! Ach, wie bereute er den guten Rat, den er dem Stier so leichtsinnig gegeben hatte. Den ganzen Tag musste er sich plagen, erst den Pflug durch den Acker ziehen und dann den Mahlstein in der Mühle drehen, bis ihn die Glieder schmerzten. Am Abend wusste der Esel kaum noch, wie er sich auf den Beinen halten sollte. Nein, das alles fand er gar nicht lustig!

Der Stier aber bedankte sich frohgemut für den guten Rat und meinte: „Muh – du hast mich gut beraten, Esel! Ich könnte mich ans Nichtstun gewöhnen! Ich werde das wohl noch ein paar Tage durchziehen. Das gute Futter hier ist zwar verlockend und es fällt mir gewiss nicht leicht, es stehen zu lassen. Aber wenn es hilft, mich von der schweren Arbeit zu bewahren, will ich mich beim Fressen und Saufen etwas

zurückhalten. Das Faulenzen bekommt mir nicht schlecht und ich finde das Leben hier im Stall recht angenehm und vergnüglich."

„Jah!, das glaub ich dir wohl", gab der Esel zurück und wäre vor Neid und Wut fast zerplatzt. Aber er war viel zu müde und kaputt, um sich auf einen langen Wortwechsel einzulassen, und schlief im Stehen ein.

Am nächsten Tag erging es dem Esel kein bisschen besser. Wieder wurde er bei Tagesanbruch aus dem Stall gezerrt, vor den Pflug gespannt und danach zur Mühle geführt, während sich der Stier krank stellte und wohl versorgt wurde. Alles Bocken und Störrischsein halfen dem Esel nichts, sondern trugen ihm nur eine kräftige Portion Prügel ein. So drehte er griesgrämig und schmerzgekrümmt seine Runden und zergrübelte derweil sein Hirn: Ihm musste doch ein rettender Gedanke kommen!

„Muh – du siehst abgekämpft aus, mein Freund", begrüßte der Stier den Esel, „war wohl wieder ein harter Tag, was?"

„Jah!, das kann man wohl sagen", entgegnete der Esel, „aber lass dir berichten, was ich gerade gehört habe. Es mag dich interessieren: Wie mich die Knechte auf den Hof zurückführten, trat der Bauer zu ihnen und sagte, er wolle dich, lieber Freund, nun da du krank wärst und nicht wieder auf die Beine kämst, demnächst schlachten. ‚Das Fleisch des Stiers können wir braten, und auch sein schönes Fell wird uns nützlich sein', sagte der Bauer."

Bei diesen Worten kam Bewegung in den guten Stier! Hastig machte er sich über das bereitgestellte gute Futter her, schlappte das frische Wasser und leckte den Eimer mit breiter Zunge blitzblank.

Am nächsten Morgen konnten die Knechte dem Bauern berichten, dass sich der Stier putzmunter unters Joch gebeugt, ja sogar noch einen kleinen Luftsprung vollführt habe, als sie ihn auf den Acker führten.

Der Esel aber kam sich nicht mehr ganz so schlau vor wie in früheren Tagen und überlegte es sich fortan zweimal, bevor er das Maul aufmachte und anderen gute Ratschläge erteilte.

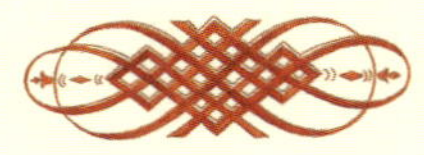

So erzählte Scheherazade, und Scheherban schmunzelte. Ihm schienen solche Geschichten aus dem Reich der Tiere zu gefallen – wie gut, dass Scheherazade noch andere Tiermärchen kannte, die sie ihm in späteren Nächten zu erzählen hoffte.

Jetzt aber sah Scheherazade, wie der Blick ihrer Schwester Dinarazade auf einem aus Ebenholz geschnitzten Pferdchen ruhte, das von dem Morgenlicht beschienen wurde, und sprach zu Scheherban: „Mein Gebieter, morgen will ich dir eine Geschichte erzählen, in der ein aus edlem Holz geschnitztes Pferd wie hier das deine eine wichtige Rolle spielt."

Und als am nächsten Abend der Muezzin das letzte Abendgebet ausgerufen hatte und die Dunkelheit hereingebrochen war, sprach Scheherban: „Erzähle!"

Das Zauberpferd

Zum Schah von Persien kamen einst drei gelehrte Wundermänner. Die drei stellten dem Schah drei zauberische Dinge vor, welche sie ihm gerne zum Geschenk machen wollten, wenn er dafür nur jeden von ihnen mit einer seiner drei Töchter verheiraten würde. Der Schah war dem Tauschhandel nicht abgeneigt, zumal es zu dieser Zeit durchaus üblich war, wertvolle Brautgeschenke auszuhandeln, und die drei zauberischen Dinge von besonderem Reiz waren. Der Erste der drei Wundermänner stellte einen künstlichen Pfau vor, der mit seinem Schrei Tag und Nacht die fortschreitende Stunde ankündigte. Der zweite Wundermann hatte ein Horn mitgebracht, das auf die Stadtmauer gelegt werden konnte und dort von selbst Alarm blies, wenn sich Feinde näherten. Der dritte Wundermann schließlich führte ein aus edlem Ebenholz und Elfenbein geschnitztes Zauberpferd vor, das seinen Besitzer blitzschnell an jeden gewünschten Ort entführte.

Der Schah war von den drei zauberischen Dingen durchaus angetan, zumal der Pfau und das Horn eine erste Probe schon erfolgreich bestanden hatten. Trotzdem wollte er sichergehen, nicht irgendwelchen Schwindeleien aufzusitzen und seine Töchter an Scharlatane zu verlieren.

Da ihn das prächtig geschnitzte Holzpferd mit seiner speziellen Gabe am meisten faszinierte – der Traum vom Fliegen war so alt wie die Menschheit und bislang unerfüllt geblieben –, bat der Schah seinen Lieblingssohn, das wundersame Pferd genauer zu prüfen. Der Sohn tat, wie vom Vater geheißen, setzte sich auf

das Ross – und kam sich dabei recht lächerlich vor, denn das angebliche Zauberpferd rührte sich nicht vom Fleck! Wie auch, es war ja nur aus Ebenholz und Elfenbein geschnitzt. Dann aber zeigte der Wundermann dem Sohn des Schahs den besonderen Hebel, der gedreht werden musste, damit das Wunderpferd tief Luft schöpfte, sich aufblies und mitsamt seinem Reiter in die Luft stieg, um den verblüfften Blicken der Zurückbleibenden alsbald zu entschwinden.

Der Prinz landete gleich bei seinem allerersten Versuch in einer ihm fremden Gegend. Tief liegende, grüne Täler wurden von hohen Bergketten umschlossen. Auf vielen der steil aufragenden Felsmassive ragten trutzige Burgen und Häuser in den Himmel, einige viele Stockwerke hoch, die Eingangstore und Fensterbögen

herrlich geschmückt mit weißer Umrandung. Als der Prinz vom Pferd stieg und sich genauer umsah, fand er sich im herrlichen Garten eines prächtigen Palastes. Und dann stockte ihm der Atem: Inmitten der Gartenpracht spazierte ein wunderschönes Mädchen leichtfüßig zwischen den Blumenbeeten dahin, das ebenmäßige Gesicht nur von einem hauchdünnen Schleier verhüllt. Als die junge Frau näher kam, pochte das Herz des Prinzen so mächtig, als wollte es ihm aus dem Halse springen: Der Prinz hatte sich auf der Stelle unsterblich in die schöne Unbekannte verliebt!

Anfangs war die junge Frau überrascht, in der Abgeschlossenheit des Palastgartens einem fremden jungen Mann zu begegnen. In ihrem Lande war es üblich, dass Männer und Frauen streng voneinander getrennt lebten. Erst wenn es zur Verlobung kam, durften sich die künftigen Eheleute kurz sehen, aus der Ferne und immer in Begleitung von Sklavinnen oder nahen Verwandten. Indessen überwand die Schöne ihre anfängliche Scheu und Verwunderung recht schnell, als der Prinz sie in der Sprache des eigenen Landes ansprach. Sie berichtete ihm, dass er in Sanaa, der Hauptstadt von Jemen, gelandet sei und dass er sich hier im Palastgarten des Fürsten, ihres Vaters, befinde. Die Prinzessin betrachtete den Fremdling eingehend, fand großen Gefallen an ihm und es dauerte nicht lange, bis der Funke der Liebe auch auf sie übersprang. Die strengen Sitten ihres Landes missachtend, wäre sie am liebsten gleich mit dem jungen Perser auf sein Zauberpferd geklettert und mit ihm davongeflogen. Doch inzwischen war der Eindringling von der Palastwache entdeckt worden und wurde zum Vater des Mädchens geführt. Dort erdreistete sich der verliebte Prinz, statt erst seine Anwesenheit zu erklären und sich für sein Eindringen zu entschuldigen, gleich um die Hand der Fürstentochter anzuhalten. Der überrumpelte Fürst tobte. Er hatte seine Tochter längst einem anderen Bewerber zugedacht,

einem ziemlich hässlichen Prinzen aus Indien. Als unser Prinz dies vernahm, kam es zu einem lauten Streit. Böse Worte flogen hin und her und schließlich verstieg sich der persische Prinz, seine eigenen Möglichkeiten und Kräfte überschätzend, zu der Behauptung, es ganz alleine mit den vierzigtausend Soldaten des Fürsten aufzunehmen. Natürlich hatte er bei dieser Aufschneiderei sein Zauberpferd aus Ebenholz und Elfenbein im Sinn. Und auf selbiges schwang er sich nun auch und drehte den Hebel, worauf das Wunderpferd tief Luft schöpfte, sich aufblähte und mitsamt dem Prinz in die Luft stieg, um den verblüfften Blicken der Zurückgebliebenen alsbald zu entschwinden.

Der Schah von Persien war überglücklich, als sein Sohn wieder heil zu

Hause ankam. Er hatte einen heftigen Schreck gekriegt, als das Zauberpferd mit dem Prinzen so mir nichts, dir nichts mit unbekanntem Ziel davongeflogen war und den Besitzer des Wunderpferdes gleich ins Gefängnis geworfen.

Den bis über beide Ohren verliebten Prinzen allerdings hielt es nicht lange zu Hause. Kurz entschlossen flog er auf seinem Zauberpferd heimlich in den Palast von Sanaa zurück und entführte seine schöne Braut nach kurzer Überredungszeit in seine Heimat.

Eigentlich sollte jetzt daheim in Persien eine prunkvolle Hochzeit stattfinden, bei der die schöne Braut von Sklaven aus Indien, Griechenland und Abessinien in einer reich geschmückten Sänfte durch die Stadt getragen wurde. Doch daraus wurde nichts, weil der Wundermann, der dem Schah das Zauberpferd angedient hatte und dafür eine seiner Töchter zur Frau bekommen wollte, vom Herrscher statt zum Schwiegersohn in den Kerker befördert worden war. Jetzt war der entführt geglaubte Prinz zwar wieder daheim. Aber bevor der Schah noch dazu kam, das vorübergehende Verschwinden seines Sohnes neu zu überdenken und den Gefangenen frei zu lassen, gelang es dem Wundermann, dem Kerker gewaltsam zu entfliehen. Auf Rache sinnend, brachte er das Zauberpferd zurück in seine Gewalt. Nachdem das aus edlem Ebenholz und Elfenbein geschnitzte Ross tief Luft geholt und sich aufgebläht hatte, schwang sich der Wundermann auf den Rücken des Pferdes, schnappte sich im Wegfliegen die schöne Braut des Prinzen und flog mit seiner Beute davon.

Doch der Wundermann wurde seines Raubes nicht froh. Die unglückliche Prinzessin weinte tagein, tagaus bittere Tränen und wollte nicht aufhören, ihr trauriges Schicksal lauthals zu beklagen. Sie wies jeden Annäherungsversuch des Wundermannes entschieden zurück. Und als ihr Entführer in seiner Heimat landete, wo er mit der schönen Prinzessin ein Haus bauen und Kinder haben wollte, ließ ihn der dortige Herrscher wegen früherer Lügengeschichten sogleich verhaften, kräftig durchprügeln und in einen finsteren, ausbruchssicheren Kerker werfen. Die traurige Prinzessin und das Wunderpferd aber wurden erst einmal im Palast untergebracht. Über ihr Schicksal wollte der Herrscher später entscheiden.

Zu Hause grämte sich der persische Prinz sehr. Den Verlust des Pferdes hätte er zur Not noch verschmerzen können – er war früher auch ohne Zauberpferd ganz gut zurechtgekommen. Ein Leben ohne seine geliebte Prinzessin aus Sanaa aber konnte sich der Unglückliche nicht mehr vorstellen. In seiner Not verkleidete er sich als armer Händler und zog unerkannt durchs Land. Auf der Suche nach seiner entführten Geliebten durchstreifte er unermüdlich fremde Länder und Städte – ohne Erfolg.

Eines Tages hörte er in einer Karawanserei die seltsame Geschichte von einem eingekerkerten Wundermann, einem schönen Mädchen

und einem merkwürdigen Pferd. Dem Pferd wurden geheimnisvolle Kräfte nachgesagt, die niemand zu nutzen wisse. Und in das geheimnisvolle Mädchen, so wurde von den reisenden Kaufleuten berichtet, habe sich der hiesige Herrscher verliebt. Die Schöne aber weise all seine Geschenke zurück und erwecke den Anschein, als hätte sie den Verstand verloren.

Als der von der vergeblichen Suche nach seiner Geliebten schon fast verzweifelte Prinz diese Geschichte vernahm, fasste er neue Hoffnung. Rasch kaufte er sich neue Kleider und begab sich zum Palast. Dort gab er sich als hoch gelehrter Hakim aus und wurde zum Herrscher vorgelassen. Er erzählte ihm die tollsten Geschichten von geistig Verwirrten, die er angeblich erfolgreich behandelt hatte, und wurde als vermeintlicher Arzt aus Persien schließlich zu der Kranken vorgelassen, um sie zu kurieren.

Ach, wie hüpfte unserem Prinzen das Herz im Leibe, als er die lang gesuchte Geliebte vor sich sah! Und wie sehr musste er sich beherrschen, um sich nichts anmerken zu lassen und so zu tun, als würde er die junge Frau als Arzt untersuchen.

Auch die Prinzessin hatte ihren Geliebten natürlich sogleich erkannt und war klug genug, sich weiterhin so aufzuführen, als wäre sie dem Wahnsinn verfallen.

Doch, doch, versicherte der angebliche Hakim dem besorgten Rivalen, der jungen Frau könne geholfen werden. Dazu müsse als Erstes das Pferd herbeigeführt werden, auf dem sie seinerzeit entführt worden sei. Als das geschehen war, wies der Prinz den Herrscher an, mit Heer und Hofstaat auf jene Wiese hinauszuziehen, wo der Wundermann mit der entführten Prinzessin auf seinem Zauberpferd gelandet war. Diese ganzen Umstände müssten sein, so behauptete der listige Prinz, damit er mithilfe des Zauberpferdes den Dschinn, den bösen Geist, aus der Prinzessin vertreiben könne.

Alles geschah genau so, wie es der angebliche Hakim verlangte und ihr könnt euch leicht vorstellen, was nun geschah: Der Prinz drehte den besonderen Hebel, worauf das Zauberpferd tief durchatmete und sich aufpumpte. Nun schwang sich der falsche Hakim auf den Rücken des ebenholz- und elfenbeinfarbenen Wunderrosses, hob die Geliebte zu sich empor und entschwand auf Nimmerwiedersehen in die Lüfte!

Der getäuschte Herrscher wartete mit seinem Heer noch viele Stunden auf die Rückkehr der drei, doch – wen wunderts? – nichts dergleichen geschah. Schließlich sah er ein, dass er überlistet worden war und fügte sich grollend in sein Schicksal.

Der Prinz, seine Geliebte und das Zauberpferd aber gelangten endlich wohlbehalten nach Persien zurück. Dort wurde eine so prächtige Hochzeit gefeiert, dass allen, die dabei waren, noch Jahre später Tränen der Rührung kamen, wenn sie sich daran erinnerten. Einen ganzen Monat lang waren Jung und Alt, Arm und Reich, völlig aus dem Häuschen.
Seinem Schwiegervater in Sanaa schickte der Prinz eine klärende Nachricht. Er bat ihn inständig um Verzeihung für all die Wirren, die er angerichtet hatte, stellte ihm ein baldiges Wiedersehen mit seiner Tochter in Aussicht und vergaß auch nicht, reichlich Geschenke mitzuschicken. Der Herrscher über den Jemen, der sich anfangs über die Frechheit des persischen Prinzen sehr erregt hatte, beruhigte sich allmählich. Insgeheim bewunderte er gar den Wagemut seines neuen Schwiegersohnes, und die üppigen Gaben taten ein Übriges, um ihn zu besänftigen. Richtig zufrieden machte ihn die Aussicht, seine geliebte Tochter glücklich zu wissen und sie ohne Streit oder gar Krieg bald wiedersehen zu können.

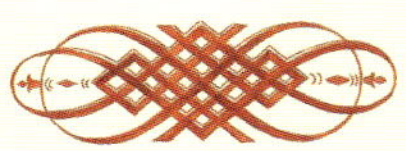

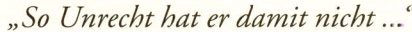

„Und was ist aus dem wundersamen Zauberpferd geworden, das nicht unwesentlich zum Fortgang und guten Ende der Geschichte beigetragen hatte?“, erkundigte sich Scheherban, nachdem Scheherazade geendet hatte.
„Der Vater des glücklichen Prinzen ließ es vernichten. Der ängstliche Schah meinte, mit solchem Wunderkram könne allzu leicht Unfug getrieben werden, wenn er in die falschen Hände gerate“, wusste Scheherazade zu berichten. Scheherban nickte und sagte:
„So Unrecht hat er damit nicht ...“

Der Floh und die Mäuse

Ein Floh hüpfte eines Nachts in das warme Bett eines reichen Kaufmanns. Der Kaufmann duftete angenehm und hatte eine feine Haut, sodass der Floh voll Wonne in ihn hineinstach und etwas von seinem Blut trank.

Der Kaufmann fand das gar nicht lustig. Der Flohstich tat weh und juckte gewaltig. An Schlaf war nicht mehr zu denken. Wütend rief der Kaufmann nach seinen Bediensteten; sie sollten den lästigen Bettgenossen finden und zerdrücken. Der Floh, nicht dumm, merkte natürlich, dass es ihm ans Leben gehen sollte und machte sich aus dem Staub. Unter dem Bett des Kaufmanns entdeckte er ein Mauseloch und hüpfte flugs hinein.

Der Mäuserich, der mit seiner Familie in dem Mauseloch wohnte und sich dort sehr gemütlich eingerichtet hatte, war von dem ungeladenen Besuch gar nicht begeistert:

„Was willst du hier? Wo kommst du her? Wer hat dich eingeladen?“, fragte er den Floh.

Dieser aber war nicht auf den Kopf gefallen und erwiderte unterwürfig:

„Verehrtester, verzeiht mein ungehobeltes Benehmen! Ich habe mich zu euch gerettet, weil man mir nach dem Leben trachtet. Ich flehe euch um Schutz an; bitte gewährt mir Asyl! Ich führe nichts Schlimmes im Schilde und werde euch nicht groß zur Last fallen. Ich will mich bemühen, mich so gut es geht in euren Familienbetrieb einzufügen. Und wer weiß, vielleicht kann ich mich eines Tages für eure Wohltätigkeit erkenntlich zeigen!“

Von dieser kurzen und gehaltvollen Rede war der Mäuserich berührt und sehr angetan:

„Wenn es so ist, wie du sagst“, erwiderte er nach kurzer Beratung mit seiner Familie, „sollst du uns herzlich willkommen sein. Zwar können wir dir hier unten nicht das Gleiche bieten wie der Kaufmann über uns, doch wenn deine Ansprüche bescheiden sind, magst du dich bei uns wie zu Hause fühlen.“

Und so geschah es, dass der Floh und die Mäuse gute Freunde wurden. Tagsüber verbrachte der Floh die Zeit bei den Mäusen; nachts zapfte er sich vom Kaufmann gerade so viel Blut, dass dieser nicht aus seinem Schlaf erwachte und die juckenden Stiche erst am Morgen bemerkte, wenn der Floh längst wieder aus seinem Bett verschwunden war.

Nun hatte der Kaufmann eines Tages eine hübsche Summe Geldes eingenommen und

die Goldstücke in einem Lederbeutel heimlich unter seiner Bettmatratze versteckt.
Eines der gewitzten Mäusekinder hatte das alles beobachtet und am Abendtisch aufgeregt davon berichtet.
„Nun, dann sollten wir diesen Glücksfall nutzen und uns überlegen, wie wir an den Goldschatz herankommen!", meinte der Mäusepapa, „hat jemand eine gute Idee?"
„Das dürfte schwierig werden, sehr schwierig!", gab der Floh zu bedenken. „Ich zum Beispiel kriege nicht mal einen Dinar angehoben, geschweige denn, dass ich ihn wegrollen oder abschleppen könnte. Und ihr wiederum kommt nicht an den Goldschatz ran, solange der Kaufmann in seinem Bette liegt. Morgen aber wird er den Lederbeutel sicher nicht unter der Matratze liegen lassen, wo ihn einer seiner Diener leicht finden kann, sondern an einem sichereren Ort verstecken."
„Da hast du leider Recht, mein Freund", sagte der Mäusevorstand, „aber schade drum ist es trotzdem. Deshalb lass uns überlegen: Siebzig Ein- und Ausgänge hat unsere Höhle, und auch Vorratsräume gibt es reichlich. Die Münzen hereinzutragen und sie hier gut zu verstecken, ist also nicht das Problem. Eigentlich geht es nur darum, den Kaufmann heute Nacht aus seinem Bett zu verscheuchen!"
Bei diesen Worten schauten alle Mäuse gespannt zum Floh hinüber.
„Geht klar", sagte der in seiner kurz angebundenen Art. Und also konnte das große Abenteuer beginnen:
Kaum hatte sich der Kaufmann an diesem Abend ins Bett gelegt und war, nachdem er noch einmal nach dem Geldbeutel unter der Matratze getastet hatte, glücklich eingeschlafen, da versetzte ihm der Floh auch schon so fürchterliche Stiche, dass der geplagte Mensch kreischend, fluchend und sich am ganzen Körper kratzend aus dem Bett sprang. Mit der Decke unterm Arm lief er aus dem Zimmer und legte sich neben der Haustür auf eine Bank. Die Mäuse jedoch, trippel, trappel, kaum zu hören, eilten geschwind herbei, packten die Goldstücke mit Zähnen und Vorderpfoten, schleppten sie zu den verschiedenen Mäuselöchern und versteckten sie bis auf die letzte Münze in ihrem Höhlen-Labyrinth.
Am nächsten Morgen kratzte sich der Kaufmann, bis er blutete und verfluchte sein diebisches Hauspersonal.
Was wirklich passiert war, wissen nur der Floh und die Mäuse, du und ich ...

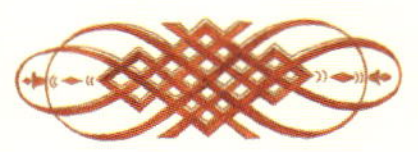

„Also gerecht ist das nicht!", lachte Sultan Scheherban, nachdem Scheherazade geendet hatte. „Der arme Kaufmann könnte einem ja fast Leid tun. Aber mit Allahs Gerechtigkeit ist das ohnehin so eine Sache: Werden denn alle Diebe gefasst? Wird jede böse Tat gesühnt? Findet jeder Angeklagte einen weisen Richter?"
„Dazu fällt mir eine hübsche Geschichte ein!", sagte Scheherazade, „willst du sie hören?"
„Gewiss!", sprach Scheherban, „aber für heute wollen wir Schluss machen und uns anderen Vergnügungen hingeben. Lasst Speise und Trank auftischen, wir wollen fröhlich sein."

Der Knabe als Richter

Zur Zeit des Kalifen Harun al Raschid lebte in der schönen Stadt Bagdad ein Kaufmann namens Ali Kodjah. Der Kaufmann besaß einen kleinen Laden, und wenn er von seinen Geschäften auch nicht reich wurde, so warfen sie doch so viel ab, dass er von seinem Gewerbe angenehm leben konnte. Nun geschah es aber, dass Ali Kodjah in drei aufeinander folgenden Nächten immer wieder denselben Traum träumte: Ein alter, Ehrfurcht gebietender Mann trat an sein Lager und sprach gebieterisch:

„Ali Kodjah, es ist an der Zeit, dass du deinen Besitz regelst und nach Mekka pilgerst!"

Hatte der Kaufmann diesen Traum nach der ersten Nacht noch mit der Schlafdecke beiseite geschoben, um seinem gewohnten Tagewerk nachzugehen, so ertappte er sich nach der zweiten Nacht dabei, wie er am helllichten Tag ins Träumen geriet: Hatte nicht jeder gläubige Muselman die Pflicht, wenigstens einmal in seinem Leben zu den heiligen Stätten zu pilgern? Und hatte er es nicht schon als kleiner Junge kaum erwarten können, endlich alt genug zu sein, um sich auf die große Reise nach Mekka zu begeben? Wie war es dazu gekommen, dass er die Pilgerreise immer weiter in die Zukunft verschoben und schließlich ganz vergessen hatte? Gewiss, es hatte immer Dringenderes zu tun gegeben, nie war er auf der faulen Haut gelegen. Aber nun dieser Traum!

Als sich der Traum auch in der dritten Nacht wiederholte, stand Ali Kodjahs Entschluss fest: Er würde seinen Besitz regeln und sich auf die weite Reise zu den heiligen Stätten machen, um danach als hoch angesehener Hadschi zurückzukehren! Was er noch an Waren besaß, verkaufte er auf dem Basar, und auch für sein Haus fand sich jemand, der es mieten wollte, solange er fort war. Alles war vorbereitet und geregelt, und der Kaufmann sollte sich am nächsten Morgen mit anderen Pilgern treffen, die mit einer Karawane zu den heiligen Stätten ziehen wollten.

Doch bevor sich Ali Kodjah mit Kamelen, Eseln und weiteren Tragtieren mit anderen Pilgern treffen konnte, die wie er zur Hadsch, der Heil und Segen versprechenden Pilgerfahrt nach Medina und Mekka, aufbrechen wollten, galt es noch ein Problem zu lösen: Vom Erlös

aus den Verkäufen seines Warenlagers war ein hübscher Batzen übrig geblieben. Tausend Goldtaler wollten in Bagdad für die Dauer seiner Abwesenheit gut versteckt werden, denn es wäre töricht gewesen, das Geld auf die lange und gefährliche Reise mitzunehmen. Auf der Suche nach einem sicheren Versteck kam dem Kaufmann der Einfall, die tausend Goldtaler in einem großen, bauchigen Krug zu versenken, den er anschließend bis obenhin mit frischen Oliven auffüllte, sodass von außen nichts auf den wahren Schatz hindeutete, der sich in dem Gefäß befand.

Nun ging Ali Kodjah zu einem der Kaufleute aus der Nachbarschaft und fragte ihn:

„Willst du diesen Krug für mich aufbewahren, solange ich auf Pilgerfahrt bin?"

„Gewiss doch", antwortete jener, „am besten, du suchst dir gleich selber einen geeigneten Platz in meinem Lagerschuppen aus."

So geschah es. Und schon am nächsten Morgen machte sich Ali Kodjah mit anderen seiner Glaubensgefährten auf den weiten Weg ins ferne Mekka.

Es dauerte viele Wochen, bis die Pilgerschar wohlbehalten zu den heiligen Plätzen gelangte. Die nächsten Tage verbrachte ein müder, aber glücklicher Ali Kodjah damit, täglich die fünf vorgeschriebenen Gebete zu verrichten und Steine gegen zwei Pfeiler zu werfen, mit denen die bösen Geister und der Teufel vertrieben werden sollten. Mitten in Mekka umkreiste er mit vielen anderen Pilgern den heiligen schwarzen Stein der Kaaba, nachdem er sich zuvor die Füße gewaschen und den Mund gespült hatte.

Ali Kodjah hatte es nicht eilig, nach Bagdad zurückzukehren. Etwas Reisegeld war ihm geblieben, und wo er nun schon mal aufgebrochen war, konnte er sich ebenso gut noch etwas mehr von der Welt anschauen. Er schloss sich einer Karawane von Pilgern an, die von Kairo nach Mekka gekommen waren und jetzt durchs Niltal nach Hause zurückkehrten, immer am Rande der Wüste entlang. Auch in Kairo verweilte Ali Kodjah wieder längere Zeit und betrieb kleinere Geschäfte, ehe er mit einer anderen Karawane abermals steinige Gebirgszüge und sandige Wüsten durchquerte, um nach Damaskus zu gelangen. In dieser syrischen Stadt betete er in einer riesigen Moschee, besuchte die wunderschönen Gärten und nahm am regen Geschäftsleben teil, bevor er mit anderen Reisenden und Pilgern nach der heiligen Stadt Jerusalem weiterzog.
So vergingen insgesamt wohl sieben Jahre, bis Ali Kodjah genug gesehen und erlebt hatte und endlich die weite Heimreise nach Bagdad antrat.

Der mit Ali Kodjahs Goldmünzen und den sie verbergenden Oliven gefüllte Krug hatte jahrelang unbeachtet im Schuppen des Nachbarn gestanden. Eines Abends aber hatte der Nachbar unerwartet Besuch bekommen und musste feststellen, dass sein Vorrat an Oliven erschöpft war. Auf die Nachfrage seiner Frau, ob er in seinem Vorratsschuppen nicht noch irgendwo eine Schüssel mit Oliven herumstehen habe, erinnerte er sich plötzlich an den Krug, den sein Nachbar am Vorabend seiner Pilgerfahrt nach Mekka bei ihm eingelagert hatte. An Ali Kodjah hatte der Nachbar anfänglich noch ab und zu gedacht, mit den Jahren aber war die Erinnerung an ihn verblasst. Ob der überhaupt noch lebte?
Als die Frau des Nachbarn vernahm, wem die Oliven gehörten, die ihr Mann nun aus dem Schuppen holen wollte, protestierte sie:
„Das kannst du nicht machen! Es ist ein Frevel, fremdes Eigentum zu entwenden. Und erst recht ist es eine Sünde, sich an Hab und Gut eines Hadschi zu vergreifen. Stell dir vor, er tritt in diesem Augenblick durch die Tür und verlangt nach seinem Olivenkrug!“
„Nun übertreib mal nicht, Frau!“, beschwichtigte der Nachbar, „wir reden hier nicht von einem wertvollen Gut, sondern von einer Handvoll Oliven für unsere Gäste. Und ich will sie ja auch nicht stehlen, sondern nur ausleihen. Morgen werde ich neue Oliven kaufen und den Schaden ersetzen!“

Aber seine Frau blieb dabei: „Es ist eine Schande! Nein, ich für meinen Teil werde keine einzige dieser Oliven essen!"
Wie recht die Frau doch hatte! Denn als ihr unehrlicher Mann in den Lagerschuppen ging, fand er den Olivenkrug zwar noch genauso vor, wie ihn Ali Kodjah eigenhändig hingestellt hatte; aber als er den dicken Staub vom Krug gewischt hatte und hineingriff, merkte er schnell, dass die alten Oliven längst verdorben und verfault waren! Aber vielleicht waren nur die zuoberst liegenden Oliven verdorben? Der Nachbar schöpfte die oberste Olivenschicht ab und griff tiefer in den Krug. Da – was war das? Der Olivenvorrat war rasch erschöpft, und darunter kamen goldglänzende Münzen zum Vorschein!
Rasch kippte der Nachbar die verdorbenen Oliven wieder in den Krug, stellte diesen an den alten Platz und kehrte ins Haus zurück. Dort besänftigte er seine Frau:
„Mit den Oliven wird das heute nichts. Die Oliven in dem Krug, den Ali Kodjah bei uns eingelagert hat, sind längst verdorben und völlig ungenießbar. Ich habe den Krug deshalb gleich wieder weggestellt. Nichts wird Ali Kodjah merken – falls er überhaupt jemals wieder zurückkehrt!"
„Wenn das alles nur gut geht", jammerte seine Frau.
Dem arglistigen Nachbarn aber gingen die Goldstücke nicht mehr aus dem Sinn. Bald schon war er darauf gekommen, wie er sie am besten an sich bringen konnte: Er brauchte die verfaulten und übel riechenden Oliven nur abzuschöpfen, die darunter verborgenen Goldmünzen an einem sicheren Ort zu verstecken und den Krug danach mit frischen Oliven randvoll aufzufüllen und an den alten Ort zurückzustellen.

Der Nachbar hatte seinen diebischen Plan keinen Tag zu früh ausgeführt, denn bald schon stand der nach langer Pilgerfahrt und weiten Umwegen nach Bagdad zurückgekehrte Hadschi Ali Kodjah vor der Tür und fragte nach dem vor langer Zeit untergestellten Olivenkrug. Der Kaufmann aus der Nachbarschaft tat, als freue er sich über die Heimkehr seines Kollegen und brachte ihm den Schlüssel zu seinem Schuppen, auf dass sich Ali Kodjah sein Eigentum von dort zurückhole, wo er es

eigenhändig abgestellt habe. Tatsächlich fand der Kaufmann seinen alten Krug an genau der Stelle vor, wo er ihn vor sieben Jahren hingestellt hatte. Doch wie groß war seine Verwirrung, als sich anstelle der versteckten tausend Goldstücke einzig Oliven darin fanden! Empört ging der Hadschi zu seinem Nachbarn und stellte ihn zur Rede:

„Bei Allah, bevor ich auf große Pilgerfahrt ging, habe ich tausend Goldstücke in diesem Krug versteckt. Wenn du sie herausgenommen hast, weil du das Geld benötigt hast, so gib es mir jetzt zurück. Und wenn du nicht alles auf einmal bezahlen kannst, so gib mir heute einen Teil und sage mir, wann ich den Rest bekommen kann.“

Der Betrüger aber leugnete alles ab und meinte: „Wenn du deinen Krug mit Oliven gefüllt hast, so müssen sie auch drin zu finden sein, denn ich habe den Krug nicht angerührt. Das mit den Goldstücken aber ist eine wirklich fette Lüge und eines Hadschi unwürdig!“

So gerieten die Kaufleute in ernsten Streit und landeten schließlich vor dem Kadi. Der sollte entscheiden, wer von ihnen im Recht war und wer Unrecht hatte. Vor dem Richter blieben die beiden Streithähne bei ihrer widersprüchlichen Darstellung der Dinge, und als der betrügerische Kaufmann gar unter Eid aussagte, nichts von einem versteckten Schatz zu wissen, entließ ihn der Kadi als freien Mann. Beschwingt zog er von dannen, denn wer kommt schon so leicht zu einem solchen Vermögen

Doch Ali Kodjah gab sich nicht so schnell geschlagen. Er schrieb die ganze Geschichte nieder und wartete in der Nähe des Palastes,

ob Harun al Raschid vorbeikommen würde. Er hatte Glück und konnte seine Bittschrift einem Beamten des Kalifen übergeben. Dieser reichte sie an den weisen Herrscher weiter, und nachdem Harun al Raschid von dem Vorfall Kenntnis genommen hatte, befahl er die beiden Kaufleute auf den nächsten Tag zu sich in seinen Palast: Er selbst wolle dann eine gerechte Entscheidung treffen.

An diesem Abend schlüpfte Harun al Raschid, wie er es gelegentlich zu tun pflegte, in ein anderes Gewand und klebte sich einen falschen Bart ins Gesicht: Er wollte wieder einmal unerkannt und nur von seinem Wesir begleitet durch seine Hauptstadt schlendern, um zu erfahren, was seine Untertanen beschäftigte und worüber sie redeten, wenn sie unter sich waren.

Ein heller Vollmond leuchtete über Bagdad. In einem der ärmeren Viertel stieß der Kalif auf eine Schar Kinder, die gerade dabei waren, ein Spiel zu organisieren. Unbeachtet von den Knaben versteckten sich der Herrscher und sein Wesir hinter den Säulen eines Hauses, um ihnen eine Weile zuzuschauen.
Wie sich herausstellte, hatten die Kinder von dem Richterspruch im Streit der beiden Kaufleute über den verborgenen Schatz im Olivenfass gehört und spielten das Gerichtsverfahren nun auf ihre Weise nach. Ein besonders aufgeweckter Bursche sprach zu den anderen:
„Ich will der Richter sein. Zwei von euch sind die streitenden Kaufleute. Und ihr", damit wies er auf vier weitere Kinder, „ihr seid die Gerichtsdiener und führt mir die Parteien zu."
Und so wiederholte sich der Streit der vergangenen Tage: Der Hadschi Ali Kodjah bezichtigte

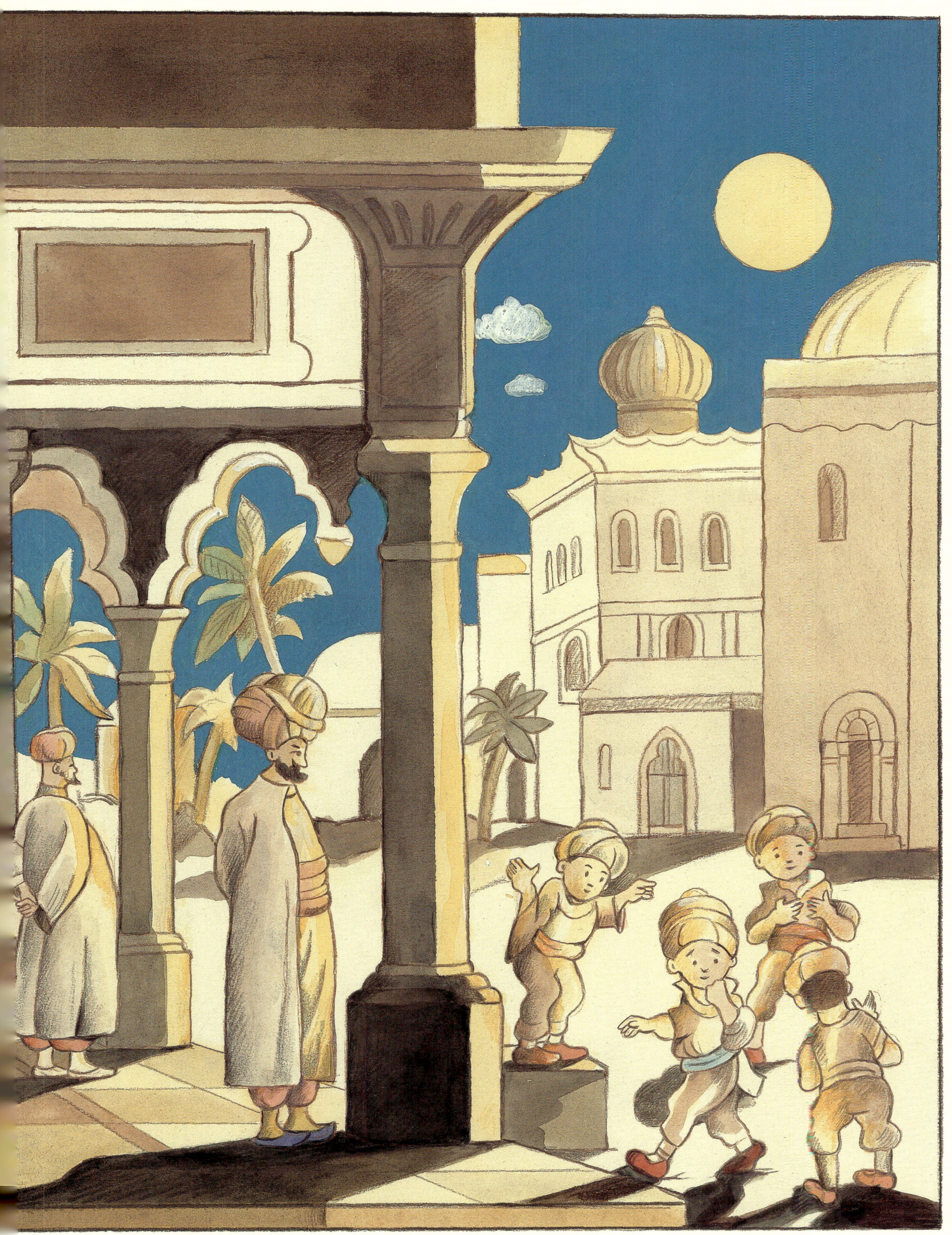

seinen Nachbarn, die Goldmünzen aus dem bei ihm untergestellten Olivenkrug gestohlen und die Münzen durch Oliven ersetzt zu haben. Der Angeschuldigte wehrte sich mit Händen und Füßen und war bereit zu schwören, den Krug all die Jahre nicht angefasst, geschweige denn etwas herausgenommen zu haben.

Nachdem er die Namen der Streitenden gehört und begriffen hatte, dass es um den Fall ging, den er am nächsten Morgen neu verhandeln sollte, verfolgte Harun al Raschid hinter seiner Säule gespannt, welchen Verlauf das Spiel nahm:

Zuerst hörte sich der Knabe als Richter in Ruhe an, was die beiden Streithähne vortrugen. Dann beauftragte er einen der mitspielenden Jungen, den er zum Gerichtsdiener gemacht hatte, den Krug zu holen. Der Junge eilte ein Stück davon, kehrte wieder zurück und zeichnete mit den Händen die Form eines weitbauchigen Gefäßes nach.

Nun wandte sich der kleine Kadi an den angeklagten Kaufmann und sprach: „Bevor ich dich schwören lasse, dass du die Goldstücke nicht aus dem Krug gestohlen hast, will ich erst noch die Oliven prüfen." Wie in einer Pantomime führte er eine Handbewegung aus, als würde er in den imaginären Krug greifen, eine Olive herausfischen und sich diese in den Mund stecken.

„Sagtest du", wandte er sich danach abermals an den Angeklagten, „du hättest in all den Jahren den Krug weder angefasst noch gar etwas herausgenommen?"

„So ist es, ehrenwerter Kadi", entgegnete der so Angesprochene.

„Wie kommt es dann, dass diese Oliven nach so langer Zeit noch so frisch sind?"

Darauf wusste der Befragte nichts zu erwidern.

Und so sprach der kluge Knabe:

„Lasst zwei Olivenhändler herbeiholen. Sie werden uns sagen, wie alt oder wie frisch die Oliven in diesem Krug sind."

Wieder rannte eines der mitspielenden Kinder ein kleines Stück weg und kam mit zwei anderen Kindern zurück, die er als Olivenhändler vor den Richter führte.

„Ich bitte euch, von diesen Oliven zu kosten und dem Gericht etwas über ihre Qualität zu sagen."

Die beiden Gutachter taten so, als würden sie sich die Oliven in den Mund stecken und darauf herumkauen. Dann öffneten sie beinahe gleichzeitig den Mund und sagten:

„Sehr gute Ware, ganz frisch."

„Und wie lange halten sich Oliven in der Regel?", wollte der Richter wissen.

„Höchstens drei Jahre. Danach verlieren sie

an Frische, Geschmack und Farbe und beginnen zu faulen. Am besten, man wirft sie dann weg."

„Probiert nochmals", forderte der kleine Kadi, „und sagt uns dann, ob die Oliven alt oder frisch sind."

Wieder vollführten die beiden Gutachter ihre Luftnummer, kauten intensiv und brachten fast gleichzeitig hervor:

„Kein Zweifel. Die Oliven stammen aus der frischen Ernte dieses Jahres."

Nun lamentierte und protestierte der beklagte Kaufmann lautstark gegen dieses Zeugnis. Doch der kleine Kadi schnitt ihm rasch das Wort ab:

„Schweig stille, du! Ein Lügner, Betrüger und arglistiger Dieb bist du. Für dein Verbrechen wirst du hängen!"

Da klatschten die Kinder begeistert in die Hände, stürzten sich auf den Missetäter, drehten ihm die Arme auf den Rücken und führten ihn zur Richtstätte.

Hinter seiner Säule hatte Harun al Raschid diesem Spiel der Kinder gebannt zugeschaut. Nun wandte er sich an seinen Wesir und sagte:

„Du hast diesen schlauen Burschen ja auch gehört. Lasse ihn morgen zu mir in den Palast bringen. Er soll das Ganze noch einmal vorführen. Und den richtigen Kadi, der das Urteil im ersten Verfahren gesprochen hat, schaffst du am besten auch gleich herbei. Der kann, will mir scheinen, von dem Knaben noch eine Menge lernen. Auch den Klage führenden Hadschi Ali Kodjah und seinen Gegenspieler sowie zwei erfahrene Olivenhändler rufe herbei, auf dass alles nochmals genau überprüft werde."

Der Wesir tat, wie vom Kalifen geheißen und am anderen Morgen trafen sich alle Beteiligten im Palast des Harun al Raschid wieder.

Natürlich war die Mutter des Knaben erst einmal gehörig erschrocken, als der hohe Beamte frühmorgens an ihre Tür geklopft und nach ihrem Sohn verlangt hatte. Sie befürchtete, dass der aufgeweckte Bursche bei einem seiner berüchtigten Streiche zu weit gegangen sei. Doch der Wesir beruhigte sie. So wurde der Junge in sein bestes Gewand gesteckt und begleitete den Wesir in den Palast des Kalifen.

Im Palast wiederholte sich noch einmal alles, was in der Nacht zuvor geschehen war. Doch diesmal war es kein Spiel, sondern blutiger Ernst. Der Kalif selbst prüfte die Oliven, ehe die beiden Sachkenner in den Krug griffen, zwei Oliven herausfischten und aufmerksam zerkauten.

„Bei Allah, oh hoher Kalif, diese Oliven sind frisch. Sie stammen aus der Ernte dieses Jahres!"

Da erklärte der Kalif den beklagte Kaufmann zum Lügner, Betrüger und gemeinen Dieb, der nicht nur die Goldmünzen gestohlen, sondern vor Gericht auch einen Meineid geschworen habe und deshalb die höchste Strafe verdiene.
Jetzt erst brach der diebische Kaufmann zusammen. Er legte ein umfassendes Geständnis ab und holte die gestohlenen tausend Goldmünzen aus ihrem Versteck. Hadschi Ali Kodjah erhielt sein Geld zurück.
Vergeblich versuchte der kluge Knabe noch ein gutes Wort für den Schuldigen einzulegen. Der Kalif dankte dem Jungen, beschenkte ihn mit hundert Goldstücken und schickte ihn nach Hause. Den Richter des ersten Verfahrens, der so vorschnell ein falsches Urteil gesprochen hatte, wies er an, bei der Urteilsfindung künftig gründlicher und umsichtiger vorzugehen.
Und der diebische Kaufmann? Der wurde dem Henker überantwortet und abgeführt.

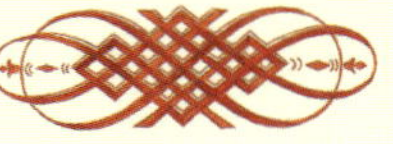

„Wohlan, da ist einem ehrenwerter Mann späte Gerechtigkeit widerfahren!", sprach Scheherban anerkennend, nachdem Scheherazade ihre Erzählung zu Ende gebracht hatte und ein neuer Tag angebrochen war. „Ein kluger Junge! Und ein weiser Kalif! Wenn es im Leben immer so gerecht zuginge, wie in deinen Märchen, wäre ich wohl bereit, ein gerechterer und gütigerer Herrscher zu werden, als ich es bin – aber genug für heute. Morgen sollst du mir und deiner aufmerksamen Schwester Dinarazade eine spannende Geschichte von Liebe und Abenteuer erzählen."
Und so geschah es:

Drei Prinzen und zwei Frauen

Vor vielen Generationen lebte in Indien ein reicher Sultan, der hatte drei Söhne: Hussein, Ali und Achmed. Außerdem hatte der Sultan Nurun Nahar, die Tochter seines früh verstorbenen Bruders, bei sich aufgenommen. Die junge Prinzessin, deren Name so viel wie „Helles Tagesleuchten" bedeutet, war so schön, dass junge Männer, wenn sie sich auf der Straße bewundernd nach ihr umdrehten, schon mal mit anderen Passanten zusammenstießen oder gegen einen Mauervorsprung prallten.
Der Sultan hoffte, das bildhübsche Mädchen bald mit einem wohlhabenden Kaufmann verheiraten zu können. Seine Söhne jedoch dachten da ganz anders, denn jeder von ihnen war hoffnungslos in die wunderschöne Nurun Nahar verliebt und konnte sich ein Leben ohne sie nicht vorstellen.
Anfangs, als die Söhne und die Ziehtochter noch kleine Kinder waren, hatten sie unbeschwert miteinander gespielt, waren durch die Gärten des Palastes getobt und hatten sich gemeinsam Streiche ausgedacht. Inzwischen aber war ihnen die Unbeschwertheit abhanden gekommen, und jeder der drei Brüder versuchte, die Liebe von Helles Tagesleuchten für sich alleine zu gewinnen.
Die Umworbene selber war allen drei Brüdern gleichermaßen zugetan und konnte sich nicht entscheiden, wem sie ihr Herz schenken sollte.
Dem Sultan war das alles nicht verborgen geblieben und er erkannte, dass er seinen Plan, die Ziehtochter mit einem reichen Mann zu verheiraten, getrost vergessen konnte. Das allein war nicht allzu schlimm, denn Reichtümer hatte der Sultan selber genug angehäuft. Sorgen machte ihm aber der Umstand, dass seine Söhne im Werben um die Gunst der schönen Nurun Nahar zu Rivalen geworden waren.
Lange grübelte der Sultan darüber nach, wie das Familienproblem zu lösen sei, bevor es zu ernsthaftem Streit oder gar zu Auseinandersetzungen kam, die den Fortbestand des ganzen Reiches gefährden konnten.

Schließlich ließ er die drei Burschen zu sich kommen und sprach:
„Also Jungs, ich hab schon kapiert, wie das zwischen euch und dem Hellen Tagesleuchten läuft. Weil sich Nurun Nahar nicht zwischen euch entscheiden kann und weil ich nicht zulassen kann, dass ihr euch um ihretwillen gegenseitig die Köpfe blutig schlagt, habe ich beschlossen, euch in die Welt hinauszuschicken. Und zwar jeden hübsch in eine andere Himmelsrichtung. Von unterwegs soll jeder von euch etwas Ausgefallenes mitbringen. Und wenn ihr in einem Jahr alle wieder hier seid, werde ich entscheiden, wer sich das schöne Mädchen verdient hat. Allah beschütze euch!“
Was blieb den drei Prinzen anderes übrig, als ihre Pferde zu satteln, etwas Marschverpflegung und Biwakzeug hinter den Sattel zu packen und sich auf den Weg zu machen? Mit der von allen Angebeteten hatte keiner der Brüder mehr ein Wort gewechselt. Wozu auch?
Das erste Wegstück ritten die drei Söhne des Sultans noch zusammen. In einer Karawanenherberge schliefen sie ein letztes Mal unter dem gleichen Dach. Am nächsten Morgen verabredeten sie, sich genau nach zwölf Monaten wieder hier zu treffen. Dann ritt jeder von ihnen, wie vom Vater empfohlen, in eine andere Himmelsrichtung davon.

Prinz Hussein wandte sich ostwärts und ritt auf den Golf von Bengalen zu. Dort sollte, so war ihm berichtet worden, die reiche Stadt Pischangar liegen. Der Weg dahin war beschwerlich und voller Gefahren. So schien es klüger, sich einer Karawane anzuschließen, statt alleine zu reisen. Die Reise führte durch Steppen, Urwald und über ein hohes Küstengebirge. Nach vielen Wochen kam Prinz Hussein am Ziel seiner Reise an. Erschöpft mietete er sich in einer Karawanserei ein und erholte sich im Hammam. Danach sah er sich auf dem Basar um.
Der Basar mit all seinen verwinkelten Gassen und Wegen war vom Duft der Kräuter durchzogen. Überall wurden Gewürze, frisches Obst und Gemüse und brutzelnde Bratspieße angepriesen. An den überreichen Auslagen der Juweliere merkte er, wie wohlhabend diese Stadt sein musste. Hier würde er bestimmt etwas Ausgefallenes finden, mit dem er seinen Vater

beeindrucken und die schöne Nurun Nahar zur Frau bekommen konnte!

Vom Basargetümmel der Händler, die lauthals ihre Waren anpriesen, und Kunden, die sich zwischen den mit schweren Säcken beladenen Lasteseln und den ungestraft vom Grünzeug naschenden heiligen Kühen hindurchdrängten, war Hussein müde geworden. Als er sich eine Weile in einer Teeküche ausruhte, hörte er draußen auf der Gasse die lauten Rufe eines Händlers:

„Schöne Teppiche, schönste Teppiche! Kauft, Leute, kauft!“

Hussein trat ins Freie, um sich das Angebot anzuschauen. Der Händler entpuppte sich als ärmliche Gestalt. Über den Unterarm hatte er sich ein paar schäbige Teppiche gehängt, die er in höchsten Tönen pries: „Schöne Teppiche, allerschönste Teppiche! Kauft, Leute, kauft!“

„Was willst du für diesen abgewetzten Teppich haben?“, fragte Hussein und zeigte auf einen der ausgeblichenen Teppiche.

Die Antwort des Händlers verblüffte den Prinzen. „Dreißigtausend Goldstücke? Bist du von Sinnen?“

Doch der Händler beharrte auf der unverschämten Forderung und meinte, in dem brüchigen Gewebe stecke ein Zauber, der das Vielfache des geforderten Preises wert sei. Der Prinz könne ihn gerne mal ausprobieren. Hussein fand Gefallen an dem spaßigen Kauz und setzte sich auf das vor ihm ausgebreitete Teppichstück. Der Händler wies ihn an, sich einen Ort zu denken, zu dem er gerne reisen würde. Das tat Hussein – und allsogleich flog der schäbige Teppich mit ihm in die Höhe, drehte hoch über dem Basar mit dem ganzen Gewirr aus Gassen, Moscheen und der Karawanserei eine elegante Schleife und schwebte hernach wieder nieder, um vor der Teestube sanft zu landen.

Ohne weiter zu handeln, zahlte Hussein den geforderten Preis. „Ein fliegender Teppich!“, dachte er frohlockend. „Das ist genau das richtige Stück, um meine Brüder auszustechen und die schöne Nurun Nahar zur Frau zu gewinnen!“

Und was war inzwischen aus Husseins Bruder Ali geworden? Auch er war nicht untätig geblieben. Allein wäre er nie durch die Wüste Lut mit ihren endlosen Dünen, den weit verstreut liegenden Brunnen und Wasserlöchern gekommen. Auch er hatte sich deshalb einer Kamelkarawane angeschlossen. Tagsüber brannte die Sonne glutheiß, sodass sie oft während der kühleren Nächte reisten, um sich selbst und die Tiere zu schonen. Über Wochen zog die Kara-

wane westwärts bis nach Persien. Alis Ziel war die Rosenstadt Schiras. Als er nach langer Reise dort ankam, stand er staunend vor den prächtigen Palästen und den Wohnhäusern reicher Kaufleute, den Medressen und Moscheen, die mit Mosaiksteinchen in herrlichstem Himmelsblau verziert waren. Durch die Gassen wehte der süße Duft der Rosen und kämpfte gegen den herben Geruch gegerbten Leders und gegen Berge von Zwiebeln und Knoblauchzehen, die schön geschichtet vor den Händlern lagen.

Und dann war da noch der Markt mit allerlei Kram und Gerümpel, von dem niemand so recht wusste, wozu er noch gut war. Bei einem der Händler entdeckte Ali ein seltsames Rohr mit gläsernen Linsen an beiden Enden.

Es war sehr schön aus Elfenbein gedrechselt und schien schon alt.

„Seid ihr vom Dschinn besessen?“, rief Ali verblüfft aus, als er den Preis vernommen hatte, den der Händler für das merkwürdige Objekt lösen wollte. „Dreißigtausend Goldstücke wollt ihr dafür? Wofür soll das Rohr überhaupt gut sein?“

Der Händler lachte und sagte fröhlich:

„Wenn ihr wüsstet, was es mit diesem Zauberrohr auf sich hat, würdet ihr sofort zugreifen und jeden noch so hohen Preis zahlen. Dies ist keines von diesen neumodischen Fernrohren, wie ihr sie schon anderswo gesehen haben mögt. Blickt ihr durch dieses Zauberrohr und wünscht euch, an einen anderen Ort zu sehen, und mag er noch so weit hinterm Horizont liegen, so werdet ihr den gewünschten Ort allsogleich erspähen! Ihr dürft es gerne ausprobieren!“

Da wünschte sich Prinz Ali, seinen Vater im fernen Indien zu sehen und mit ihm die schöne Prinzessin, deretwegen er all die Mühsal auf sich geladen hatte. Und in der Tat: Erst sah er seinen Vater, wie er auf seinem Thronsessel saß und Gericht hielt. Danach kam ihm die schöne Nurun Nahar vors Auge und Prinz Ali konnte sich gar nicht mehr beruhigen.

„Wie viel, sagtet ihr, soll dieses Rohr kosten?“, fragte Ali abermals und hoffte, er könne den Preis noch etwas drücken.

„Fünfunddreißigtausend Goldstücke!“, sagte der schlaue Händler. Und bevor er den Preis noch weiter erhöhen konnte, zahlte Ali die geforderte Summe, denn er wollte das Wunderrohr unbedingt besitzen. War das nicht das Ausgefallenste, was sich denken ließ? Gewiss

würde er damit seine Brüder ausstechen und Helles Tagesleuchten zur Frau gewinnen!
Ali verweilte noch einige Zeit in Schiras und schloss sich dann einer Karawane an, die nach Indien zurückkehrte. Wieder war die Reise lang und beschwerlich, führte sie doch durch ödes Land und hitzeflimmernde Wüsteneien. Doch Ali ließ sich durch kein noch so großes Hindernis aufhalten. Er wollte zur verabredeten Zeit bei jener Herberge ankommen, wo er sich vor bald einem Jahr von seinen Brüdern getrennt hatte.

Und was war in all der Zeit aus dem dritten Sohn des Sultans, aus Prinz Achmed geworden? Ihn hatte es nach Norden gezogen. Ein erstes Wegstück war er hoch zu Ross alleine geritten, danach hatte auch er sich einer Karawane angeschlossen, um in Gesellschaft etwas Ablenkung zu finden und nicht tagein, tagaus an Helles Tagesleuchten zu denken, von der er sich mit jedem Schritt noch weiter entfernte. Nach wochenlanger, mühseliger Reise gelangte Achmed an den Fuß eines hohen Gebirges. Wollte er noch weiter in den Norden gelangen, musste er über die schnee- und gletscherbedeckten Ketten des Hindukusch-Gebirges ziehen. Aber es gab kein Zurück, ohne dass er zuvor das Ausgefallene gefunden hatte, das ihm die ersehnte Heirat mit Nurun Nahar ermöglichen würde.
Oft frierend und zähneklappernd saß Achmed zwischen den beiden Höckern seines Reittieres und war froh, als er mit seiner Karawane die schneefreie Hochebene erreichte, die hinter den Bergen lag, und endlich in die Stadt Samarkand gelangte.
Auch in Samarkand gab es einen großen Markt, auf dem ein buntes und geschäftiges Treiben herrschte. Nützliches Gerät, reich verzierte Waffen, fremdartige Gewürze, selbst geknüpfte Teppiche und aufwändig gewebte Stoffe lagen zum Verkauf aus. Und erst die herrlichen Früchte, die aus den umliegenden Oasen herbeigebracht worden waren! Aprikosen, dicke, saftige Melonen, Birnen, Pfirsiche – eine Frucht immer schöner und wohlriechender als die andere!
Inmitten des hektischen Treibens und des reichhaltigen Angebotes an Gütern und Waren

aller Art fiel Achmed ein alter Mann auf, der nur einen einzigen Apfel in der Hand hielt.
„Was ist mit diesem Apfel, Alter? Und zu welchem Preis willst du ihn verkaufen?"
„Dies ist ein magischer Apfel, wie es keinen zweiten auf der Welt gibt", sagte der Alte. „Er wurde mit zauberischen Kräutern und Essenzen eingerieben. Jetzt ist er imstande, Menschen von jeder Krankheit zu heilen. Ich will ihn für die Witwe eines Zauberers verkaufen, der vor kurzem vom Maulesel stürzte und sich dabei das Genick brach. Ihm konnte dieser Apfel nicht helfen, denn ein Unfall ist ja keine Krankheit. Für fünfunddreißigtausend Golddukaten will ich dir den Apfel wohl überlassen, denn die Witwe leidet mit ihren Kindern bittere Not und ich will ihr so schnell wie möglich das Geld bringen."
„Fünfunddreißigtausend Golddukaten sind wahrlich ein stolzer Preis für einen Apfel. Da musst du mir seine angebliche Wunderkraft schon beweisen!", erwiderte Prinz Achmed.

„Nichts lieber als das", entgegnete der Alte und führte den Prinzen zu einem Lehmhaus.
„Hier liegt mein Bruder schon seit Jahren auf dem Krankenlager. Keiner der Hakims hat ihm helfen können. Ich war mit dem Apfel gerade auf dem Weg zu ihm, als du mich angesprochen hast." Der Alte trat ans Krankenbett und hielt dem Stöhnenden für eine kurze Weile den Apfel unter die Nase. Da bekam jener hell leuchtende Augen, reckte und streckte seine Glieder und sprang quicklebendig aus dem Bett. Gleich wollte er mit den anderen zurück in den Basar laufen.
Nun war Prinz Achmed überzeugt, in dem Apfel das Ausgefallenste gefunden zu haben, was sich nur denken ließ. Ganz gewiss würde er damit seine Brüder ausstechen und die schöne Prinzessin zur Frau bekommen! Er zahlte die horrende Summe und bereitete sich darauf vor, zurück nach Indien zu ziehen, um seine Brüder zu treffen, seinen Vater, den Sultan – und vor allem die angebetete Nurun Nahar wiederzusehen.

Wer nun glaubt, nach kurzem Wettbewerb wäre eine Entscheidung gefallen, der irrt! Wie vereinbart trafen sich die drei Prinzen in der Karawanenherberge. Sie gingen brüderlich miteinander um und zeigten sich gegenseitig,

was sie aus den verschiedenen Himmelsrichtungen mitgebracht hatten. Jeder war überzeugt, das Ausgefallenste gefunden zu haben und schon bald den Sieg davonzutragen und die schöne Prinzessin zu heiraten. Doch es kam ganz anders, als es sich die Brüder, jeder für sich alleine, erhoffte, denn als einer von ihnen durch das zauberische Fernrohr blickte, das Ali aus Schiras mitgebracht hatte, brach er in lautes Jammern aus:

„Lasst uns so schnell wie irgend möglich zum Vater eilen, denn daheim liegt Nurun Nahar so schwer erkrankt danieder, dass wir sie wohl nicht mehr lebend antreffen werden!“

Schnell setzten sich die drei Brüder auf den alten Teppich, den Prinz Hussein erstanden hatte, und wünschten sich, zum väterlichen

Sultan und der schönen Kranken zu fliegen. Geschwinder als der Sturmwind durcheilten sie die Lüfte und landeten im Nu im heimatlichen Palast. Kaum nahmen sie sich die Zeit, den Vater zu begrüßen und ihm die wunderlichen Dinge zu zeigen, die sie von ihren Reisen mitgebracht hatten, als Achmed auch schon mit seinem heilenden Apfel in das Gemach der Erkrankten stürmte und sie daran riechen ließ. Und siehe da: Der magische Apfel wirkte! Alsbald kehrte der Glanz in die trüben Augen von Nurun Nahar zurück; sie sprang von ihrem Diwan auf und war gesundet!

Der Sultan war überglücklich, seine drei Söhne unversehrt zurückzuhaben und seine Nichte gesund zu sehen. Wie aber sollte er den Wettkampf entscheiden? Alle drei Wunderdinge waren wahrlich zauberhaft und hätten die drei Brüder sie nicht gemeinsam genutzt, wäre die schöne Prinzessin gewiss nicht mehr am Leben.
„Bei Allah, ihr Lieben“, wandte er sich an seine Söhne, „jeder von euch hat von seiner Reise etwas Ausgefallenes mitgebracht und es erfüllt mich mit Stolz, dass ihr eure Rivalität um die Gunst von Helles Tagesleuchten in der Stunde größter Not hintan gestellt habt! Aber es ist unmöglich zu entscheiden, welches von den mitgebrachten Dingen das Ausgefallenste ist. Es hilft nichts, wir müssen einen neuen Wettkampf austragen. Lasst uns morgen gemeinsam vor die Stadt reiten. In der weiten Ebene wollen wir sehen, wer von euch am besten mit Pfeil und Bogen umzugehen weiß. Wer seinen Pfeil am weitesten schießt, soll der Sieger sein und Nurun Nahar zur Frau bekommen.“

Als der Sultan und die drei Prinzen am nächsten Morgen aus der Stadt ritten, wurden sie von einer großen Schar von Neugierigen begleitet. Hofbeamte, reiche Kaufleute und viele, viele einfache Leute strömten hinaus, um Zuschauer und Zeugen des Wettbewerbs zu sein.
Als Erster griff Hussein nach einem Pfeil und spannte seinen Bogen. Der Schuss war so gewaltig, dass der Pfeil von bloßem Auge kaum mehr zu sehen war, als er weit, weit hinten in der Ebene zu Boden ging. Die Zuschauer applaudierten lautstark und waren sich einig: Ein besserer Schütze musste erst noch geboren werden!

Als Zweiter legte Ali seinen Pfeil auf die Sehne, spannte den Bogen – und schoss seinen Pfeil wohl hundert Schritte über Husseins hinaus! Die Zuschauer trauten ihren Augen nicht: Einen solch gewaltigen Schuss hatte noch keiner von ihnen gesehen!

Nun kam Achmed an die Reihe. Er konzentrierte sich, spannte die Sehne, bis sie fast riss und ließ den Pfeil schnellen. Der Pfeil flog und flog und wollte nicht wieder herunterkommen. Keiner der vielen Zuschauer hatte ihn landen sehen, und so viel die drei Prinzen, die Hofleute und die übrigen Zuschauer auch suchten: Der dritte Pfeil war nicht aufzufinden.

Gut möglich, dass Achmeds Pfeil noch etwas weiter geflogen war als derjenige von Ali. Aber beweisen ließ sich das nicht. Deshalb entschied der alte Sultan: „Prinz Ali soll die schöne Prinzessin heiraten."

Über diese Entscheidung war Hussein so enttäuscht, dass er in lautes Jammern ausbrach. Die beschwerliche Reise nach Pischangar, der Kauf des fliegenden Teppichs, der beste Bogenschuss seines Lebens, alles vergebens! Aber alles Jammern half nichts, die Entscheidung war gegen ihn gefallen. Aus Gram legte der Prinz seine schöne Kleidung ab, schlüpfte in die raue Kutte eines Bettelmönchs und verließ die Stätte seiner Niederlage auf Nimmerwiedersehen.

Auch Prinz Achmed war verbittert und schwer enttäuscht. Er war es doch, der den Pfeil am weitesten geschossen hatte; ihm hätte die schöne Prinzessin von Rechts wegen zugestanden! Laut klagend zog Achmed aus dem väterlichen Palast fort und suchte verzweifelt nach dem entschwundenen Pfeil. Doch so viel er auch suchen mochte, sein Pfeil war nicht aufzufinden. Nach Tagen und Wochen vergeblichen Suchens gab Achmed die Hoffnung auf und verließ Hof und Heimat, um sein Glück in der Ferne zu suchen. Wie staunte der Prinz, als er beim Verlassen der Ebene, dort, wo sich die ersten Berge erhoben, auf einen Felsen stieß, auf dem – tatsächlich! – der Pfeil lag, nach dem er so lange und so verzweifelt gesucht hatte. Der Pfeil war viel weiter geflogen, als Achmed selbst es sich je hätte erträumen können: Dreimal so weit wie die anderen Pfeile war er geflogen; kein Wunder, dass er nicht aufzufinden gewesen war!

Als Achmed, einer Eingebung folgend, in die Richtung weiterging, die ihm die Pfeilspitze wies, gelangte er zum Eingang einer Höhle. Eine mächtige Pforte tat sich vor ihm auf. Über eine schön gearbeitete Marmortreppe stieg er neugierig in die Tiefe. Am Ende eines langen Ganges sah er ein fernes Licht aufleuchten. Darauf hielt er zu und kam

zu einem unterirdischen Palast mit riesigen Sälen, alle mit wertvollen Möbeln, schweren Teppichen und glänzenden Kronleuchtern geschmückt. Aus einem der Nebenräume trat eine Frau, so schön und wohlgestaltet, dass Achmed die Augen übergingen. Sie sprach sehr freundlich zu ihm und schien ihn erwartet zu haben.

„Ich bin Pari Bann, die Tochter eines Dschinns. Ich kann mehr sehen und erkennen als andere Sterbliche. Ich weiß über dich, deine beiden Brüder und die schöne Nurun Nahar schon seit langem Bescheid. Du, mein Prinz, gefällst mir. Willst du nicht bei mir bleiben?"

Über diese Worte war Achmed mehr als erstaunt. Eine so entzückende Frau war ihm noch nie begegnet. Erfreut nahm er die Einladung der schönen Fee an und blieb bei ihr unter der Erde. Wochen und Monate vergingen und bald hatte Achmed die vormals so angebetete Nurun Nahar fast vergessen.

Eines Tages fragte Pari Bann den Prinzen: „Willst du mich heiraten?", denn sie war die aktivere von den beiden und nicht so scheu wie viele der damaligen Mädchen und Frauen. „Mein Vater, der König der Dschinns, hätte sicher nichts gegen dich einzuwenden."

„Schön und gut, Liebste", erwiderte Achmed geschmeichelt, „aber was würde mein Vater, der Sultan, zu einer solchen Heirat sagen?"

„Sei unbesorgt, Liebster, das kriegen wir schon hin. Ich werde alles zum Besten wenden."

Doch so einfach, wie sich Pari Bann das gedacht haben mochte, ging es nicht. Der Sultan freute sich zwar, als er hörte, dass sein jüngster Sohn am Leben und wohlauf war. Aber er hatte größte Bedenken, ihn mit der zaubermächtigen Tochter eines Dschinns zu verheiraten.

Der Wesir bestärkte den Sultan in seinen Bedenken. Er redete ihm ein, Achmed wolle mithilfe des Dschinns die Macht an sich reißen und den Sultan zur Abdankung zwingen. Wenn es zum Kampf käme, so warnte der Wesir, würde die Fee Achmed mit mächtigen Reiterarmeen zur Seite stehen. Und so entschloss sich der Sultan, dem verliebten Paar so schwierige Aufgaben zu stellen, dass es daran

scheitern würde und die beiden voneinander lassen müssten.
Die erste Aufgabe ging an die schöne Fee. Sie sollte ein Zelt herbeischaffen, das sich so klein zusammenfalten ließ, dass es in einer Hand verschwand. Aufgestellt aber sollte das Zelt so groß sein, dass die Reiterscharen von ganz Indien und Turkistan darunter passten.
Die verliebte Fee bestand die schwierige Aufgabe mit Bravour. Alle, die das winzig kleine Riesenzelt mit eigenen Augen zu sehen bekamen, sprachen von einem Weltwunder. Und das war es auch.
Die zweite Aufgabe schien noch schwieriger: Der Sultan hieß seinen Sohn, Wasser von der scharf bewachten Löwenquelle herbeizuschaffen. Die Fee half ihrem Geliebten so geschickt, dass die Löwen zwar grässlich brüllten, die Zähne fletschten und ihre schweren Pranken hoben, als sich Achmed der Löwenquelle näherte, dem Prinzen am Ende aber buchstäblich aus der Hand fraßen und ihm wie brave Kätzchen an den Hof des Sultans folgten.

Prinz Achmed war überglücklich, diese schwierige Aufgabe gelöst zu haben. Doch die Freude war von kurzer Dauer, denn die dritte und letzte Aufgabe schien unlösbar: Der Sultan wünschte sich als Leibwächter einen Zwerg, der mit einer fünfhundert Pfund schweren Stahlstange bewaffnet sein sollte, einen schier endlos langen Bart tragen und eine menschliche Stimme besitzen sollte.
„Ich kann nicht glauben, dass es einen solches Zwerg gibt!", klagte Prinz Achmed. Pari Bann aber antwortete: „Es gibt ihn! Er ist mein Halbbruder. Und so schrecklich er auch aussehen mag, so ist er doch ein guter und gerechter Kerl. Ich will ihn wohl dazu bewegen, uns als Hochzeitsgeschenk den Gefallen zu erweisen, als Leibwächter in die Dienste deines Vaters zu treten!"
So bekam der Sultan den Leibwächter, den er begehrte. Doch glücklich wurde er damit nicht. Der kräftige Zwerg nämlich regierte den Hof des Sultans, die Stadt und das ganze Land bald mit eiserner Hand. Überall, wo er auftauchte, schlug er nach Kräften auf Diebe und Betrüger ein. Als Ersten traf er den Wesir mit seinen heimtückischen Einflüsterungen. Bald erzitterte sogar der Sultan auf seinem Thron, denn auch seine Herrschaft war nicht immer dem Ehrlichen und Guten verpflichtet gewesen.

Was aber ist aus Prinz Achmed und der schönen Fee Pari Bann geworden? Nachdem alle

Aufgaben gelöst waren, hatte der Sultan ein Einsehen und willigte in die Heirat der beiden ein. Bald wurde eine Hochzeit gefeiert, wie sie das Land noch nie gesehen hatte. Nicht nur über Stunden und Tage, nein, über Wochen zogen sich die Feierlichkeiten hin.

Mit seinem Bruder Ali und dessen Frau Nurun Nahar, nach der sich einst auch Achmed so verzehrt hatte, kamen Achmed und seine Feenfrau bestens aus. Und nachdem der alte Sultan eines Tages erkannte, dass es an der Zeit war, zugunsten seiner beiden Söhne auf den Thron zu verzichten, teilten die beiden Brüder die Macht und die damit verbundene Arbeit brüderlich zwischen sich auf. Sie wurden gute, gütige und gerechte Herrscher.

Und die beiden vergaßen auch nicht, nach ihrem Bruder Hussein suchen zu lassen, der als Mönch in die Einsamkeit gezogen war. Nachdem sie erfahren hatten, dass er sich als Einsiedler in einer fernen Wüste niedergelassen hatte, forderten sie ihn wiederholt auf, zu ihnen an den Hof zurückzukehren und die Macht mit ihnen zu teilen. Doch Hussein lehnte die Einladung der Brüder und ihrer Frauen dankend ab. Er lebe in Eintracht mit Allah und sich selbst und sehne sich nicht nach all den Ablenkungen und Aufregungen des Hofes zurück. Vielmehr sei er entschlossen, seine Tage mit Nachdenken und Meditieren zu verbringen.

Und so geschah es denn auch.

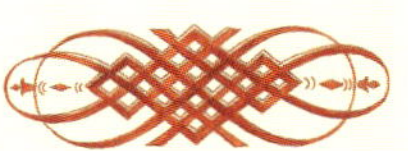

Scheherazade hatte auch dieses Märchen über viele Nächte hinweg bis in alle Einzelheiten ausgesponnen und ausgeschmückt und dabei so manche Tasse heißen Mokka getrunken, um wach zu bleiben. Nun schaute sie zum Sultan auf und sprach mit heiserer Stimme:

„Wenn es dir recht ist, mein Gebieter, so wollen wir uns gemeinsam ausruhen. Morgen ist wieder ein neuer Tag und ich will dich mit meiner nächsten Geschichte an einen ganz anderen Schauplatz entführen!“

Vom Fischer und dem Geist aus der Flasche

Viele Stunden hatte der Fischer an diesem Tag schon auf dem Meer verbracht. Immer wieder hatte er sein Netz ausgeworfen und in die Ruder gegriffen, um das Boot voranzutreiben und das Netz durchs Wasser zu ziehen. Doch jedes Mal, wenn er das Netz nach einiger Zeit mühsam aus dem Wasser gezogen hatte, war es leer gewesen.

Nun aber waren ihm wohl doch noch ein paar Fische ins Netz gegangen. Jedenfalls fühlte es sich beim Herausziehen etwas schwerer an als die Male zuvor. Doch statt der erhofften Fische zog der Fischer nur einen zerbrochenen Krug aus dem Wasser!

Natürlich war der Fischer enttäuscht. Aufgeben aber wollte er nicht. Ganz ohne Beute konnte er nicht nach Hause fahren, mochten ihm die Stunden auch noch so lang werden und die Kräfte langsam nachlassen. Erneut warf er sein Netz aus und griff in die Ruder.

Wieder waren Stunden vergangen, als der Fischer bei einem seiner regelmäßigen Kontrollgriffe am Netz starken Widerstand spürte. Der brave Mann glaubte, endlich doch noch einen guten Fang getan zu haben, und holte das Netz voller Vorfreude und unter Aufbietung seiner ganzen Kraft ein, zog es näher und näher. Das war nun wahrlich ein gewichtiger Fang!

Aber da ... was war das? Statt zappelnder Fische lag ein toter Esel im Netz!

Der Fischer verfluchte sein Schicksal und wäre nun am liebsten nach Hause gefahren. Sein Rücken und seine Arme schmerzten. Die Augen brannten. Er hatte Hunger und Durst. Dann aber stellte er sich die traurigen Augen seiner Frau und die hungrigen Münder seiner Kinder vor und brachte es nicht über sich, aufzugeben. Einen allerletzten Versuch wollte er noch unternehmen.

Und so säuberte der Fischer sein Netz und warf

es ein weiteres Mal ins Meer. Er war betrübt und schon sehr ermattet. Erneut senkte sich das Netz ins Wasser ab. Der Fischer ruderte das Boot ein Stück weiter und zog das Netz hinter sich her – immer in der verzweifelten Hoffnung, endlich doch noch Beute zu erhaschen.

Wieder wartete und wartete er. Und wieder wurde das Netz zum Grunde des Meeres gezogen, fühlte sich etwas schwerer an, wurde vorsichtig hochgehievt. Diesmal schien die Beute nicht sonderlich groß, aber immerhin: Ein, zwei fette Fische mochten es schon sein, die sich da im Netz verfangen hatten.

Doch was schließlich zum Vorschein kam, nachdem der Fischer das Netz eingeholt hatte, waren keine Fische, sondern eine seltsam geformte Flasche. Als der enttäuschte Fischer das Gefäß aus dem Netz klaubte und den Schlamm abwischte, der daran klebte, erkannte er, dass die Flasche mit einem Bleisiegel des Königs Salomon verschlossen war.

Nun, das war es nicht, was der Fischer zu fangen gehofft hatte, als er vor vielen, vielen Stunden aufs Meer hinausgerudert war. Aber besser als ein zerbrochener Krug und ein toter Esel war die Flasche allemal, die da in der Abendsonne glänzte. Ob sie wohl aus Messing war?

Der Fischer steckte die Flasche in seinen Beutel und ruderte mit seinem Boot erschöpft zum Ufer. Offensichtlich hatte ihm das Schicksal heute keine reiche Fischbeute zugedacht. Es war zum Verzweifeln. Aber vielleicht würde sich auf dem Basar wenigstens ein Käufer für die seltsame Messingflasche finden? Dann konnte er von dem Erlös Getreide kaufen und seine Familie doch noch ernähren.

Was es mit der Flasche wohl auf sich hatte? Was mochte sich darin verbergen? Hätte der mächtige König Salomon das Gefäß versiegelt, wenn der Inhalt wertlos wäre?

Kaum hatte der Fischer den Strand erreicht und sein Boot sorgfältig vertäut, als er die Flasche auch schon von allen Seiten untersuchte und sie schüttelte, um zu hören, ob etwas darin sein könnte. Nichts. So griff er nach seinem Messer und versuchte, das Siegel zu lösen. Doch das Siegel haftete sehr fest und ließ sich nicht aufbrechen. Wieder und wieder schnitt und hebelte der Fischer … bis er die Flasche endlich aufbekam.

Der Fischer erschrak und wich entsetzt zurück, als aus der Flasche keine Flüssigkeit tropfte, sondern dichter Qualm herauskräuselte. Der Rauch wurde mehr und mehr, wuchs über den vor Schreck erstarrten Fischer hinaus, stieg zum Himmel hoch, verbreitete sich übers Meer und bildete einen dichten Nebel. Als sich aller Rauch aus der Flasche entfernt hatte, verdichtete er sich zu einer grässlichen Gestalt, die größer war als der größte aller Riesen. Ihr Kopf

war so riesig und rund wie die Kuppel einer Moschee. Sie hatte gewaltige Hände, so lang und spitz wie eine Forke. Wirr stand ihr das Haar vom Kopf ab. Unheimlich glotzten die Augen und grässlich anzuschauen waren auch die Nasenlöcher und das gewaltig aufgerissene Maul mit bröckelnden Zähnen.

Der Fischer erbebte bei diesem schaurigen Anblick. Am liebsten wäre er davongerannt, aber seine Beine versagten ihren Dienst. Er blieb wie angewurzelt stehen. Dann sank er auf die Knie. Er setzte jetzt seine ganze Hoffnung darauf, dass sich der Geist dankbar erweisen werde, von ihm aus seinem Gefängnis befreit worden zu sein. Doch da öffnete dieser auch schon sein garstiges Maul und stieß hervor:

„Wehe dir, Fischer, du bist des Todes! Denn wisse, ich bin ein Ifrit, ein böser Geist. Als Salomon, der Prophet und Sohn Davids, von allen Untertanen verlangte, seinen Glauben anzunehmen, sollten sich ihm auch alle Geister unterordnen. Ich habe mich geweigert und mich gegen ihn erhoben. Da schickte Salomon seinen Wesir aus, der mich gefangen nahm und mich gefesselt vor seinen König schleppte. Wieder verlangte dieser, dass ich mich ihm unterwerfen müsse, und wieder weigerte ich mich. Da ließ Salomon eine Messingflasche herbeiholen und sperrte mich darin ein. Sodann hieß er einen von jenen Geistern, die sich ihm unterworfen hatten, mit der Flasche weit aufs Meer hinausfliegen und das mit Blei versiegelte Gefäß an der tiefsten Stelle ins Wasser schleudern.

Während des ersten Jahrhunderts meiner Gefangenschaft war ich entschlossen, denjenigen reich zu belohnen, der mich befreite. Doch das Jahrhundert verging und keiner kam, mich zu erlösen. Während des zweiten Jahrhunderts gelobte ich, meinem Befreier alle Schätze dieser Welt zu Füßen zu legen, doch nichts geschah. Im dritten Jahrhundert hätte ich meinen Befreier gar zum König gekrönt und ihm jeden Tag drei Wünsche erfüllt.

Als dreihundert Jahre verstrichen waren und ich noch immer in meinem Kerker am Meeresgrunde lag, ergrimmte ich so sehr, dass ich schwor, jeden erbarmungslos zu töten, der jetzt

noch kommen sollte, mich zu befreien. Und da du nun, nochmals viele Jahrhunderte später, gekommen bist und mich freigesetzt hast, musst du sterben!"

„Wie kannst du ausgerechnet den einen Menschen mit dem Tod bedrohen, der dir nach so langer Zeit die Freiheit schenkte?", fragte der vor Angst bebende Fischer. „Hätte ich nicht im Gegenteil noch reichere Belohnung verdient, als du sie zu Beginn deiner Gefangenschaft ausgesetzt hattest?"

„Hast du nicht zugehört, Mensch? Ich habe geschworen, dich zu töten. Und diesen Schwur werde ich halten. Also jammere hier nicht herum – es wird dir nichts nützen!"

Im Kopf des armen Fischers drehten sich die Gedanken rasend schnell. Er führte weiß Gott kein einfaches Leben, wie sich gerade am heutigen Tage wieder einmal gezeigt hatte. Aber zu Hause warteten seine liebe Frau und die Kinder auf seine Rückkehr; wie sollten sie ohne ihn überleben? Und wenn sein Tagewerk manchmal auch mühselig und zum Verzweifeln war, so gab es doch auch heitere Stunden, auf die er nicht verzichten mochte. Er wollte nicht sterben, und also musste ihm etwas einfallen, wie er den bösen Geist überlisten konnte.

„Im Namen Allahs!", rief der Fischer und sah, wie der Geist bei der Nennung des Allmächtigen zusammenzuckte, „ich kann beim besten Willen nicht glauben, dass du dieser kleinen Flasche entsprungen bist! Nicht einmal eine einzelne Hand oder ein Fuß von dir passen da hinein."

Diese Worte ergrimmten den bösen Ifrit noch mehr.

„Wie, du glaubst mir nicht?", brüllte er entrüstet. „Warte nur, ich will es dir beweisen!"

Schon schrumpfte die Riesengestalt in sich zusammen, verwandelte sich in einen rätselhaften Rauch, wurde kleiner und kleiner und ringelte sich schließlich zurück in die Flasche.
„Wohlan, Fischer, glaubst du mir nun, dass ich all die Jahrhunderte in dieser Flasche war?", rief eine ferne Stimme aus dem Flascheninnern.
Der Fischer nahm sich gar nicht erst die Zeit, die Frage zu beantworten. Schneller noch als ein Gedanke fliegen kann, stöpselte er die Flasche wieder zu. Seine Müdigkeit war wie weggewischt, als er das verschlossene Messinggefäß in seinen Händen hielt. Er hörte, wie der böse Geist im Inneren erst tobte und voller Wut gegen die metallenen Wände schlug, schließlich aber innehielt und in lautes Jammern verfiel: „Fischer, Fischer, lass mich heraus! Das eben war nur ein dummer Scherz. Alle Schätze der Welt sollst du bekommen, ich schwöre es bei allem, was mir heilig ist!"
Der Fischer aber ließ sich auf keine weiteren Verhandlungen mehr ein. „Wer weiß schon, was einem Ifrit heilig ist?", dachte er, stieg mit der Messingflasche in sein Boot und ruderte, so erschöpft er auch war, ein gutes Stück hinaus aufs Meer. Dort prüfte er noch einmal, ob die Flasche auch wirklich gut verschlossen war, und schleuderte sie in weitem Bogen zurück in die ewige Flut.

Der Mensch als Esel

Ein Eselstreiber hatte sein Tier beladen und wollte mit ihm zum Markt ziehen. Das Tier war nicht erfreut über die Plackerei, stemmte die Beine in den Boden, schüttelte den Kopf und stieß ein jämmerliches Geschrei aus. Schließlich aber gelang es dem Eselstreiber, das störrische Tier mit gut Zureden und Zerren am Strick zum Weitergehen zu bewegen.

Zwei Halunken und Tagediebe hatten das alles beobachtet und gingen dem ungleichen Paar unauffällig nach.

„Was meinst du dazu, wenn ich dem Kerl seinen Esel stehle?", fragte der eine Halunke den anderen.

„Das schaffst du nie!", entgegnete der andere, „wie willst du das anstellen?"

„Komm mit und du wirst sehen."

Die Sonne stand hoch am Mittagshimmel, und in der großen Hitze zogen der Eselstreiber und das Packtier dahin. Müde und wie im Halbschlaf trotteten sie hintereinander zum fernen Basar und ließen ihre Köpfe hängen.

Vom Eselstreiber unbemerkt, traten die beiden Halunken neben den Esel. Einer der Gauner zog dem Esel Strick und Zaumzeug ab, streifte es sich über das turbanverzierte Haupt und legte es sich um den eigenen Hals. Seinen Kollegen wies er mit einer Handbewegung an, das Tier mit seiner Ladung leise wegzuführen. Als dieser mit dem Esel hinter einer Hügelkette außer Sicht und verschwunden war, blieb der erste Halunke unvermittelt und wie angewurzelt im Staube stehen.

Der Eselstreiber drehte sich nach seinem störrischen Esel um und erstarrte vor Schreck und Erstaunen.

„Wie ... was?", stammelte er verwirrt, „wo ist mein Esel?"

„Wundert euch nicht, oh Herr und Meister. Ich bin es, euer Packtier; und hört auch sogleich meine Geschichte:

Einst war ich ein echter Tunichtgut, ein Rumtreiber und heftiger Weintrinker. Möge Allah mir verzeihen! Als ich eines Abends wieder einmal volltrunken über die Schwelle unseres Hauses torkelte, griff meine gute Mutter nach einem derben Stock und prügelte schimpfend auf mich ein. Als ich mich auch noch zu wehren wagte, verfluchte mich meine Mutter und verwünschte mich in einen Esel. So wurde ich unglücklicher Tropf zum Esel und kam eines Tages auch in deinen Besitz.

Als meine Mutter nun sah, wie fleißig und ergeben ich geworden bin und wie brav ich als Esel meine schwere Arbeit verrichte, erbarmte sie sich meiner und verwandelte mich endlich wieder in meine ursprüngliche Menschengestalt zurück."

Dem Eselstreiber hatte es anfangs fast die Sprache verschlagen. Dann aber besann er sich und stieß aus:
„Oh Allmächtiger, wie habe ich dich die ganze Zeit geplagt und geschunden! Was habe ich dich all die schweren Lasten buckeln lassen! Kannst du mir vergeben, Bruderherz?"
Der Halunke wedelte gnädig mit der Hand:
„Alles vergeben und vergessen, mein Freund. Du konntest ja nicht ahnen, wen du da vor dir hattest."
Bei diesen Worten streifte er sich Strick und Zaumzeug vom Hals und zog gemessenen Schrittes von dannen, um seinen Kollegen zu treffen und sich an dem gelungenen Diebstahl des beladenen Packesels zu erfreuen.
Der Eselstreiber löste sich nur langsam aus seiner Erstarrung und machte sich in der Glut der Mittagssonne schleppenden Ganges auf den Rückweg. Strick und Zaumzeug in der Hand haltend, schlurfte er zu seiner Frau und berichtete, was ihm zugestoßen war. „Schwer haben wir uns versündigt!", jammerte er. „Wir haben einen Menschen wie einen Esel gehalten, haben ihn schwere Lasten schleppen lassen und nicht erkannt, wen wir vor uns hatten! Was mag Allah zu alledem sagen?"
Auch der Frau des Eselstreibers wurde bange, denn hatte nicht auch sie auf den armen Esel eingeprügelt, wenn er gar zu störrisch war? Geschwinde griff sie in ihre Münzdose und entnahm ihr ein paar größere Geldstücke. Damit eilte sie zur Moschee und verteilte sie als milde Gabe an Blinde und Bettler.
Der übertölpelte Eselstreiber hockte die nächsten Tage ohne sein Packtier und damit ohne Arbeit vor seiner Hütte und blies Trübsal. Als ihre letzten Vorräte zur Neige gingen, ermahnte ihn seine Frau, auf den Markt zu gehen und sich einen neuen Esel zu kaufen: Das Leben musste weitergehen.
Wie staunte der gute Mann, als er unter den auf dem Markt zum Verkauf angebotenen Langohren seinen alten Esel erblickte! Gefasst trat er auf diesen zu, packte ihn sanft am Ohr und flüsterte hinein:
„Hast dich wohl nicht lange vom Wein fernhalten können und bist schon wieder lärmend nach Hause getorkelt? Deine gute Mutter hat Recht, wenn sie dich erneut verflucht, alter Esel! Ich aber kenne jetzt, Allah sei Dank, dein wahres Schicksal und werde dich nicht zurückkaufen!"

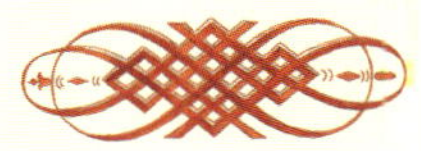

„Eine köstliche Geschichte", lachte Scheich Scheherban und klopfte sich auf die Schenkel. „Und man kann dem schelmischen Eselsdieb noch nicht mal richtig böse sein!"
„Nein. Aber leider ist nicht jeder Dieb ein Schelm!", sagte Scheherazade. „Morgen will ich dir die berühmte Geschichte von Ali Baba und den vierzig Räubern erzählen, die keine Schelme, sondern Schurken waren."
„Au ja, Schwester!", rief Dinarazade und gruselte sich in stiller Vorfreude auf die blutrünstige Geschichte.
Und als am nächsten Abend der Muezzin das letzte Abendgebet ausgerufen hatte und die Dunkelheit hereingebrochen war, begann Scheherazade zu erzählen:

Ali Baba und die vierzig Räuber

Vor vielen hundert Jahren lebten in einer alten Stadt in Persien zwei Brüder. Der eine hieß Kasim, der andere Ali Baba. Kasim hatte Glück und heiratete ein Mädchen, das bald nach der Hochzeit einen mit Waren reich bestückten Kaufmannsladen, ein Grundstück mit einem großen Haus und zahlreichen Nebengebäuden und dazu noch einen Batzen Geld erbte. Kasim verwaltete das Erbe seiner Frau mit Verstand und vermehrte es so geschickt, dass er schon bald einer der reichsten und angesehensten Kaufleute der Stadt war.

Ganz anders erging es seinem Bruder Ali Baba. Auch der heiratete die Frau seines Herzens, jedoch war diese, wie er selbst, arm und mittellos. Mit ihr lebte er in einer einfachen Hütte und verdiente nur wenig Geld, indem er mit seinen drei Eseln auf den Basar ging und dort

das Holz verkaufte, das er zuvor in der Umgebung der Stadt gesammelt hatte. Gerade war er wieder im Wald unterwegs und hatte in der Nähe eines großen Felsens damit begonnen, seine Esel mit dem gesammelten Brennholz zu beladen, als er aus der Ferne das Geräusch einer Reiterschar vernahm. Der Lärm von Hufen, Peitschenknallen und Pferdegewieher verstärkte sich rasch und kam näher und näher. Weil er nicht sehen konnte, ob es sich bei der Reiterschar um Soldaten, um eine Jagdgesellschaft oder um eine Räuberbande handelte, trieb Ali Baba seine Esel vorsichtshalber ins Gebüsch und versteckte sie. Er selber kletterte rasch auf einen Baum und verbarg sich im dichten Blätterwerk.

Wie gut er daran getan hatte, sich zu verstecken, merkte Ali Baba, als die Reitertruppe direkt auf den Felsen zugeprescht kam und der Anführer seine Leute genau unter dem Baum Halt machen hieß, auf dem sich Ali Baba versteckt hielt. Aus dem Benehmen der Reiter und an der Ladung, die sie auf den Pferden

mitführten, konnte er leicht erkennen, dass es sich bei der verwegenen Reiterschar um eine Räuberbande handelte. Die hatte, wie er den aufgeschnappten Wortfetzen entnahm, gerade eine Karawane überfallen und wollte ihre Beute an einem sicheren Ort verstecken. Und dieses sichere Versteck lag direkt vor Ali Babas Nase, auch wenn er das noch nicht erkannte.

Die Räuber luden ihre Beute vom Rücken ihrer Pferde und trugen sie zu dem großen Felsen neben dem Baum, auf dem sich Ali Baba, vor Angst zitternd, an einen dicken Ast klammerte und zu Allah betete, in seinem luftigen Versteck nicht entdeckt zu werden.

Nun trat der Räuberhauptmann vor diesen Felsen und sprach mit beschwörender Stimme: „Sesam, öffne dich!“

Ali Baba wäre vor Verblüffung fast vom Baum gefallen, als er Zeuge wurde, wie sich im Felsen eine Pforte auftat und den Zugang zu einer Höhle offen legte!

Staunend und mit offenem Munde sah Ali Baba zu, wie die Räuber, einer hinter dem anderen und vierzig an der Zahl, mit ihrer Beute im Inneren des Felsens verschwanden und sich die Öffnung hinter ihnen schloss. Obwohl ihn seine Muskeln schmerzten und die Zähne vor Angst klapperten, harrte Ali Baba auf dem Baum aus. Zu gerne wollte er erfahren, was weiter geschah.

Nach einiger Zeit traten die Räuber hinter ihrem Hauptmann wieder aus der Felsenhöhle heraus. Noch einmal zählte Ali Baba mit und war bei vierzig angelangt, als sich die Felsenpforte hinter dem letzten Räuber wie von Geisterhand schloss. Nun hieß der Räuberhauptmann seine Spießgesellen aufsitzen und galoppierte mit der ganzen Bande davon.

Erst nach längerer Zeit traute sich Ali Baba mit steifen Gliedern und schmerzverzerrtem Gesicht von seinem Baumversteck herunter, reckte und streckte sich und trat ins Gebüsch, um seine drei Esel zu holen. Er verstreute das

zuvor gesammelte Holz, führte die Lasttiere zu dem großen Baum, auf dem er eben noch gesessen hatte, und band sie dort fest.

Erst nachdem er seine Ohren gespitzt und sich versichert hatte, dass von der Reiterschar nichts mehr zu hören war, trat Ali Baba an die Felswand heran und sprach, wie er es vom Räuberhauptmann gelernt hatte, mit beschwörender Stimme:

„Sesam, öffne dich!"

Und wirklich ging die Felspforte auf und legte den Eingang zur Höhle frei. Neugierig trat Ali Baba ins Innere des Berges. Sein Herz klopfte rasend schnell, als sich die Pforte hinter ihm verschloss, denn er fürchtete sich nicht nur vor der Rückkehr der Räuber, sondern auch davor, im Dunkeln umherzutappen. Doch die Räuber waren fern, und wie sich zeigte, drang durch Öffnungen und Risse in der Höhlendecke so viel Licht herein, dass er die stapelweise aufgetürmten edlen Stoffe und wertvollen Teppiche sowie Säcke und Beutel voller Silber- und Goldstücke mit bloßem Auge erkennen konnte. Kurz entschlossen griff sich Ali Baba ein paar der prall gefüllten Säcke, sprach „Sesam, öffne dich!" und trug die Beute vor die Höhle. Dort verstaute er die Säcke auf seinen Eseln, während sich die Pforte wie von Geisterhand verschloss.

Ali wartete den Anbruch der Dunkelheit ab. Dann erst kehrte er mit den reich beladenen Grautieren in seine Lehmhütte zurück.

Daheim berichtete er seiner Frau, was ihm beim Holzsammeln widerfahren war und beschwor sie, niemandem etwas von dem Geheimnis zu verraten. Ob des plötzlichen Reichtums wurde auch Ali Babas Frau ganz aufgeregt. Bevor die Goldstücke im Hofe vergraben werden sollten, wollte sie die Münzen wiegen, um einen ungefähren Begriff von ihrem neuen Reichtum zu bekommen. Da sie keine eigene Waage besaß, ging sie zu ihrer Schwägerin und borgte sich deren Waage aus. Kasims Frau jedoch wurde misstrauisch, als sie auf ihre Frage, was denn zu wiegen sei, nur eine ausweichende Antwort erhielt. Was war es, was die armen Verwandten mitten in der Nacht so dringend wiegen wollten? Getreide vielleicht? Oder hatten sie

im Wald Pilze gefunden? Rasch bestrich sie die Unterseite ihrer Waage mit klebrigem Wachs, bevor sie das Maßgerät der an der Haustür wartenden Schwägerin übergab.

Und so kam es, dass Kasims Frau, nachdem das Gold von Ali Baba heimlich gewogen, vergraben und die Waage am nächsten Tag zurückgegeben worden war, auf der Unterseite keine Getreidekörner und auch keine Pilze, sondern eine Goldmünze entdeckte, die dort haftete.

„Ist dein Bruder Ali nicht immer ein armer Schlucker gewesen? Wie kommts, dass er das Geld nun plötzlich in Massen wiegen kann?", fragte sie ihren Mann, kaum dass dieser am Abend seinen Kaufmannsladen verriegelt hatte und nach Hause gekommen war. Darauf wusste Kasim keine Antwort. Und was schlimmer war: Statt sich darüber zu freuen, dass es das Schicksal nun offenbar endlich auch mit seinem Bruder etwas besser meinte, regte sich tödlicher Neid in ihm. Gewiss, Kasim war reich, und wenn er sich ab und zu einen Spaß daraus machte, sein Geld zu zählen, kam ein hübscher Batzen zusammen. Sein Bruder Ali aber schien sein Geld nicht mehr zu zählen, sondern in großen Haufen zu wiegen! Und obwohl Kasim nicht im Traum daran gedacht hätte, seinen ererbten Wohlstand mit dem Bruder zu teilen, wollte er jetzt umgekehrt am plötzlichen Reichtum von Ali Baba teilhaben. Gemeinsam mit seiner Frau besuchte er seinen Bruder in dessen bescheidener Hütte und sagte ihm auf den Kopf zu, er müsse ja geradezu in

Gold schwimmen und er solle ihnen gefälligst verraten, woher seine Schätze stammten!

Ali Baba versuchte zunächst, sich ahnungslos zu geben. Wie seine Schwägerin aber das Goldstück vorzeigte und erklärte, wie sie daran gekommen sei, wusste er, dass es zwecklos war, den neu gewonnenen Reichtum abzustreiten. So erzählte er seine tolle Räubergeschichte haarklein und ohne etwas wegzulassen.

Wen wunderts, dass Kasim schon am nächsten Tag in aller Frühe und ohne seinem Bruder etwas davon zu verraten, gleich zehn von seinen Maultieren zu der von Ali Baba genau beschriebenen Felswand neben dem großen Baum führte, um abzuräumen, was die Tiere schleppen konnten. Das lief am Anfang auch alles nach Wunsch und genau so, wie es Ali beschrieben hatte: Kasim brauchte bloß die Worte „Sesam, öffne dich!“ zu sprechen und schon tat sich die Felspforte auf. Mutiger als sein Bruder am Tage zuvor, trat Kasim durch die Felswand, und als sich die Pforte erwartungsgemäß hinter ihm verschloss, konnte er sich an all den Schätzen in der Höhle kaum satt sehen. Schließlich schleppte er die Säcke, die zuvorderst standen, der Reihe nach zum Ausgang, bis er so viele zusammenhatte, wie er auf zehn Maultieren wegzuschaffen hoffte. Sein Pech war nur, dass er ob seiner rasenden Raffgier die Worte vergessen hatte, mit denen er die Felspforte öffnen und die Höhle verlassen konnte!

„Hirse, öffne dich!"
„Gerste, öffne dich!"
„Hafer, öffne dich!"
„Weizen, öffne dich!"
Es half nichts, die Felswand blieb verschlossen. Und je verzweifelter Kasim über die richtigen Worte nachdachte, desto verwirrter wurde er.

Am Ende hätte Kasim alle Schätze aus der Räuberhöhle und noch viel mehr dafür gegeben, zu Hause oder in seinem Kaufmannsladen zu stehen, statt hier auf die Rückkehr der Räuberbande warten zu müssen! Zitternd und zagend fasste er den Plan, den Räuberhauptmann über den Haufen zu rennen, sobald sich der Fels vor ihm auftun würde. Aber es kam ganz anders: Durch die vor der Höhle grasenden Maultiere vorgewarnt, schickte der Räuberhauptmann einen seiner Männer vor, und dieser streckte den Unglücklichen mit dem Krummschwert nieder.

Anschließend räumten die Räuber die von Kasim zum Ausgang geschleppten Säcke wieder zu ihren übrigen Schätzen zurück. Dass ihnen zuvor schon Ali Baba allerlei entführt hatte, merkten sie nicht. Zur Abschreckung für weitere Eindringlinge aber schlugen sie Kasims Leichnam in vier Teile und hängten diese gut sichtbar beim Eingang zur Höhle auf.

Natürlich grämte und sorgte sich Kasims Frau, als ihr früh aus dem Haus gerittener Mann an diesem Tage einfach nicht nach Hause kommen wollte! Sie schickte die tüchtige Sklavin Mardschana in die Stadt, um sich auf dem Basar umzutun und in allen Kaschemmen nachzufragen, ob jemand etwas über den Verbleib von Kasim wusste.

Es wundert niemanden, dass Mardschana unverrichteter Dinge zurückkehren musste. In ihrer Verzweiflung wandte sich Kasims Frau schließlich an Ali Baba. Diesem schwante Schreckliches. Er holte seine drei Esel, ritt auf Umwegen zur Räuberhöhle, sah und hörte sich vorsichtig um und sprach dann die Worte „Sesam, öffne dich!" Gleich als sich die Pforte im Felsen öffnete, fand er seine schlimmsten Befürchtungen bestätigt. Entsetzt packte er die Überreste seines Bruders in vier der aufgestapelten Tücher und belud einen seiner Esel mit dem traurigen Fund. Auf die beiden anderen Lasttiere häufte er so viel von dem Gold, wie sie nur tragen konnten: Nun kam es nicht mehr darauf an, ob die Räuber den Diebstahl bemerken würden; sie wussten ohnehin, dass jemand in die Höhle eingedrungen war und den Leichnam entführt hatte!

Zu Hause sorgte die verschwiegene Sklavin Mardschana dafür, dass der Tote von einem alten Schuster zusammengenäht und in einem ordentlichen Leichenhemd anständig bestattet wurde. Und wenngleich Ali Baba wusste, dass seine Schwägerin am Tode seines Bruders nicht gänzlich unschuldig war, tröstete er die Witwe doch so gut es ging und versprach ihr, wie es Sitte war, sie nach der vorgeschriebenen Trauerzeit von vierzig Tagen als Nebenfrau bei sich aufzunehmen. Kasims Witwe war damit genauso einverstanden wie die Frau von Ali Baba, und gemeinsam wurde man sich einig, im weit geräumigeren und schöneren Haus des Verstorbenen zusammenzuziehen.

Den Räubern blieb nicht lange verborgen, dass der gevierteilte Leichnam Kasims und dazu noch ein erheblicher Teil ihrer Schätze verschwunden waren.

„Der Dieb, den wir entdeckt und getötet haben, war also nicht der Einzige, der unser Versteck kennt und weiß, wie es geöffnet wird. Wir müssen herausbekommen, wer dieser zweite Dieb ist und ihn ebenso bestrafen, wie wir es mit dem ersten gehalten haben", sagte der Räuberhauptmann und schickte einen seiner neununddreißig Räuber in die Stadt, um Nachforschungen anzustellen und nicht eher zurückzukehren, als bis er wusste, wo der Übeltäter wohnte.

Nun war Ali Baba natürlich klug genug, die traurigen Umstände von Kasims Tod geheim zu halten. Auch sein neuer Reichtum fiel nicht weiter auf, weil er ja ins Haus seines verstorbenen Bruders gezogen war und dessen großes Erbe angetreten hatte. Mit ausgesuchter List und Tücke bekam der Räuber aber trotzdem heraus, wer Ali Baba war und wo er wohnte. Stolz ritt er zu seinen Spießgesellen zurück und berichtete, dass er das Haus, wohin ein alter Schuster nachts und mit verbundenen Augen geführt worden sei, um einen gevierteilten Leichnam zusammenzunähen, mit einem weißen Kreidekreuz bezeichnet habe und es also jederzeit wieder finden könne.

Der Räuberhauptmann hatte sich bereits einen Plan zurechtgelegt. In der gleichen Nacht noch ritt er los, um fürchterlich Rache zu nehmen. Doch wie staunten der Hauptmann und sein Kundschafter, als sie in die Straße kamen, an der Ali Baba wohnte, dort aber nicht nur eines, sondern mehrere der Häuser mit einem weißen Kreuz bezeichnet fanden! Es war dem Kundschafter unmöglich, das eine Haus zu benennen, das er als das des gesuchten Diebes ausgemacht hatte. Wütend brach der Räuberhauptmann das Unternehmen ab und kehrte unverrichteter Dinge in den Wald zurück.

Der erste Kundschafter wurde von seinen eigenen Kollegen am nächsten Baum aufgehängt und ein zweiter Räuber ausgeschickt, es besser zu machen. Er hatte es leichter, das Haus des Diebes zu finden, weil sein unglücklicher Vorgänger genau geschildert hatte, mit welchen Schlichen er zu seinen Informationen gekommen war.

Der zweite Kundschafter stellte es genauso geschickt an wie der erste. Auch er fand schließlich das Haus, in dem Ali Baba wohnte und bezeichnete es mit einem roten Kreis, um es von den mit einem weißen Kreuz bezeichneten unterscheiden zu können. Er berichtete seinem Hauptmann, dass nun nichts mehr schief laufen könne. Doch damit irrte er sich um nichts weniger, als sich schon sein unglücklicher Vorgänger geirrt hatte:

So wie die aufmerksame Sklavin Mardschana stutzig geworden war, als sie das weiße Kreidekreuz entdeckt und die rätselhafte Markierung auf die umstehenden Häuser übertragen hatte, entging ihr auch der mit roter Kreide hinzugefügte Kreis nicht. Ohne jemandem etwas davon zu verraten, denn sie wollte ihre Herrschaft nicht unnötig ängstigen, nahm sie ein Stück roter Kreide und brachte dieselbe Markierung auch an den anderen Häusern an.

Der Räuberhauptmann tobte, als er seine Rachepläne erneut durchkreuzt fand und ließ auch den zweiten Kundschafter aufhängen. Damit hatte er schon zwei von seinen neununddreißig Räubern verloren und die Rache war noch immer nicht vollzogen!

Seine Fehlschläge ergrimmten den Räuberhauptmann dermaßen, dass er sich selber auf den Weg machte, das Haus des Schatzdiebes auszukundschaften. Wie seinen beiden Kundschaftern gelang es auch dem Hauptmann, aus einem Sammelsurium von winzigen Hinweisen die rich-

tigen Schlüsse zu ziehen und Ali Baba als den Gesuchten ausfindig zu machen.

Als Ölhändler verkleidet und mit einem angeklebten Bart unkenntlich gemacht, erschwindelte sich der Räuberhauptmann nun die Gastfreundschaft von Ali Baba und wurde in dessen Haus eingeladen. Und weil es in den vielen Nebengebäuden, die zum großen Haus seines getöteten Bruders gehörten, reichlich Platz gab, erbot sich Ali Baba arglos, auch die achtunddreißig Maultiere seines Gastes bei sich unterzubringen.

Nun waren diese Maultiere allerdings immer nur auf einer Seite mit Öl beladen. In den gegenüberliegenden großen Ledersäcken steckte dagegen jeweils einer der Räuber und wartete auf das vereinbarte Zeichen des Hauptmannes, mit dem Dolch loszustürmen und den ahnungslosen Gastgeber und seine Familie niederzumetzeln. Daraufhin sollten die leeren Säcke mit jenen Schätzen gefüllt werden, die ihnen zuvor aus der Höhle gestohlen worden waren – und mit allem anderen, was sich im Haus des wohlhabenden Kaufmanns sonst noch finden ließ.

Aber auch diesmal wurden die Räuber ausgetrickst! Wieder war es die kluge Mardschana, die den mörderischen Plan entdeckte und vereitelte: Spätnachts, als ihre Herrschaft längst schlief, war die Sklavin noch mit den Essensvorbereitungen für den nächsten Tag beschäftigt, als ihre Ölfunzel erlosch. Rasch huschte sie in den Stall, wo die Maultiere des Ölhändlers untergebracht waren, um sich etwas von dem Öl zu borgen, das ihr Gebieter am nächsten Morgen bestimmt ersetzen würde. Wie ihr aus einem der vermeintlichen Ölsäcke die Frage entgegengeflüstert wurde, ob die Zeit für den Überfall schon gekommen sei, wäre sie vor Schreck fast gestorben. Dann aber antwortete sie mit tiefer Stimme geschwind: „Noch nicht, aber bald", und ging mit der gleichen Botschaft von einem Maultier zum nächsten.

Auf diese Weise fand Mardschana heraus, dass Ali Baba achtunddreißig Räuber bei sich aufgenommen hatte, die nur auf ein Zeichen ihres Hauptmannes warteten, um großes Unglück über ihre Herrschaft zu bringen. Rasch trat sie an einen jener Ledersäcke, die tatsächlich Öl enthielten, füllte einen großen Kessel auf und erhitzte diesen über einem mächtigen Feuer. Als das Öl siedend heiß war, goss sie einen Teil davon in ein bauchiges Gefäß, trat damit an den Ledersack mit dem ersten Räuber und goss das glühend heiße Öl in den flink geöffneten Sack.

Der erste Räuber war so überrumpelt, dass er keinen Laut von sich gab und verbrühte zu Tode. Rasch ging Mardschana mit ihrem immer wieder nachgefüllten Ölgefäß von einem Maultier zum anderen und tat, was getan werden musste.

Kaum waren alle achtunddreißig Räuber tot, trat auch schon der Räuberhauptmann aus dem Gästezimmer, um das mit seinen Spießgesellen vereinbarte Zeichen zu geben – doch nichts geschah. Als der Räuberhauptmann erbost zu seinen Maultieren trat, um die Schlafmützen aufzuwecken, erkannte er entsetzt, dass seine Männer allesamt tot waren und floh, so schnell ihn die Füße trugen.

Am nächsten Morgen berichtete Mardschana ihrem Herrn, was geschehen war, und half Ali Baba, die getöteten Räuber auf seinem Grundstück zu vergraben und die Maultiere mitsamt den achtunddreißig mit Öl gefüllten Säcken auf dem Basar zu verkaufen.

Der Einzige, der die toten Räuber vermisste, war der entflohene Räuberhauptmann. Und statt sich seines Lebens zu erfreuen und sich mit den in der Höhle verbliebenen Schätzen aus dem Staub zu machen, sann er erneut auf Rache. Diesmal schlüpfte er in die Rolle eines reichen, welterfahrenen Seidenhändlers. So

verkleidet, gelang es ihm noch einmal, sich das Vertrauen von Ali Baba zu erschmeicheln. Wieder wurde er nicht erkannt und zum Tee eingeladen, wie es der Brauch ist, wenn Gäste von weit her angereist kommen.

Erneut war es die scharfsichtige Mardschana, die als Einzige durchschaute, welch zweifelhafter Gast da am Tische ihrer Herrschaft saß. Aus einer verräterischen Ausbeulung schloss sie, dass der Räuberhauptmann einen Dolch im Gewande verborgen hielt! Sogleich schickte sie einen von Ali Babas Sklaven, der die Laute besonders geschickt zu spielen wusste, zu den Männern hinein. Sie selber verkleidete sich mit Kopfputz, Schmuck und Maske als Bauchtänzerin und vollführte zur wilden Musik des Lautenspielers und zur Freude von Ali Baba und seines Gastes geschmeidige und betörende Drehungen und Sprünge. Am Ende näherte sie sich mit verführerischen Bewegungen dem von ihren Reizen faszinierten Räuberhauptmann und tat, was dieser mit Ali Baba im Schilde führte: Sie stieß ihm ihren geschliffenen Dolch mitten ins Herz.

Ali Baba war entsetzt über die blutige Tat seiner Sklavin. „Unglückliche, was hast du getan!“, schrie er, „willst du uns ins Verderben stürzen?“

Erst als ihm Mardschana den Dolche zeigte, den sein Gast im Gewande trug und ihm die Augen dafür geöffnet hatte, wen er sich da leichtfertig ins Haus geladen hatte, erkannte Ali Baba, dass ihm die treue Sklavin zum wiederholten Male das Leben gerettet hatte. Er bedankte sich überschwänglich bei ihr und schenkte ihr die Freiheit sowie genügend Geld, um sich ein gutes Leben zu machen.

Ali Baba selbst war nun alle Sorgen und Gefahren los und lebte noch viele Jahre glücklich und zufrieden im Kreise seiner Familie. Immer wenn er mal etwas knapp bei Kasse war, zog er mit ein paar Eseln zur verlassenen Räuberhöhle, überzeugte sich davon, dass niemand hoch im Geäst des Baumes neben der Felswand stand, und sprach beschwörend:

„Sesam, öffne dich!“

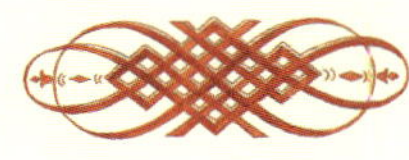

So erzählte Scheherazade. Scheherban aber sprach: „Ist es nicht seltsam, dass die Schätze immer einfachen Menschen wie diesem Holzsammler zufallen und nicht den Mächtigen?“

„Ich kann nichts Seltsames daran finden“, entgegnete Scheherazade, „denn die Schätze fallen ihnen nicht zu, weil sie arm, sondern weil sie reinen Herzens sind. Ali Baba war solche Gaben wert. Er war mildtätig und gerecht. Und blieb es auch, als er reich und mächtig geworden war.“

Scheherban nickte. Er hatte sehr wohl verstanden, was ihm Scheherazade damit sagen wollte. Er nahm ihr die versteckte Kritik nicht übel. Zu sehr hatte er sich an die nächtlichen Märchenstunden gewöhnt, als dass er noch ernsthaft daran gedacht hätte, sie dem gleichen Schicksal zu überantworten, wie es ihre Vorgängerinnen erlitten hatten. Stattdessen fragte der Sultan:

„Kennst du denn auch ein richtiges Zaubermärchen mit Magiern, Feen und Fabelwesen?“

„Gewiss, mein Gebieter. Eines der ältesten und schönsten Zaubermärchen will ich dir morgen erzählen.“

Und so geschah es:

Hassan auf den Wak-Wak-Inseln

Zwar hatte der junge Hassan aus Basra einen reichen Kaufmann zum Vater. Doch als dieser ganz plötzlich starb, brachte Hassan sein großes Erbe in kurzer Zeit durch. Alle Tage lud er eine rasch wachsende Schar von Kumpanen zum Schmausen und Trinken ein, kaufte sich alles, was ihm gefiel und pflegte auch sonst einen verschwenderischen Lebensstil. Die zunächst mahnenden, dann drängenden und schließlich jammervollen Worte seiner Mutter konnten ihn nicht davon abbringen, alles, was er in so reichem Maße geerbt hatte, zu versilbern und das ganze Geld mit vollen Händen aus dem Fenster zu werfen.

Hassan frönte dem süßen Nichtstun und dachte nicht im Traum daran, die gut gelaufenen Geschäfte seines verstorbenen Vaters fortzuführen. So kam es, wie es kommen musste: Eines Morgens wachte Hassan auf und fand sich bettelarm. Und ganz allein. Denn keiner seiner fröhlichen Kumpane ließ sich mehr bei ihm blicken, jetzt, wo es nichts mehr zu feiern und zu verprassen gab.

Hassan war, wie man so sagt, regelrecht auf den Hund gekommen. Er lebte von der Hand in den Mund und trug nur noch schäbige und abgerissene Kleidung. In diesem Zustand geriet er an einen alten Freund seines verstorbenen Vaters.

„Willst du nicht etwas Geld verdienen? Vielleicht sogar einen Beruf erlernen?“, fragte ihn der Freund des Vaters. „Ich bin kürzlich mit einem reichen Goldschmied ins Gespräch gekommen, einem vornehmen Perser. Der hat mir erzählt, dass er einen willigen Gehilfen und späteren Nachfolger für sein einträgliches

Gewerbe sucht. Wäre das nicht etwas für dich? Wenn du willst, kann ich dich mit dem Perser bekannt machen."

Hassan nickte zustimmend. Irgendetwas musste er ja tun, um seine Situation zu verbessern. Und wenn der Perser mit seinem Gewerbe reich geworden war, wieso sollte ihm dies dann nicht auch gelingen?

Wie er es versprochen hatte, organisierte der Freund seines verstorbenen Vaters ein Treffen mit dem Perser. Der trug einen weißen Turban aus feinem Stoff, dazu einen bis auf die Knöchel reichenden Kaftan aus edlem Tuch. Er war sehr freundlich zu Hassan und bot sich nach kurzem Gespräch an, Hassan in sein Gewerbe einzuführen. Die beiden vereinbarten, sich am nächsten Tag in einem versteckt gelegenen Haus zu treffen. Als sich Hassan zur vereinbarten Stunde dort einfand, begann der Perser ohne große Umschweife einige Gerätschaften hervorzukramen. Er stellte ein Kochgefäß aufs Holzkohlenfeuer, hieß Hassan, das Feuer mit einem Blasebalg kräftig anzufachen und warf einige Kupferstücke in den erhitzten Topf. Schließlich griff er in die tiefsten Taschen seines Übergewandes und holte eine kleine Tüte mit einem geheimnisvollen Pulver hervor. Er streute ein wenig von dem Pulver in die brodelnde Flüssigkeit und rührte sie kräftig um. Dann nahm er das Kochgefäß vom Feuer und ließ den Inhalt abkühlen. Als der Topf schließlich erkaltet war und der Perser das Gefäß umkippte, fiel ein Goldstück heraus! Hassan war bass erstaunt: Aus Kupfer Gold zu schmieden, das war in der Tat ein einträgliches Gewerbe! In dieser Kunst wollte er sich wohl unterrichten lassen. Und so vereinbarte er mit dem Perser, sich am nächsten Tag an einem anderen Ort mit ihm zu treffen, um alles Weitere zu besprechen.

Seine Mutter war misstrauisch, als er ihr von seiner neuen Bekanntschaft erzählte. Doch ehe sie noch dazwischentreten und den Sohn von weiteren Kontakten abhalten konnte, war Hassan der Einladung ins Haus des Persers gefolgt und wurde dort erneut sehr freundlich empfangen. Der Goldschmied setzte höchstpersönlich den landesüblichen Willkommenstee auf und unterhielt seinen Gast derweil mit verblüffenden Zaubertricks. Was Hassan bei all der Zauberei nicht mitbekam, war, dass der Perser ein starkes Betäubungsmittel in seinen Tee mixte. Kaum hatte Hassan von dem Tee getrunken, sank er ohnmächtig nieder. Der Perser bugsierte den Bewusstlosen in einen großen Spankorb, wuchtete diesen auf einen kräftigen Esel und ritt mit ihm aus der Stadt, hin zu den am Horizont sich erhebenden hohen Bergen.

Hassan hatte ein böses Erwachen. Denn was der alte Freund seines Vaters nicht wissen konnte: Der geheimnisvolle Perser war vom rechten Glauben abgefallen und gehörte der in Basra verbotenen und gefürchteten Bruderschaft der Zoroaster-Jünger an, einer Sekte von Feueranbetern, der die frommen Muslime nachsagten, sie würde ihrem Götzen Menschenopfer darbringen. Der Häscher von Hassan nun hatte schon neunhundertneunundneunzig leichtgläubige Jünglinge gefangen genommen und umgebracht. Hassan sollte, wie ihm sein Entführer eröffnete, das runde Tausend voll machen und dem Perser damit das ewige Leben sichern!

Vorher jedoch hatte der arglistige Perser noch anderes zu tun. Nachdem er mit seinem Gefangenen im Gebirge angekommen war, schlug er auf eine Trommel, die er stets mit sich schleppte. Kaum waren die Trommelschläge verklungen, schwebte eine seltsame Wolke vom Himmel herunter. Als die Wolke die Erde berührte, formten sich daraus drei schnelle Rennkamele. Der Perser setzte sich auf eines der edlen Tiere, trieb die beiden anderen Kamele vor sich her und ritt davon. Den armen Hassan ließ er mitten im öden Gebirge zurück und überließ ihn seinem Schicksal: Er würde sich von Beeren und Wurzeln ernähren müssen und irgendwo einen Bach finden, um daraus zu trinken. Weit würde er nicht kommen, wenn er zu fliehen versuchte – das hatten andere vor ihm auch schon versucht und der Perser hatte sie auf seinem Rennkamel immer rasch wieder eingefangen.

Natürlich versuchte Hassan alles, um seinem schrecklichen Schicksal zu entkommen. Lieber würde er sich in den kargen Bergen hoffnungslos verlaufen oder über eine Klippe zu Tode stürzen, als von seinem Peiniger rituell geschlachtet und irgendwelchen Götzen als Opfergabe dargebracht zu werden! Mühsam schleppte er sich über die nächstgelegene Anhöhe, durch das dahinter liegende Tal und über den nächsten Hügelzug. Über die Tage fiel der junge Mann vom Fleisch, hungerte und konnte sich kaum noch aufrecht halten.

Als sich Hassan mit letzter Kraft über eine weitere Felsklippe schleppte, fiel sein matter Blick auf einen See. Im glasklaren Wasser tummelte sich eine Schar schöner Mädchen.

War das eine Fata Morgana? Bildete er sich das alles nur ein? Was ihm besonders seltsam erschien, waren die Federkleider, die er am

Uferrand zu erkennen meinte. War er schon so erschöpft, dass er Fantasiegespinste für die Wirklichkeit hielt?
Hassan musste sich Gewissheit verschaffen und schlich sich näher zum See. Tatsächlich, er hatte richtig gesehen: Am Ufer des Sees lagen prächtige Federkleider, welche die Mädchen abgelegt haben mussten, bevor sie ins Wasser stiegen. Hassan spähte das allerschönste Federkleid aus und nahm es an sich. Dann versteckte er sich hinter einem großen Fels und wartete ab.

Als die Mädchen ihr Bad beendet hatten, schlüpften sie rasch in ihre Federkleider und flogen davon. Das Mädchen jedoch, dessen Federkleid Hassan an sich genommen hatte, konnte nicht mit den anderen wegfliegen und musste am Boden bleiben. Sie schaute sich um, und als Hassan hinter dem Fels hervortrat und auf sie zuging, schien sie keine Angst zu haben. Aufmerksam hörte sie sich seine Geschichte an und riet ihm dann, mit ihr zum Schloss ihres Vaters zu ziehen. Dass sie die Tochter eines mächtigen Zauberkönigs war, der ihr und ihren Gefährtinnen die Federkleider geschenkt hatte, mit denen sie sich vogelgleich in die Luft erheben konnten, verriet sie ihm jedoch nicht.

Nun hätte das schöne Mädchen von Hassan zwar sein Federkleid zurückverlangen, hineinschlüpfen und nach Hause fliegen können. Das aber hätte für den geschwächten Hassan den sicheren Tod bedeutet. So blieb das Mädchen bei ihm, brachte ihm einige essbare Kräuter und Wurzeln und führte ihn aus den hohen Bergen heraus. Danach wanderten die beiden durch die Wüste – immer nur nachts, weil es tagsüber in der brennenden Sonne viel zu heiß war, und auch, weil sie nie sicher sein konnten, ob der Perser in der Zwischenzeit nicht zurückgekehrt war und sich auf die Suche nach seinem Menschenopfer gemacht hatte. Mehr als etwas Nachttau hatten sie nicht, um am Leben zu bleiben.

Dem Tode näher als dem Leben, erreichten sie endlich das Schloss, in dem der Vater des Mädchens herrschte. Nachdem sich Hassan erst einmal ein paar Tage ausgeruht und erholt hatte, machte er sich mit dem Leben am Hofe vertraut. Er unterhielt seine Zuhörer mit Geschichten aus seiner Heimat und führte auch einige der Zauberkunststückchen vor, die ihm der Perser beigebracht hatte, um sein Vertrauen zu gewinnen.

Eines Tages ließ der mächtige Zauberkönig nach Hassan schicken und fragte ihn, ob er seine Tochter heiraten wolle, welche großen Gefallen an ihm gefunden habe. Er selber, so sagte der Vater des hübschen Mädchens, habe nichts gegen eine solche Verbindung einzuwenden, denn er glaube, dass Hassan die richtigen Lehren aus seinen früheren Fehlern gezogen habe und ein verantwortungsvoller Ehemann und Vater werden könne. Hassan willigte gerne in die Heirat mit der schönen jungen Frau ein, denn sie gefiel ihm sehr. Überdies hoffte er, dass sein persischer Verfolger hier am Hofe des mächtigen Zauberkönigs nichts gegen ihn würde ausrichten können.

Nun, da es ihm allmählich besser ging und er bald in die Familie eines mächtigen Zauberers aufgenommen werden sollte, hatte Hassan nur noch ein Problem: Er wurde vom Heimweh nach seiner Mutter und der Heimatstadt geplagt. An eine Reise in die weit entfernte Heimat aber war nicht zu denken, solange damit

zu rechnen war, dass es der abergläubische Perser noch immer auf das tausendste Menschenopfer für seinen Götzen abgesehen hatte.
So verstrichen ein paar Jahre, und Hassans Frau schenkte ihm zwei Kinder. Er musste zu Hause bleiben, wenn sich seine Frau einmal im Jahr das zauberische Federkleid überstreifte und sich mit ihren Freundinnen vogelgleich in die Lüfte schwang, um in der Ferne unglaubliche Abenteuer zu erleben und Jagd auf wilde Tiere zu machen.
Hassan selbst durfte, wie die anderen Männer am Hofe, nicht fliegen lernen. Aber wie sie wurde er trainiert, mit Dolch und Schwert umzugehen. Von seinem Schwiegervater bekam er sogar eine passende Rüstung und ein Pferd geschenkt. Mit der Zeit lernte er, in der schweren Kleidung umherzugehen, sich laufend und springend in der Rüstung zu bewegen und hoch zu Pferd wilde Attacken zu reiten. 
Und genau diese Fähigkeiten brauchte er auch. Der Perser mit dem weißen Turban nämlich, der aus Kupfer Gold machen konnte und noch viele andere Zauberkunststücke beherrschte, war in die Berge zurückgekehrt, in denen er Hassan vor ein paar Jahren zurückgelassen hatte. Die Sterne schienen endlich günstig zu stehen, um seinem Götzen das tausendste Menschenopfer darzubringen, das er ihm versprochen hatte. Doch das schon vor langer Zeit auserkorene Opfer, der arme Hassan, war nirgendwo aufzufinden!
Es dauerte eine ganze Weile, bis der Perser auf der Suche nach Hassan bis zum Schloss des Zauberkönigs vorstieß und die Herausgabe seines Opfers verlangte. Das Opfer aber war, wie wir gesehen haben, vorbereitet. Hassan zog seine Rüstung an, stieg auf sein Pferd, griff zu seinen Waffen und ritt aus dem Schloss hinaus direkt auf den verblüfften Magier zu.
Zwar hatte der böse Zauberer so manchen Trick im Köcher und Hassan musste seinen ganzen Mut zusammennehmen und immer auf der Hut sein, aber am Ende war sein Überlebenswille stärker als der stärkste Zauber seines Gegners, und er besiegte den Perser im Kampf.
Nicht besiegt war damit Hassans Sehnsucht, eines Tages nach Basra heimzukehren und seine Mutter wiederzusehen. Und so ging er

nun, da ihm der abergläubische Perser nicht mehr gefährlich werden konnte, zu seinem Schwiegervater, warf sich vor ihm zu Boden, küsste demütig den Saum von dessen Gewand und bat für sich und seine Familie um die Erlaubnis, in seine ferne Heimatstadt Basra zu reisen.

Die Bitte wurde ihm gewährt und der Schwiegervater schlug die Zaubertrommel, die er dem besiegten Perser abgenommen hatte. Auch diesmal schwebte, kaum dass die Trommelschläge verklungen waren, eine seltsame Wolke vom Himmel herunter. Und wieder formten sich, als die Wolke die Erde berührte, daraus drei schnelle Rennkamele.

Der Zauberkönig tat ein Übriges, ließ fünf Maulesel mit Schätzen aller Art beladen, dazu fünfundzwanzig weitere Tiere mit Verpflegung, reichlich Trockenfrüchten, Stockfisch und viel Wasser in Säcken aus Ziegenleder. Denn lang war der Weg zurück in Hassans Heimatland.

Ach, wie freute sich Hassans alte Mutter, ihren Sohn nach so langer Zeit wohlbehalten wiederzusehen! Noch dazu mit einer Familie und mit Reichtum gesegnet! Sie umarmte die neu gewonnene Tochter und ihre beiden Enkelkinder sehr herzlich. Jeder legte den Gebräuchen gemäß grüßend und sich verneigend die Hand aufs Herz und versicherte dem anderen seine Zuneigung und unverbrüchliche Liebe.

Fortan hätte Hassans Leben unbeschwert und sorgenfrei verlaufen können, wären da nicht die grimmige Mutter seiner Frau und eine neidische Schwester gewesen. Die beiden Frauen hatten sich lange vor Hassans Ankunft im Zauberschloss im Streit vom Zauberkönig getrennt und lebten auf den weltabgelegenen Wak-Wak-Inseln, auf die noch nie ein Sterblicher seinen Fuß gesetzt hatte. Dort brüteten sie über bösen Plänen und dachten sich schlimme Zaubereien aus, die bis in die fernste Ferne wirkten.

Als sie von der Heirat ihrer Tochter mit Hassan hörte, war die böse Frau des Zauberkönigs in höchstem Maße erzürnt. Wie konnte eine ihrer Töchter so töricht sein, ihr Federkleid für immer abzulegen und sich auf eine Ehe mit einem Sterblichen einzulassen? Sie empfand diesen Schritt als Verrat an der eigenen Sippe und sann auf Rache.

Aber auch Hassans Frau konnte nie ganz vergessen, wie frei und ungebunden sie einst mit ihren Freundinnen im Federkleid durch die Lüfte geschwebt war, um flüchtende Gazellen oder feindliche Reiterheere zu verfolgen, oder auch nur so zum Spaß dahin zu fliegen. Und auch das väterliche Zauberschloss mit seinen vielen Geheimnissen, die hinter versiegelten Türen lauerten, ging ihr nie ganz aus dem Sinn.

Gewiss, da waren ihr treu sorgender Mann, die gemeinsamen Kinder und die ihr herzlich zugeneigte Schwiegermutter. Sie lebte in Wohlstand und Sicherheit. Hassan hatte dem Leichtsinn seiner Jugendjahre endgültig abgeschworen und führte ein strebsames Leben. Den Tag über ging er seinen Geschäften auf dem Basar nach, abends setzte er sich mit anderen Handels- und Kaufleuten zusammen und oft war er tage- und wochenlang unterwegs, um neue Waren zu beschaffen.

Seine Frau hatte also viel Zeit, darüber nachzudenken, was sie alles vermisste und entbehrte. Und so war es wohl kein Zufall, sondern eher eine Fügung des Schicksals, dass die Tochter des Zauberkönigs eines Abends ein vertrauliches Gespräch zwischen Hassan und dessen Mutter belauschte:

Um Allahs und aller guten Geister willen, so beschwor Hassan seine Mutter, solle sie niemals an jener fest verschlossenen Truhe rühren, die unter einer Brokatdecke verborgen in Hassans Schlafgemach stand und zu der er ihr jetzt den einzigen Schlüssel übergab, weil es ihm zu gefährlich schien, ihn weiterhin in seinen eigenen Gemächern zu verstecken, wo er seiner Frau oder einem der Kinder mehr oder weniger zufällig in die Hände geraten konnte.

Hassans Mutter hängte sich den kleinen Schlüssel sogleich an ihr Halsband und versprach ihrem Sohn hoch und heilig, den Schlüssel wie ihren Augapfel zu hüten und sich niemals auch nur in der Nähe der Truhe zu schaffen zu machen.

Ihre Schwiegertochter jedoch, die das Gespräch heimlich mitgehört hatte, ahnte sogleich, was es mit der geheimnisvollen Truhe auf sich hatte und was darin verborgen sein könnte. Kaum war Hassan zu seiner nächsten Reise aufgebrochen, tat sie sich mit einer ihrer Haussklavinnen zusammen, überwältige ihre unglückliche Schwiegermutter und riss ihr den Schlüssel zur Truhe vom Halsband.

Die in Hassans Schlafgemach versteckte Truhe war rasch gefunden und aufgemacht,

und zum Vorschein kam, was die Tochter des Zauberkönigs sich erhofft hatte: ihr vor langer Zeit abgelegtes Federkleid, welches ihr Hassan bei ihrer allerersten Begegnung am See schon einmal entwendet und versteckt hatte! Rasch entschlossen schlüpfte sie hinein, schrieb ein paar aufklärende und um Verzeihung bittende Zeilen an ihren Mann, nahm ihre beiden Kinder bei der Hand und entschwebte mit ihnen durch die Lüfte.

Zu ihrem Vater, dem Zauberkönig, konnte Hassans Frau nicht zurückkehren. Dieser hatte sie lange genug inständig gedrängt, in sich zu gehen und zu prüfen, ob sie sich wirklich zutraue, ihr ganzes Leben an der Seite eines Sterblichen zu verbringen und ohne zauberische Kräfte in der Ferne zu leben, von wo eine Rückkehr kaum möglich wäre. Und wahrscheinlich war er es gewesen, der Hassan geraten hatte, das Federkleid, das er zum Andenken an seine erste Begegnung mit seiner geliebten Frau gerne mitnehmen wollte, stets gut versteckt zu halten, um die Mutter seiner Kinder nicht in Versuchung zu führen.

Und so flog Hassans Frau im Federkleid und mit ihren Kindern zu ihrer Mutter auf die fernen Wak-Wak-Inseln. Dort allerdings wurde sie nicht etwa freudig empfangen, sondern von der arglistigen Schwester und ihrer bösen Mutter wild beschimpft und geschlagen. „Wie konntest du einen Menschen heiraten, ihm unsere Geheimnisse verraten und dich unter Sterblichen niederlassen?“, schrien sie, schlugen weiter auf sie ein, trennten sie von ihren Kindern und sperrten sie in ein finsteres Verlies.

Hassan war verzweifelt und zu Tode betrübt, als er bei seiner Rückkehr von der Reise nur seine weinende Mutter vorfand! Doch was half es, sich die Haare zu raufen, die Mutter zu beschimpfen und die Sklavin zu bestrafen: Seine geliebte Frau und die Kinder blieben verschwunden! Wie sollte er sie jemals wiederfinden?

Aber richtig, da lag ja noch der Abschiedsbrief, den Hassans Frau anstelle des Federkleids in die Truhe gelegt hatte! Darin schrieb die Tochter des Zauberkönigs, sie sei mit den Kindern auf die Wak-Wak-Inseln entflohen, die noch nie ein Sterblicher erreicht, geschweige denn lebendig wieder verlassen habe. Wenn Hassans Liebe zu ihr und den Kindern wirklich so groß sei, wie er ihr immer wieder versichert habe, so möge er sich gerne auf den weiten Weg machen und versuchen, sie wiederzufinden. Wenn ihm aber sein Menschenleben lieb sei, solle er besser zu Hause bleiben und sie vergessen!

Hassan war lange Zeit hin und her gerissen zwischen Wut und Verzweiflung, Hoffnung und Resignation, Liebe und Selbstschutz. Wieder und wieder prüfte er sein Herz und seine Gefühle und gelangte endlich zur Einsicht, dass ihm seine Frau und die gemeinsamen Kinder das Allerallerliebste waren und er nicht mehr weiterleben wollte, wenn es ihm nicht gelang, sie zurückzugewinnen. Als auch noch seine alte Mutter über all dem Kummer gestorben war, ermannte er sich, regelte seine Geschäfte und löste den verbliebenen Haushalt auf. Dann machte er sich schweren Herzens auf die Suche nach den Wak-Wak-Inseln.

Hassan hatte nicht die geringste Ahnung davon, worauf er sich mit seinem Entschluss eingelassen hatte. Keiner konnte ihm die Richtung weisen. Sicher war nur eins: Der Weg zu den geheimnisvollen Wak-Wak-Inseln war nicht nur endlos weit, sondern auch hoch gefährlich. Hassan schien es das Klügste, sich erst einmal zum Schloss des Zauberkönigs zu begeben: Wenn ihm überhaupt jemand weiterhelfen konnte, dann würde er diese Hilfe von seinem ihm wohl gesinnten Schwiegervater bekommen!

Wieder galt es also, die elend langen, staubtrockenen Wüsten und die hohen Berge zu überwinden, hinter denen das Schloss des Zauberkönigs lag. Dort angekommen, musste Hassan erst erneut die Zuneigung des Zauberkönigs und der verbliebenen Freundinnen seiner Frau gewinnen. Auch musste er viele neue Zauberformeln lernen, um mit Weihrauch und seltenen Kräutern böse Geister zu beschwören und zu bannen, die sich ihm auf der Weiterreise zu den Wak-Wak-Inseln in den Weg stellen würden.

Solcherart gewappnet und mit Vorräten versorgt, ließ Hassan das Zauberschloss hinter sich und zog mutterseelenallein in die Richtung, die ihm der Zauberkönig gewiesen hatte.

will ich dir Mut machen. Du hast noch immer eine weite und gefahrvolle Reise vor dir. Aber wenn dich ausdauernde Liebe antreibt, wirst du alle Gefahren meistern."

Wer nun denkt, dass Hassan jetzt nur noch dem alten Mann und dem Elefanten zu folgen brauchte, um ans Ziel seiner Wünsche zu gelangen, hat weit gefehlt! Als der Wagemutige nach der Überwindung weiterer Wüsten und ganzer Gebirgsketten endlich an eine Küste kam, erfuhr er, dass sich vor ihm sieben Meere auftaten, von denen schon das erste bis weit hinter den Horizont reichte. Jedes dieser Meere mit seinen tosenden Stürmen, gefährlichen Untiefen und gefräßigen Meeresungeheuern galt es zu durchschiffen. Und hinter den sieben Meeren erhoben sich sieben himmelhohe, gletscherbedeckte Gebirge, die durch sieben endlos weite Täler getrennt wurden, die seit Menschengedenken noch niemand durchschritten hatte. Gewiss, Hassan hatte in dem uralten Mann einen kundigen Führer. Auch durfte er auf dem mächtigen Elefanten mitreiten und so hoch durch die Lüfte fliegen, dass er die Wolken mit bloßen Händen berühren konnte. Hinter den sieben Meeren, den sieben Gebirgen und den sieben Tälern aber lag schon wieder die nächste Höhle, deren Zugang diesmal von einem mächtigen Eisentor versperrt und von einem schwarzen, muskelbepackten Sklaven bewacht wurde, den es, nur mit Schwert und Schild bewaffnet, zu besiegen galt, bevor die Reise durch die riesige Höhle hindurch weitergehen konnte.

Er war schon wieder viele Tage einsam unterwegs, als er zu einem Labyrinth aus sieben geheimnisvollen Höhlen gelangte, die durch bedrohlich finstere, endlos lange Gänge verbunden waren und die es mit Geschick und Wagemut zu durchqueren galt.

Nachdem Hassan diese Prüfung tapfer bestanden hatte und wohlbehalten aus dem Höhlenlabyrinth herausgefunden hatte, erwartete ihn dort ein geheimnisvoller, uralter Mann, der auf einem mächtigen Elefanten ritt und ihn ansprach:

„Hassan, ich kenne dich, obwohl du von mir nichts weißt. Weil du bislang so tapfer warst,

Auf seinem weiteren Weg begegnete Hassan wilden und zum Teil gänzlich unbekannten Tieren, die sich ihm in den Weg stellten: hungrige Wölfe, Bären und Löwen, aber auch monströse Schreivögel und drachenähnliche Ungeheuer.

Doch wahr ist: Der wahrhaft Liebende lässt sich nicht unterkriegen. Und endlich – endlich! – gelangte der Unermüdliche zu den Wak-Wak-Inseln. Dort begegnete er einer geheimnisvollen, hässlichen und steinalten Frau, die mit heiserer Stimme zu ihm sprach: „Hassan, ich kenne dich wohl, obwohl du von mir nichts weißt. Du wirst sterben, wenn du allein weiterziehst, denn kein Mann hat die Wak-Wak-Inseln jemals lebend verlassen! Ich aber will dir helfen, weil ich mit deiner bösen Schwiegermutter und ihrer missgünstigen Tochter verfeindet bin und weiß, wie man sie übertölpeln kann. Tue nur alles, was ich dir rate, dann kann das Wagnis gelingen. Ich mag dir vielleicht alt und gebrechlich erscheinen, doch wisse, auch ich kann zaubern und gebiete über Kräfte, wie sie dir nicht zur Verfügung stehen."

Was blieb Hassan anderes übrig, als die Ratschläge der Alten zu befolgen, auch wenn ihm insgeheim arg vor ihr grauste! Auf Betreiben seiner Helferin wurden wohlduftende Essenzen aus Moschus, Aloe, Myrrhe und Ambra genutzt, um letzte Hindernisse zu überwinden, und einmal musste sich Hassan sogar als Frau verschleiern und während der nächsten Tage völlig den Mund halten, um nicht als Mann erkannt zu werden. Mit List und der Hilfe eines mächtigen Löwen, der schweigend neben der Greisin und Hassan einherschritt, gelangten sie auf der letzten der sieben Wak-Wak-Inseln endlich zur Festung, in deren düsterem Kerker Hassans Frau inmitten von Schlangen und giftigen Skorpionen angekettet lag.

Hassan erkannte seine Frau im finstern Kerker kaum wieder, so abgemagert und elend sah sie aus. Doch dann nahm er sie in die Arme und drückte sie an sein Herz. Mit schwacher Stimme erzählte sie ihm, wie sie voller Sehnsucht und Liebe an ihn gedacht und sich immer und immer wieder gefragt habe, ob er im fernen Basra wohl je von ihrem misslichen Geschick erfahren und zu ihrer und der Kinder Rettung herbeieilen würde. Hassan hob seine Frau in die Höhe, setzte sie auf den mächtigen Löwen, und führte sie aus dem Verlies, vorbei an dem Bewacher des Kerkers, der bösen Mutter und der noch ärgeren Schwester, die – vom mächtigen Zauber der Greisin betäubt – alle wie im tiefsten Schlaf am Boden lagen.

Während Hassan zu seiner Frau in den Kerker vorgedrungen war und sie von den Ketten befreite, hatte die hässliche Alte die beiden Kinder in einem Nebengewölbe gefunden und führte diese zu ihren Eltern. Die nach langem Leiden glücklich wiedervereinte Familie fiel sich weinend um den Hals und gelobte, nie wieder auseinander zu gehen.

Wie aber sollten die vier nun nach Hause gelangen? Nun, die steinalte, hässliche Frau wusste auch diesmal Rat. Sie schlug eine Zaubertrommel, die Hassan wohlbekannt vorkam. Ob das die Trommel war, die der Zauberkönig einst dem bösen Perser mit dem weißen Turban abgenommen hatte? Jedenfalls senkten sich, kaum dass der letzte Trommelschlag verklungen war, mächtige Luftgeister auf die Wak-Wak-Inseln hernieder. Der gewaltigste dieser Luftgeister hob Hassan und seine Familie sanft zu sich empor und schwebte mit ihnen in die ferne, ferne Heimat zurück.

So erzählte Scheherazade. Und als Scheherban in der nächsten Nacht um ein weiteres Märchen bat, wagte sie es, eine Parabel zu erzählen, in welcher sich der tyrannische Sultan leicht selbst erkennen konnte:

Vom Fuchs und vom Wolf

Einst lebten Fuchs und Wolf in einer gemeinsamen Höhle. Doch das Zusammenleben verlief nicht besonders harmonisch. Die beiden waren von ihren Interessen und von ihrem ganzen Wesen her sehr verschieden. Immer öfter kam es deshalb zum Streit. Am liebsten wäre der Fuchs aus der gemeinsamen Höhle ausgezogen. Aber gute Höhlen waren selten und schwer zu finden.

Meist war der Wolf grimmig und schlechter Laune. Lief ihm dann der Fuchs über den Weg oder versuchte gar, ihm eine von seinen Geschichten zu erzählen, so knurrte ihn der Wolf nur missmutig an oder verpasste ihm sogar einen Schlag mit einer seiner mächtigen Pranken.

Nachdem es wieder einmal besonders heftig geknallt hatte zwischen den beiden und der Fuchs vor Gram die ganze Nacht lang kein Auge zugetan hatte, gab er sich am Morgen einen Ruck und sprach zum Wolf:

„Wisse, Freund, so kann es nicht weitergehen mit uns beiden! Du als der Stärkere von uns solltest doch eigentlich Milde und Freundlichkeit mir gegenüber walten lassen, so ist es Allahs Wille."

Der Fuchs hätte wissen müssen, dass der Wolf solche Belehrungen gar nicht vertrug! Dieser ging denn auch fauchend auf den Mitbewohner los und schlug ihm eine Pfote so grob auf die Wange, dass der Fuchs prompt in Ohnmacht fiel.

Als der Fuchs aus seiner Betäubung erwachte, dachte er über das Vorgefallene nach und kam zum Schluss: „Wenn es mir nicht gelingt, den Wolf friedlich zu stimmen, muss ich mir eine List einfallen lassen, wie ich ihn loswerden kann."

In den folgenden Tagen verlief das Zusammenleben in einigermaßen ruhigen Bahnen. Die beiden gingen sich so gut es ging aus dem Weg. Und wenn sich eine Begegnung nicht vermeiden ließ, sprachen sie vom Wetter und von der Aussicht auf fette Beute. Doch auch dabei ließ der Wolf keine Gelegenheit aus, den Fuchs weiter zu deckeln:

„Du brauchst mir nicht ewig mit schöner Rede zu erklären, wie das Leben läuft und was ich tun muss. Das weiß ich selber am besten", fuhr er ihn an, auch wenn sie sich nur ganz beiläufig unterhielten.

Der Fuchs hielt sich angestrengt zurück, vergaß dabei aber nicht, in seinem Kopf immer finsterere Rachegedanken zu schmieden.

Wie der Fuchs eines Tages so durch die benachbarten Hügel streifte, kam er an eine hohe Mauer, die einen dahinter liegenden Weinberg absicherte. Der Fuchs schnürte an der Mauer entlang, bis er plötzlich ein großes Loch entdeckte. Vorsichtig pirschte er sich näher und spähte durch die Öffnung. Er wusste, dass die Bauern manchmal Fallgruben aushoben, um ihre Reben und Gärten zu schützen. Und in der Tat: Gleich hinter dem Mauerloch hatten die Weinbauern eine tiefe Grube ausgehoben und sie mit Ranken, Zweigen und Gräsern so geschickt abgedeckt, dass sie von außen kaum zu erkennen war!

Das war die Gelegenheit, auf die der listige Fuchs gewartet hatte. Geschwind kehrte er in die gemeinsame Höhle zurück und lockte den schlecht gelaunt in der Ecke sitzenden Wolf:

„Hör mal, Freund, es hat Allah wohlgefallen, uns den Zugang zu einem unweit von hier gelegenen Weinberg zu öffnen. In der Mauer dort ist ein Loch; und wie mir meine Verwandten vor kurzem erzählten, soll auch der Bauer gestorben sein."

Die Aussicht auf reife Trauben klang dem Wolf süß in den Ohren und so heftete er sich dem vorauseilenden Fuchs bereitwillig an die Fersen.

Beim Mauerloch angelangt, flüsterte der Fuchs dem Wolf ins Ohr:

„Du siehst, niemand ist in der Nähe. Ich selber habe mir den Magen vorhin bereits mit Trauben voll geschlagen. Jetzt kannst du dich ganz ungestört über die Weintrauben hermachen."

Erst schnupperte der Wolf noch, ob die Luft auch wirklich rein sei. Dann aber vergaß er alle Vorsicht, sprang mit weitem Satz durch das Mauerloch, landete auf der dünnen Abdeckung, brach durch – und landete tief unten in der Fallgrube!

Vom Grubenrand schaute der Fuchs auf den Wolf hinunter:

„Dumm gelaufen, Kumpel! Ob der Bauer auch wirklich gestorben ist?"

Rasend vor Wut und Verzweiflung sprang der Wolf an den senkrechten Wänden hoch, knurrte und heulte. Doch der rettende Rand blieb unerreichbar.

„Lauf zu meiner Familie!", flehte der Wolf den Fuchs an. „Meine Mama und die ganze Sippe sollen sofort herkommen und mir helfen."

„Ich will schauen, was sich machen lässt", erwiderte der Fuchs recht lahm. „Wenn wir uns tüchtig anstrengen, schaffen wir es vielleicht auch alleine."

„Beeil dich!", drängte der gefangene Wolf. „Schau, ob du nicht irgendwo einen Hanfstrick findest, den du da drüben an der Palme festbindest und mir das andere Ende herunterlässt."

„Besser, du bleibst dort unten, bis die Bauern kommen und dir den Rest geben", ließ der Fuchs seinen Rachegefühlen nun freien Lauf. „Was hast du mich all die Zeit in der Höhle gequält und drangsaliert. Du weißt, Allah sorgt für die letzte Gerechtigkeit."

„Du mit deinem Allah-Gesäusel!", knurrte der Wolf in der Grube. „Allah sagte auch: Was du dem Einzelnen an Barmherzigkeit tust, kommt allen Geschöpfen zugute."

„Ja, ja, es wird viel Schönes geredet, wenn der Tag lang ist."

„Alles, was ich an Kenntnissen habe, will ich dich lehren", jammerte der Wolf aus der Tiefe. „Ich sehe ja ein, an dir schlecht gehandelt zu haben. Alles bereue ich und will dich mit Liebe und Güte behandeln, wenn ich nur wieder in die Freiheit gelange. Und Almosen will ich an all jene spenden, die arm und hilfsbedürftig sind. Das gelobe ich, inschallah!"

Doch erst mit dem Angebot, ihm ihre gemeinsame Höhle zur Alleinbenutzung zu überlassen, wenn er ihm aus der vermaledeiten Grube heraushelfe, gelang es dem Wolf endlich, das verhärtete Gemüt des gekränkten Fuchses zu erweichen. Ganz vorsichtig rutschte dieser an den Rand der Grube heran und ließ seinen buschigen Schweif so tief hinunterhängen, dass sich der Wolf daran hochziehen konnte.

Der Wolf stellte sich auch auf seine Hinterläufe, griff mit den weit ausgestreckten Vorderpfoten so weit nach oben, bis er endlich die Schwanzspitze des Fuchses berühren konnte, tat einen kleinen Sprung, packte nun den ganzen Schwanz – und zerrte den Fuchs zu sich in die Grube hinunter!

„Schau, schau, wie rasch sich die Umstände doch ändern können! Ich denke, es wäre vielleicht ganz gut, dich in Stücke zu reißen und aufzufressen, damit du nicht auch noch erlebst, wie die Bauern mich steinigen und erschlagen!"

Jetzt war guter Rat teuer.

„Gemach, nicht gar so hastig", versuchte der Fuchs den wütenden Wolf zu besänftigen.

„Wenn du mich tötest, kann es für dich keine Rettung mehr geben: Entweder die Bauern finden dich hier unten und schlagen dich tot, oder sie finden dich nicht und du musst elendiglich verhungern. Wenn du aber all die guten Taten vollbringen willst, wie du es vorhin versprochen hast, und dich zum Guten hinwendest, dann gibt es noch Rettung für uns beide."

„Wie das?", gab der begriffsstutzige Wolf zurück.

„Du streckst dich so lang wie nur möglich an der Wand der Fallgrube empor. Ich klettere an dir hoch, stoße mich von deinem weisen Haupte ab, gelange in die Freiheit und hole deine Sippe her, mit oder ohne Strick."

Zögernd und erst, nachdem er lange gegrübelt hatte, ob er auch das Richtige tue, befolgte der Wolf schließlich den Rat des schlauen Fuchses und reckte sich in seiner ganzen Länge an der Wand auf. Behände sprang der Fuchs an ihm hoch, tat einen letzten Satz vom Kopf des Wolfs – und war wieder in Freiheit!

Aufatmend blickte er in die Grube hinunter und sprach:

„Nun, mein Lieber, von hier oben sehe ich endgültig klar. Nein, es wäre nichts geworden mit uns beiden. Deine wilde und herrschsüchtige Natur hätte mir immer weiter das Leben schwer gemacht. So lebe denn wohl, wenn dir das noch möglich ist."

Mit diesen Worten entschwand der Fuchs schnurstracks durch das Loch in der Mauer und rannte frohgemut in Richtung der Höhle, die er fortan nicht mehr mit dem Wolf zu teilen brauchte. Unterwegs aber lief er den Besitzern des Weinberges über den Weg, die eben von ihrem Tagewerk auf den Feldern zurückkehrten. Durch seine übermütigen Sprünge machte der Fuchs die Bauern auf sich aufmerksam. Und als sie ihm mit Knüppeln und Steinen hinterherliefen, rannte er noch einmal den Weg zum Loch in der Mauer zurück. Dort versteckte er sich hinter einem alten Weinstock.

Als die atemlosen und schwitzenden Bauern jetzt am Rand ihres Rebberges ankamen und in die Fallgrube schauten, erblickten sie den dort gefangenen Wolf. Voller Wut schleuderten sie so lange Steine in die Grube hinunter, bis der Wolf zusammenbrach. Danach schlugen sie ihn mit ihren Knüppeln tot.

Der Fuchs aber eilte im Schutze der Dunkelheit zur Höhle zurück, die ihm nun ganz allein gehörte, und lebte dort in Ruhe und Frieden noch viele Jahre bis zu seinem Tode.

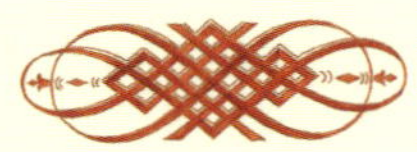

„Ich habe wohl begriffen, was du mir mit dieser Fabel vom klugen Fuchs sagen wolltest", meinte Sultan Scheherban, als Scheherazade mit ihrer Erzählung zum Schluss gekommen war. „Ich sollte klüger und überlegener handeln und immer erst genau bedenken, was ich plane, bevor ich etwas ausführe, was sich danach als falsch erweisen könnte und sich vielleicht nicht wieder rückgängig machen lässt!"

Da nickte die Schöne nur schweigend und winkte ihre Schwester zu sich, auf dass sie sich gemeinsam etwas Schlaf gönnten, bevor der neue Tag zur Neige ging und sie sich mit der nächsten Geschichte beim Sultan einfinden sollte.

Kämpfende Frauen

Vor vielen hundert Jahren herrschte der mächtige König Omar von Persien aus über ein Riesenreich. Zu den vom ihm eroberten Gebieten gehörten Indien und die vielen Inseln, die dahinter liegen, aber auch die Länder an den Flüssen Nil und Euphrat, Arabien und der Jemen.

Omars Riesenreich grenzte im Westen an ein anderes großes Königreich: Ostrom, mit der Großstadt Konstantinopel.

König Omar hatte mehr als dreihundertsechzig Frauen, eine für jeden Tag und jede Nacht. Und er hatte endlos viele Kinder, Jungen und Mädchen. Der mutigste und verwegenste seiner vielen Söhne hieß Scharkan.

Eines Tages nun erreichte König Omar der Hilferuf eines alten Freundes: Der griechische Herrscher Hardub bat Omar um Verstärkung im Kampf gegen aufständische Truppen, die sich gegen ihn erhoben hatten. Omar rief seinen Sohn Scharkan zu sich und hieß ihn, ein Heer von schwer bewaffneten Reitern aufzustellen und dem griechischen König zu Hilfe zu eilen.

Scharkan tat, wie ihm von seinem Vater aufgetragen wurde, und kurze Zeit später machte er sich mit seiner Armee auf die weite Reise in den Westen. Seine Soldaten trugen glänzende Rüstungen, Brustpanzer, Helme und schwere Kettenhemden, die sie gegen feindliche Dolchstöße und Lanzenwürfe schützen sollten. An Waffen schleppten sie Schwerter und Eisenkeulen, Pfeile und Bogen mit sich. Zusammen mit einer Herde von Lasttieren, welche große Vorräte an Nahrung und Wasser trugen, zog das Reiterheer durch heiße Steppen, über weite, steinige Ebenen und über hohe, schneebedeckte Berge.

Das Heer war schon viele Wochen unterwegs, als sich Prinz Scharkan auf der Suche nach einem Durchgang für seine Truppen und den Versorgungstross, die er in ihrem Nachtlager zurückgelassen hatte, spätabends in einem dichten Wald verirrte. Sein Pferd trottete nur noch müde vor sich hin, als Scharkan im ersten Mondlicht auf eine Lichtung stieß. Dort tanz-

ten und musizierten zehn herrlich anzuschauende Mädchen um eine junge Frau herum, die so schön war, dass dem Prinzen bei ihrem Anblick schier der Atem stockte.

Die Frauen begrüßten den Prinzen freundlich und gaben ihm und seinem Pferd zu essen und zu trinken. Im Gespräch stellte sich heraus, dass die jungen Frauen Christinnen waren. Obwohl sich muslimische und christliche Truppen schon manche blutige Schlacht geliefert hatten, zeigten sich die Frauen dem Muslim Scharkan gegenüber weiterhin gastfreundlich. Ja, sie luden ihn sogar ein, die Nacht auf der nahe gelegenen Klosterburg zu verbringen. Scharkan nahm die Einladung gerne an, denn er war müde, und bei Tageslicht würde es ihm am nächsten Morgen besser gelingen, zu seinen Truppen zurückzufinden.

Insgeheim hatte der Prinz noch einen anderen Grund, seinen Aufenthalt bei den gastfreundlichen Frauen zu verlängern: Er war von der Schönheit der Christinnen so angetan, dass er sie am liebsten alle zusammen für sich erobert und geheiratet hätte – schließlich hatte auch sein Vater einen Harem mit vielen Frauen um sich versammelt!

Wie aber staunte Scharkan, als er am nächsten Morgen erwachte und in den Hof der Klosterburg hinaustrat: Jede der schönen Frauen, die in der Nacht so anmutig getanzt und musiziert hatten, kleidete sich in eine glitzernde Rüstung, drückte sich einen Helm auf das dichte Haar – und forderte ihn zum Zweikampf

heraus! Der Prinz hatte sich die Eroberung der jungen Christinnen anders vorgestellt. Aber wenn sie es so haben wollten, sollte es ihm recht sein; das würde ja vielleicht ein toller Spaß werden.

Doch so sehr sich der kampferprobte junge Mann auch anstrengte – jede der jungen Frauen besiegte ihn im sportlichen Wettkampf der Reihe nach! Ihrer Gastfreundschaft tat dies allerdings keinen Abbruch, und nach den Kämpfen ruhten sie sich alle gemeinsam auf weichen Kissen, Decken und Teppichen aus, um neue Kraft zu schöpfen. Musikantinnen spielten auf ihren schönen Instrumenten: einer Laute aus Damaskus, einer tatarischen Flöte, ägyptischen und persischen Harfen und Zittern. Dazu erklang wohltönender Gesang. Zur Stärkung wurden feine Speisen und erfrischende Getränke gereicht.

Nach einer Weile forderten die jungen Christinnen den Prinzen zum Schachspiel heraus. Auch in diesem Königsspiel war Scharkan wohlgeübt und fühlte sich siegessicher. Aber auch auf dem Schachbrett konnte er gegen die Frauen bestenfalls ein Remis, ein Unentschieden, erreichen. Von einigen wurde er besiegt und schachmatt gesetzt.

In den Pausengesprächen zwischen den Spielen kam Prinz Scharkan allmählich dahinter, wer die schönen Frauen waren, die ihn gleich mehrfach besiegt hatten, ihm dabei aber dennoch wohlgesinnt blieben, und die er nach wie vor für sich zu gewinnen hoffte: Die Frauen waren die Kampfgefährtinnen von Prinzessin Abriza, der abtrünnigen Tochter von König Hardub, dem Herrscher über Griechenland und Kleinasien. Abriza hatte einen Feldzug gegen ihren gewalttätigen Vater gestartet und ihm drei kostbare Edelsteine geraubt, um seinen Reichtum und damit seine Macht zu beschneiden. Im Kampf gegen seine abtrünnige Tochter hatte König Hardub bei Scharkans Vater Omar um Verstärkung gebeten; sie also war der eigentliche Grund dafür, dass Scharkan mit seinem Heer in den Krieg gezogen war! Und ausgerechnet Abriza und ihren wehrhaften

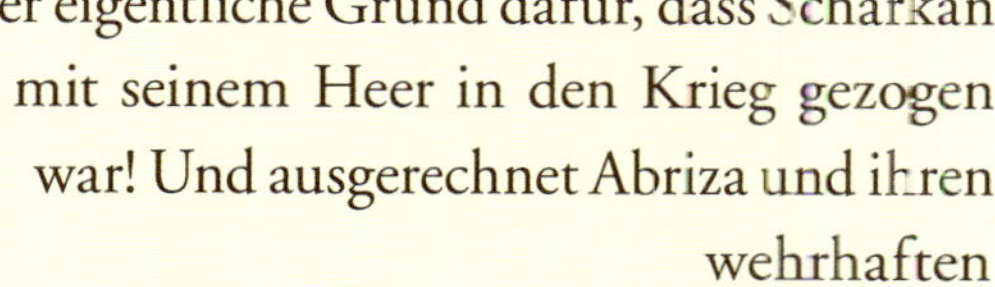

Kampfgefährtinnen war Scharkan nun also begegnet und im Wettkampf mit der Waffe und im Schachspiel unterlegen.

Und damit noch nicht genug: Ausgerechnet in Abriza hatte sich der Prinz Hals über Kopf verliebt! Sie und ihre tapferen Gefährtinnen hoffte er noch immer für seinen Harem zu gewinnen und war deshalb bereit, in einem dritten Wettbewerb gegen sie anzutreten.

Diesmal sollte es darum gehen, wer die schöneren, windungs- und strophenreicheren Gedichte vorzutragen wusste. Scharkan kannte viele schöne Gedichte, aber auch in diesem Wettkampf der Worte musste er sich von den Frauen – und allen voran von Abriza – geschlagen geben.

Die schöne Königstochter schien dem persischen Prinzen nach wie vor wohlgesinnt. Sie hatte ihm sogar berichtet, dass sich sein Heer immer noch an der Stelle aufhalte, wo er es am Abend zuvor zurückgelassen hatte und dass seine Leute Suchtrupps ausgesandt hätten, nachdem er in der Nacht nicht zurückgekehrt war.

„Ich bitte dich, kehre nun zu deinen Truppen zurück, mein Prinz. Meine Kampfgefährtinnen werden dir den kürzesten Weg aus dem dichten Wald weisen, der diese Klosterburg umgibt. Aber versuche nicht länger, dein Heer durch diesen Wald zu führen und dich den Truppen meines Vaters anzuschließen. Ich rate dir vielmehr, mit deinen Soldaten umzukehren und nach Hause zu ziehen. Ihr lauft sonst Gefahr, zwischen die Fronten zu geraten und aufgerieben zu werden. Und du hast dir hier ja selber ein Bild von der Kraft und der Klugheit meiner Truppen machen können."

Prinz Scharkan war klug genug, diesen höflich vorgetragenen Wunsch von Prinzessin Abriza als das auszulegen, was er war: als Befehl zum Rückzug. Schweren Herzens nahm er Abschied von der schönen Prinzessin und deren Gefährtinnen, ließ sich den kürzesten Weg zu seinem Heerlager weisen und traf dort gerade noch rechtzeitig ein, bevor die Dunkelheit hereinbrach und er sich erneut verlaufen konnte.

Im Heerlager war man erleichtert, den Prinzen wohlbehalten zurückkehren zu sehen und die Suche nach ihm abbrechen zu können. Scharkan gab nur eine sehr knappe Erklärung für sein Verschwinden

und vermied es wohlweislich, seinen Männern von den schönen Frauen zu berichten. Auch dass er jeder von ihnen gleich mehrfach unterlegen war, brauchten sie nicht unbedingt zu wissen!

Am nächsten Morgen ließ der Prinz zum Rückzug blasen. Und das war auch höchste Zeit: Aus der Ferne war heftiger Kampflärm zu hören, der rasch näher kam.

Auch an den folgenden Tagen wurde der Rückzug von Scharkans Truppen immer wieder von Kampfgetöse begleitet und seine Späher berichteten, dass sie von einem christlichen Reiterheer verfolgt würden. Auf Geheiß des Prinzen wurde der Rückzug beschleunigt, aber schließlich ließ sich der Kampf mit den Verfolgern nicht länger vermeiden.

Anfänglich schien das Kampfglück noch aufseiten der jungen Perser zu liegen. Aber je länger die Kämpfe dauerten, desto mehr von Scharkans Soldaten wurden verletzt und getötet. Schließlich kam es zum Nahkampf zwischen Scharkans Getreuen und ihren Verfolgern.

Auch der Prinz stürzte sich mitten ins Kampfgetümmel und wurde schließlich vom Anführer der gegnerischen Truppen vom Pferd gestoßen und zu Boden geschleudert. Der Kampf war verloren, weiterer Widerstand zwecklos. Scharkan und seine überlebenden Kampfgefährten blieb nichts anderes übrig, als sich zu ergeben.

Als die Sieger die Visiere ihrer Helme hochklappten, erkannte Scharkan, dass ihm niemand anderes als Abriza mit ihren wehrhaften Frauen gegenüberstand: Sein Rückzug war zu langsam erfolgt!

An diesem Abend saßen Scharkan und die Prinzessin noch lange beim Lagerfeuer zusammen. Jetzt erst erzählte ihm Abriza, wie sie früh zur Überzeugung gelangt war, dass es falsch sei, Krieg zu führen und andere Völker zu unterdrücken, nur um seinen Besitz zu mehren, wie sie es bei ihrem Vater gesehen hatte. „Vergeblich habe ich versucht, meinen Vater von der Eroberung immer neuer Ländereien und der Anhäufung noch größerer Reichtümer abzubringen. Am Ende habe ich mir nicht anders zu helfen gewusst, als mich gegen meinen eigenen Vater zu erheben und seine wertvollsten Schätze an mich zu bringen", berichtete Abriza.

Als König Hardub mit seinen Getreuen wieder einmal zur Falkenjagd ausgeritten sei, hatte die mutige Prinzessin einige wehrhafte Frauen um sich geschart, sie ihre Rüstungen überstreifen und zu den Waffen greifen lassen. Die Bewacher der königlichen Schatzkammer waren schnell überwältigt und einige der kostbarsten Edelsteine erbeutet, an denen das Wohl und Wehe des griechischen Königs so sehr zu hängen schien.

Vor den Truppen ihres erzürnten Vaters war Abriza sodann mit ihren Frauen in die weiten Steppen des Ostens geflüchtet. Doch bald hätten ihre Kundschafterinnen das Heer der Perser, die von Scharkan geführten Truppen, erspäht. „Ihr habt uns unbewusst den Fluchtweg versperrt", erklärte die Prinzessin. „Wärst du mit deinen Reitern schneller nach Hause gezogen, hätten wir diesen Kampf vielleicht vermeiden können. So aber mussten wir handeln, bevor die Soldaten meines Vaters anrücken und ihr eure Truppen vereint gegen uns in die Schlacht führen konntet. Meine Gefährtinnen und ich, wir sind kampfesmüde. Wir wollen uns irgendwohin zurückziehen, wo uns die Truppen meines Vater nicht behelligen und uns dort in Frieden niederlassen. Aber erst einmal bin ich müde und will mich schlafen legen. Morgen werden wir weitersehen. Gute Nacht."

Mit diesen Worten erhob sich Abriza vom Lagerfeuer und begab sich zu den anderen Frauen, die schon überall Wachen aufgestellt hatten. Auch Scharkan spürte, wie müde und erschöpft er war, wie ihn die Kämpfe und die Niederlagen mitgenommen hatten. Er bewunderte die Schönheit, den Mut und die Ausdauer, die Geschicklichkeit, die Kraft und die Klugheit der Prinzessin Abriza immer mehr. Und da war noch dieses andere Gefühl, das der Prinz tief in seinem Inneren aufkeimen spürte. War es mehr als Bewunderung, freundschaft-

liche Zuneigung und Verständnis, was er für Abriza empfand? War es Liebe?
Verwirrt hüllte sich Scharkan neben dem verglimmenden Feuer in eine Decke und legte sich zur Ruhe. Vielleicht, so überlegte er beim Einschlafen, sollte er Abriza dazu bewegen, mit ihm zusammen nach Persien zu ziehen? ... Der Weg nach Hause war weit und auch seine Truppen waren kampfesmüde, die Vorräte geschmolzen ... Bis zum fernen Horizont erstreckten sich die steinigen und sandigen Steppen. Ganz hinten ragten die Bergzüge in den nächtlichen Himmel, die sie vor Wochen beim Zug nach Westen überquert hatten ... Wenn Abriza ihn mit ihren Frauen begleitete, würden der Weg und die Zeit nicht gar so lang werden ...
Scharkans Gedanken und Wünsche begannen sich zu verwischen, während er in einen unruhigen Schlaf versank. Würde es ihm vergönnt sein, das Herz der schönen Prinzessin zu gewinnen? Würde König Omar in eine Heirat seines Sohnes mit der abtrünnigen Tochter seines Freundes Hadrub einwilligen? Wie viele Kinder würden Abriza und Scharkan zusammen haben? Welche Namen würden sie ihren Kindern geben ...?

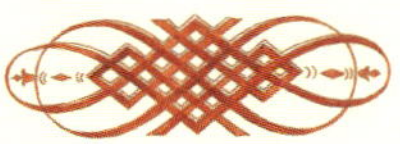

Scheherazade hielt inne, als sie gewahr wurde, wie auch dem Sultan Scheherban die Augen zufallen wollten. Wieder ging eine lange Nacht zu Ende. Morgen Abend, so nahm sie sich vor, würde sie dem Sultan eine heitere Geschichte erzählen. Von Krieg und Kampf hatte sie fürs Erste genug!

Eine reichlich fettige Geschichte

Ein armer, Allah ergebener Mann durfte einst im Haus eines Reichen wohnen. Der Arme war gänzlich bedürfnislos, hatte aber eine lebhafte Vorstellungsgabe. In seiner Fantasie schaffte er es immer wieder im Handumdrehen, sich aus seiner misslichen Lage in ungleich bessere Verhältnisse hinwegzuträumen.

Der Reiche hatte dem Armen nicht nur ein kleines Zimmerchen überlassen, sondern versorgte ihn auch noch mit dem Lebensnotwendigsten. In jenen weit zurückliegenden Zeiten waren das täglich ein Fladenbrot, etwas Honig und ein wenig Butter.

Nun lebte der Arme so bescheiden und anspruchslos, dass ihm das Brot und der Honig genügten. Die Butter, die ihm am teuersten schien, hob er sich für noch schlechtere Zeiten in einem extra Gefäß auf. Um selbst nicht in Versuchung zu geraten, den Tag für Tag angesparten Vorrat in einem unbesonnenen Augenblick doch zu verspeisen, stellte er das Gefäß ganz oben ins Regal – da konnte es ihm auch nicht so leicht gemopst werden.

Das Buttergefäß wurde mit der Zeit immer voller. Als der Topf schon fast bis zum Rande mit Butter angefüllt war, wurde der sparsame Mann eines Abends nach dem letzten Gebet

von Wachträumen und Fantasien heimgesucht. Er malte sich aus, was er mit dem Buttervorrat alles anfangen könnte. „Ich könnte mir die Butter ganz dick aufs Brot streichen. Ich könnte eine feine Buttersoße zubereiten. Oder mir eine Buttercremetorte backen!“

Dann sah der Mann plötzlich klar vor sich, was er tatsächlich tun würde:

„Ich werde die Butter verkaufen und mir vom Erlös ein Schaf zulegen. Mit dem Schaf werde ich vor die Stadt zu einem Bauern ziehen, der einen Schafbock besitzt. Der Bock wird mein Schaf decken und schon habe ich, wenn alles klappt, übers Jahr zu meinem Schaf hinzu zwei oder noch mehr kleine Lämmer. Mit etwas Glück ist eins der Jungtiere ein Männchen und ein anderes ein Weibchen. Stecke ich sie, wenn sie etwas älter geworden sind, zusammen, dauert es nicht lange, bis ich eine große Schafherde besitze!“

Der arme Mann sah die vielen Schafe so deutlich vor sich, dass er nach ihnen hätte greifen können, und er beschloss: „Jetzt verkaufe ich die Schafe und für das Geld kommt mir eine fette Wiese her. Auf dieser Wiese will ich Pferde und Kühe halten. Mit ihnen mache ich es so, wie ich es zuvor schon mit den Schafen gehalten habe, und schon bald ziehe ich mit meinen Kälbern und Fohlen auf den Markt. Das bringt bestimmt gutes Geld ein – genug, um mir noch ein großes Stück Land hinzuzukaufen. Da steht ein prächtiges Haus drauf, zu dem ein schöner Garten gehört!“

Auch dieses schöne Haus und den Garten sah der arme Mann ganz deutlich vor sich, und als er noch etwas genauer hinsah, erkannte er: „Eigentlich ist das Haus eher ein Palast, ganz aus Marmor. Und der Garten ist ein Park, mit einem Springbrunnen und schönen Statuen. Was bleibt da dem im benachbarten Palast wohnenden Wesir anderes übrig, als mir seine Tochter zur Frau anzubieten? Natürlich willige ich nur in eine Ehe ein, wenn die Tochter des Wesirs das allerschönste Mädchen weit und breit ist, so schön wie der Morgentau!“

Vielleicht hatte sich sein Geist von der einseitigen Ernährung über eine so lange Zeit etwas verwirrt, jedenfalls sah der genügsame

Fortsetzung Seite 161

Der Rabe und die Katze

Vor langer Zeit lebten ein Rabe und eine Katze miteinander in fester Freundschaft. Die beiden waren wahrlich ein seltsames Paar!

Eines Tages nun wurde ihre Freundschaft auf eine harte Probe gestellt. Wie gewohnt hatten sich der Rabe und die Katze unter ihrem Lieblingsbaum zusammengesetzt und fröhlich gemaunzt und gekrächzt. Bei ihrer lebhaften Unterhaltung aber waren sie eine Weile nicht aufmerksam gewesen und hatten deshalb nicht bemerkt, dass sich ihnen ein Panther näherte.

Für den Raben war es ein Leichtes, sich vor der gefährlichen Raubkatze in Sicherheit zu bringen: Er brauchte nur mit seinen Flügeln zu flattern und in die Baumkrone hinaufzufliegen. Die Katze jedoch blieb vor Schreck erstarrt am Boden hocken und konnte dem davonfliegenden Raben nur noch zumaunzen: „Bester Freund, lass dir schnell etwas einfallen, um mich vor dem Panther zu retten!“

Der Rabe krächzte etwas atemlos: „Keine Angst, mir wird bestimmt was einfallen!“

Und schon fiel sein Blick aus der Höhe herab auf ein paar Hirten, die in einiger Entfernung mit ihren Hunden vorbeizogen. Laut krächzend und wild mit den Flügeln schlagend, schoss der Rabe auf die Gruppe zu. Sogleich begannen die Hunde wütend zu kläffen und auf den Raben loszustürmen. Dieser aber flog nicht etwa fort, sondern flatterte mutig noch etwas näher auf die Hundemeute zu und wischte einem der Hunde keck über die japsende Schnauze.

Der Rabe flog nur ein kurzes Stück vor den Hunden her, landete dann wieder auf dem Boden und begann erneut zu flattern. Die Hunde hetzten mit hängenden Lefzen hinterher.

Der Rabe flog in die Höhe und blickte sich kurz um, ob er und seine Verfolger auch wirklich dem Baum näher kamen, unter dem seine befreundete Katze saß und vom Panther bedroht wurde. Die Richtung stimmte, und so flatterte der kluge Vogel erneut zu den Hunden hinunter und tanzte ihnen vor der Nase herum. Ach, wie gerne hätten die Hunde den Frechling gepackt und ihm die Flügel zerfetzt! Doch der Rabe war geschickt, immer ein wenig schneller als seine Verfolger.

Die Katze war inzwischen vor Angst fast gestorben und hatte sich nicht einmal mehr getraut, dem Panther den Rücken zu kehren und am Baumstamm emporzuklettern. Doch war jetzt der Rabe mit der ihn verfolgenden Hundemeute so nahe herangekommen, dass auch die Kläffer den Panther erkannten. Sofort ließen sie vom Raben ab und sprangen stattdessen auf den Panther los. Der sah seine sichere Beute verloren und setzte in weiten Sprüngen zur Flucht an.

Man sieht, selbst eine zunächst vielleicht etwas seltsam anmutende Freundschaft kann manchmal sehr hilfreich sein!

Mann seine Zukunft jetzt in leuchtenden Farben vor sich: „Wir werden eine Hochzeit feiern, von der die Leute noch ihren Urenkeln erzählen werden! Die Festlichkeiten dauern viele Tage und Nächte! Musikanten spielen mit Flöten, Saiteninstrumenten und großen Trommeln zum Tanz auf. Dazu wird geschmaust und getrunken, bis der Wanst platzt: Pistazien, Granatäpfel und frische Früchte, köstlicher Reis mit Rosinen und mit Safran gefärbt, Hammel und Kälber am Spieß gebraten, ein ganzer Ochse. Dazu Kuskus und kühles Quellwasser. Zum Nachtisch werden Trauben, zuckergetränkte Küchlein und heißer Tee gereicht. Buntes Feuerwerk steigt in den Nachthimmel auf, Böller krachen. Dazwischen zeigen Feuerschlucker und Jongleure ihre Kunststückchen ... Das Leben ist wunderbar!“

Die Fantasie des stolzen Besitzers eines fast bis zum Rand gefüllten Buttertopfes war jetzt nicht mehr zu bremsen:

„Und natürlich schenkt mir meine Frau viele Kinder. Mein erster Sohn wird Achmed heißen, und weil er nicht nur schön, sondern auch klug ist, wird er studieren müssen. Ein Kadi oder Hakim soll aus ihm werden, da dulde ich kein aufmüpfiges Wort, sonst ...“

Beim Gedanken an eine mögliche Widerrede seines noch ungeborenen Sohnes hob der fantasiebegabte Mann seinen Stock, um den widerspenstigen Achmed zu prügeln. Leider schlug er statt des vermeintlichen Sohnes nur seinen hoch oben im Regal stehenden Buttertopf. Der zerbrach unter den Schlägen in zahllose Stücke ... und die Butter, die sich bei der anhaltenden Hitze, die dort im Sommer herrscht, längst verflüssigt hatte, lief und tropfte auf den duldsamen Mann nieder, bedeckte ihn von Kopf bis Fuß, drang durch seine Kleider und bis in die Pantoffeln.

„Inschallah! Allahs Wille geschehe!“, seufzte da der aus seinen Zukunftsträumen gerissene und rasch wieder fromm gewordene Alte. „Ein Reicher zu sein, wäre gar nicht so übel gewesen. Aber ich hätte nicht mit dem dicken Knüppel auf meinen ungehorsamen Sohn einschlagen dürfen ...“

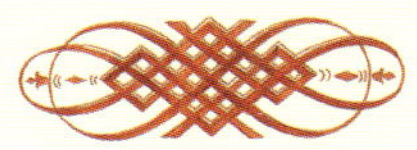

So erzählte Scheherazade und der Sultan lächelte. Und als das erste Licht des Tages in den Raum drang, fragte Dinarazade ihre Schwester: „Wann erzählst du uns wieder einmal eine Geschichte aus der Zeit des klugen Harun al Raschid?“

„Wenn es unserem Gebieter gefällt, will ich morgen und in den darauf folgenden Nächten jene Geschichte erzählen, die von allen Märchen das wundervollste ist – die Geschichte von Sindbad dem Seefahrer.“

„Sindbad der Seefahrer?“, fragte Sultan Scheherban, „das klingt nach spannenden Abenteuern. Lass hören!“

Und als der Muezzin an diesem Tag das letzte Abendgebet ausgerufen hatte und die Dunkelheit hereingebrochen war, begann Scheherazade zu erzählen:

Sindbad der Seefahrer

So uralt und ewig lange her lebten die Menschen ähnlich wie heute: Die einen waren arm, andere waren reich. Die einen blieben lieber zu Hause, mochten sich wenig bewegen oder konnten schon deshalb nicht auf Reisen gehen, weil sie kein Geld hatten. Die anderen waren voller Tatendrang. Neugierde und Fernweh trieb sie in die weite Welt hinaus. Über die Meere wollten sie segeln und andere Länder erkunden, fremde Sitten und Gebräuche kennen lernen. Große Gefahren und lebensbedrohende Abenteuer aber werden dann erst richtig schön, wenn man sie am Ende heil überstanden hat und den Daheimgebliebenen davon erzählen kann.

Zur Zeit des Kalifen Harun al Raschid lebten in der fernen Stadt Bagdad zwei Männer, die den gleichen Namen trugen, sonst aber wenig gemeinsam hatten: Sindbad der Lastenträger und Sindbad der Seefahrer. Sindbad der Lastenträger war bitterarm und musste auf seinem schmerzenden Rücken von früh bis spät schwere Bürden von einem Ende der Stadt zum anderen schleppen, um sich und seine Familie kümmerlich zu ernähren. Sindbad der Seefahrer dagegen war so reich, dass er sich den ganzen Tag in Müßiggang ergehen konnte und von einer Dienerschar umgeben war, die ihm jeden Wunsch erfüllte.

Eines Tages war Sindbad der Lastenträger von seiner Arbeit wieder einmal so erschöpft, dass er sich auf einer Bank vor dem schönen Haus seines steinreichen Namensvetters niederließ, um sich ein wenig auszuruhen. Durch die geöffnete Pforte des palastähnlichen Gebäudes drangen wunderbare Musik und das sanfte Plätschern eines Springbrunnens auf die Straße hinaus. In seine Nase stiegen die Düfte von feinen Gewürzen und ausgewählten Speisen. Als der Lastenträger seine schmerzenden Glieder streckte und sich die schwere Bürde auf den Rücken hob, um seine Arbeit fortzusetzen, brach der Groll über sein schweres Los aus ihm heraus und er rief so laut, dass es bis durch die geöffneten Fenster des Hauses drang: „Allah, allmächtiger Schöpfer aller Dinge, bedenke den Unterschied zwischen mir und meinem Namensvetter: Ich muss mich zu Tode schuften, um meine Familie notdürftig zu ernähren, während der glückliche Sindbad hier alle Tage im Wohlstand lebt. Was hat er getan, um von dir ein so angenehmes Los zu erhalten? Was habe ich getan, um ein so hartes zu erleiden?“

Nun hatte der reiche Sindbad die laute Klage des Lastenträgers durchs offene Fenster sehr wohl vernommen und schickte einen seiner Diener hinaus, den Klagenden hereinzubitten.

Der Lastenträger war über die Einladung erstaunt. Und noch mehr staunte er, als er durch das prunkvolle Haus geführt und seinem Namensvetter vorgestellt wurde.

„Du also bist Sindbad der Lastenträger! Ich bin Sindbad der Seefahrer und begrüße dich in meinem Hause. Setze deine schwere Last ab und bediene dich von diesem Tische. Iss und trink so viel du magst und lass dir von mir erzählen, wie ich es zu meinem Reichtum gebracht habe. Wenn dich mein Bericht nicht

langweilt, so komme auch die nächsten Tage wieder her, um alles zu erfahren. Das Geld, das du in dieser Zeit verdienen musst, um deine Familie zu ernähren, will ich dir gerne schenken, denn dein hartes Los dauert mich und ich will es dir erleichtern, wie es Allah wohlgefällt."

Der Lastenträger war darüber hocherfreut, und während er sich den Bauch mit all den leckeren Dingen voll schlug, die ihm vorgesetzt wurden, hörte er sich mit wachsendem Erstaunen an, was Sindbad der Seefahrer zu berichten wusste:

„Ich hatte als Kaufmann hier in Bagdad gutes Geld verdient und meine Warenlager mit allen nur erdenklichen Vorräten angefüllt, doch war ich damit nicht zufrieden. Eine innere Unruhe trieb mich an. Die Vorstellung, auch die nächsten Jahre, vielleicht sogar den Rest meines Lebens in der Stadt meiner Geburt zu verbringen, gefiel mir ganz und gar nicht. Es musste im Leben doch mehr und anderes geben, als am immer gleichen Ort die immer gleichen Geschäfte mit den immer gleichen Leuten zu betreiben!

So ließ ich eines Tages Kamele und Esel mit wertvollen Stoffen, Gebrauchsgeräten und Tauschartikeln aller Art bepacken und zog mit ein paar Gleichgesinnten hinunter in die große Hafenstadt Basra, wo wir uns einschifften.

Wir segelten Richtung Ostindien und durchquerten den persischen Meerbusen. Tage und Wochen waren wir unterwegs, kamen in weiter entfernte Meere und ankerten vor unbekannten Inseln, um den Einheimischen unsere Waren zu verkaufen oder gegen frische Nahrungsmittel einzutauschen. Die Fahrt war kein reines Vergnügen, denn an windstillen Tagen brannte eine erbarmungslose Sonne auf uns nieder und dörrte uns aus. Zu anderen Zeiten

wiederum tobten beängstigende Stürme, die unser Schiff mächtige Wellenberge hinauf- und hinuntertrieben und mehr als einmal beinahe kentern ließen. Wir wurden fast alle seekrank und ich fühlte mich sterbenselend. An solchen Tagen fragte ich mich manchmal, ob ich nicht gescheiter zu Hause geblieben und geruhsam meinen Geschäften nachgegangen wäre, statt mich all dieser Unbill und Gefahr auszusetzen.

Eines Tages, das Meer hatte sich wieder etwas beruhigt, sahen wir in der Ferne einige Bäume aus dem Wasser ragen. Ihnen zu Füßen breitete sich ein einladender Strand aus. Wir frohlockten! Endlich wieder einmal festen Boden unter die Füße bekommen, um sich etwas auszuruhen und die wackeligen Beine zu vertreten! Was lag näher, als dort vor Anker zu gehen, die Segel einzuholen und eine kleine Pause einzulegen?

Doch aus der erhofften Ruhe und dem Spaziergang unter Schatten spendenden Palmen wurde nichts, denn kaum hatten wir das Schiff verlassen und festes Land betreten, da schrie unser Kapitän auch schon voller Panik:

‚Zurück, Zurück! Rettet euch so rasch ihr könnt an Bord!'

Was wir für sicheren Ankergrund gehalten hatten, war in Wahrheit ein riesengroßer Fisch, der schon so lange still im Wasser gelegen hatte, dass auf seinem Rücken eine kleine Palmengruppe gewachsen war.

‚Kommt her, so schnell ihr könnt', schrie der Kapitän, ‚denn jetzt gerade setzt er sich in Bewegung! Wir haben ihn mit unserem Schiff wohl gerammt und aufgeweckt!'

Ich war als einer der Ersten von Bord gegangen und deshalb am Weitesten vom rettenden Schiff entfernt. Ich versuchte, so schnell wie möglich zur rettenden Strickleiter zu gelangen.

Zu spät: Schon tauchte das riesige Ungetüm ab! Der Kapitän hatte hastig einige Segel gesetzt und fuhr davon. Um mich herum ertranken meine Gefährten in wilden Meereswirbeln. Mir als Einzigem gelang es, einen im Wasser umhertreibenden Zuber zu packen und hineinzuklettern.

Nun begannen für mich schreckliche Tage und beängstigende Nächte. Durstend und hungernd trieb ich ziel- und steuerlos übers weite Meer. Ich konnte nur noch eines denken: Ach, wäre ich doch zu Hause geblieben!

Nach langer Zeit und fast bewusstlos wurde ich in meinem Zuber an einer Insel angeschwemmt. Die Sonne hatte mich noch ärger als zuvor verbrannt, das Salzwasser meine Haut zerfressen. Mit letzter Kraft schleppte ich mich in eine Höhle, die ich auf der Insel entdeckte.

Ich erholte mich nur langsam, indem ich mich von Früchten ernährte, die von hohen Palmen heruntergefallen waren. Erst viele Tage später war ich wieder so weit bei Kräften, dass ich die Insel erkunden konnte und schließlich auf fremde Menschen traf, die sich mit ihren Pferden am Meeresufer tummelten. Sie waren sehr freundlich und brachten mich zu ihrem Herrscher, der mich wie einen geladenen Gast bei sich aufnahm und mir berichtete, dass ich auf Sumatra gestrandet sei.

Und Wunder über Wunder: Eines Tages legte im Hafen eben dieser Insel Sumatra ein mir vertrautes Schiff an! Dem ungläubig staunenden und auch misstrauischen Kapitän konnte ich überzeugend nachweisen, tatsächlich sein vermeintlich ertrunkener Passagier zu sein, sodass er, wenn auch etwas zögerlich, meine Waren herausrückte, die er noch an Bord mit sich führte. Mit ihnen trieb ich auf Sumatra einen lebhaften und erfolgreichen Handel. Bald hatte ich eine hübsche Summe Geldes zusammen und kehrte auf dem See- und Landweg nach Bagdad zurück. Vom angesammelten Vermögen kaufte ich mir dieses schöne Haus, in dem wir hier sitzen.

So also endete meine erste Reise, und damit wollen wirs für heute bewenden lassen. Wenn du Lust hast, dir anzuhören, wie wenig ich aus dem Erlebten gelernt hatte, so bist du herzlich eingeladen, auch morgen wieder mein Gast zu sein."

Sindbad der Lastenträger staunte über die wunderbare Rettung und den glückhaften Ausgang dieser Reise. Und noch viel mehr staunte er, als ihm sein reicher Namensvetter zum Abschied einen ansehnlichen Batzen Geld zusteckte und ihm ein Mehrfaches davon auch für die kommenden Tage in Aussicht stellte. Glückstrahlend und beschwingt ging der Lastenträger nach Hause und erzählte seiner Frau und seinen Kindern, wie es ihm an diesem Tag ergangen war.

Am nächsten Morgen aber fand sich Sindbad der Lastenträger gewaschen und frisch gekleidet erneut bei Sindbad dem Seefahrer ein, begierig zu hören, was dieser zu berichten wusste:

„Eigentlich", so begann Sindbad der Seefahrer, nachdem es sich die beiden Namensvettern im schattigen Garten bequem gemacht hatten, „hätte ich nach meiner ersten Reise mit meinem so glücklich gewendeten Schicksal zufrieden sein müssen. Geld war ausreichend vorhanden; in meinem Haus hier ließ es sich bequem leben, und auch spannende Geschichten hatte ich wahrlich genug erlebt. Allein es sollte nicht sein! Schon nach wenigen Wochen kroch wieder die alte Unruhe in mir hoch. So viele Meere, unbekannte Länder und ganze Kontinente lockten hinter fernen Horizonten. Bald hielt ich es zu Hause nicht mehr aus. Viel-

leicht würden bei einer nächsten Seereise ja günstigere Winde wehen, und vielleicht hatte ich mich inzwischen auch an die wild bewegte See gewöhnt?

So sah man mich eines Tages wieder mit einer Lasttier-Karawane durch die Tore Bagdads hinaus zum Hafen von Basra ziehen. Und wieder ging es von dort aufs weite Meere hinaus, hin zu fernen, von mir noch nicht bereisten Ländern und Kontinenten.

Aber was soll ich sagen: Auch diese Fahrt stand unter keinem glücklichen Stern! Zwar landeten wir nach endlos scheinender Seereise eines Tages vor einer verlockend schönen Insel, die menschenleer, doch voller wundersamer Pflanzen war, die herrlich blühten.

Als ich mit einigen meiner Reisegefährten an Land ging, war die Luft erfüllt von süßen Düften und lieblichem Vogelgezwitscher. Ich konnte mich an den farbenprächtigen Pflanzen und Vögeln kaum satt sehen und drang immer weiter ins Innere der Insel vor. Schließlich war ich von all den neuen Eindrücken so erschlagen, dass ich mich für einen kurzen Moment unter einen Baum legte. Dabei muss ich eingeschlafen und unbewusst ins Reich der Träume geglitten sein. Als ich, wohl erst nach Stunden, erwachte, mich streckte und reckte und schließlich auf die Füße kam, war keiner meiner Gefährten mehr zu sehen!

Ich rannte laut rufend und so rasch ich nur konnte zum Strand, doch auch da war keiner mehr anzutreffen – das Schiff war ohne mich fortgesegelt und hinter dem Horizont verschwunden!

Was half mir alles Jammern, Weinen und Wehklagen? Ich musste sehen, wie ich mir allein weiterhalf!
Tagelang durchstreifte ich die menschenleere Insel. Ich ernährte mich von Baumfrüchten und Eiern, die ich in Vogelnestern fand. Nachts kroch ich aus Angst vor wilden Tieren in Höhlen, die ich mit Steinen zusperrte. Und wenn ich unterwegs das Stampfen von Elefanten hörte, kletterte ich rasch auf einen Baum.
Eines Tages sah ich in der Ferne eine merkwürdige Erhebung, die aus dem hohen Gras emporragte. Beim Nähergehen entpuppte sich die Erhebung als riesig großes Ei! Noch ehe ich das Ei näher untersuchen und an seine Schale pochen konnte, verdunkelte sich der Himmel über mir. Ein riesiger Vogel senkte sich auf das Ei herab. Seine Flügel spannten sich – ich übertreibe nicht! – von einem Horizont zum anderen. Zwar hatte ich auf dem Basar von Bagdad einen weit gereisten Gelehrten von einem solchen Riesenvogel reden hören. Aber wie alle andern hatte ich über diese Erzählungen nur gelacht und gelästert: ‚Das sind doch alles nur Märchen!' Den sagenhaften Urvogel jetzt leibhaftig zu erblicken, stürzte mich in tiefste Betroffenheit. Was hatte man sich vom Vogel Roch nicht alles erzählt! Er sei so kräftig, dass er seine eben erst dem Ei entschlüpften Jungen mit ausgewachsenen Elefanten füttern würde, hatte ich gehört. Eine andere Legende wollte von einem Nashorn wissen, das einen Elefanten angegriffen und diesem sein Horn in die Flanke gerammt habe, worauf es vom ausfließenden Blut erblindet sei. Die beiden derart ineinander verhakten Dickhäuter seien danach vom Vogel Roch gepackt, fortgeschleppt und den Jungen zum Fraß vorgeworfen worden ...
Ich allerdings konnte jetzt nicht weiter an solch befremdliche Geschichten denken, sondern musste einen raschen Entschluss fassen. Hastig nahm ich meinen Turban vom Kopf, wickelte das lange Turbantuch ab und fesselte mich, während sich der Vogel zum Brüten auf sein Ei setzte, mit dem Tuch an seine baumlangen Beine. Als der Vogel Roch bei Sonnenaufgang wieder aufflog, ließ ich mich von ihm mit unbekanntem Ziel forttragen.

Noch lange könnte ich von meinem glückhaften Geschick erzählen. Für heute nur so viel: Nachdem der Vogel Roch gelandet war und ich mich unentdeckt davongeschlichen hatte, machte ich Bekanntschaft mit einigen Diamantenhändlern, die mich an ihren einträglichen Geschäften teilhaben ließen. Mit meinen neuen Freunden reiste ich nach Ceylon, wo

der Kampferbaum wächst. Weil der Kampfer als Heilmittel gegen rheumatische Schmerzen überall gerne gekauft wird, deckte ich mich auch damit reichlich ein, bevor ich mich endlich nach Basra einschiffte und von dort nach Bagdad zurückkehrte.

Besonders das Erlebnis mit dem Riesenvogel Roch hätte für mich eigentlich eine letzte Warnung sein sollen, die Seefahrt zu lassen und fortan in Ruhe und Frieden meinen Geschäften nachzugehen, meinen Reichtum zu mehren, vielleicht auch eine schöne Frau zu ehelichen und liebe Kinder zu haben. Doch weit gefehlt … Aber für heute wollen wir es dabei bewenden lassen. Salam aleikum, mein Freund, und wenn dir danach ist: bis morgen!“

Wie schon am Vortage kehrte Sindbad der Lastenträger reich beschenkt zu seiner Familie zurück und fand sich auch am dritten, vierten und fünften Tage bei Sindbad dem Seefahrer ein, der ihm bereitwillig von immer neuen Abenteuern berichtete. Er erzählte, wie er auf seiner dritten Reise unter behaarte Zwerge und danach in die Gewalt von Riesen geriet; wie es ihn auf seiner vierten Reise aufgrund unglücklicher Umstände zu den Menschenfressern verschlug, denen er nur knapp entkam. Anschließend wurde er von einem wohlmeinenden König mit einer schönen, klugen und reichen Frau verheiratet, die jedoch bald starb, woraufhin Sindbad der Seefahrer, wie es in jenem Königreich Sitte war, lebendigen Leibes mit der verstorbenen Gattin begraben wurde. Ohne Zweifel wäre er eines grausamen Todes gestorben, wenn es Allah nicht anders gefallen hätte.

Ob all dieser Geschichten stockte Sindbad dem Lastenträger mehr als einmal der Atem – so auch, als Sindbad der Seefahrer erzählte, wie er auf seiner fünften Reise Schiffbruch erlitt und auf einem unwirtlichen Eiland nach und nach

all seine unglücklichen Gefährten begraben musste, ja bereits auch sein eigenes Grab ausgehoben hatte, als er auf die rettende Idee verfiel, sich ein Floß zu bauen und sich einem unterirdischen Fluss anzuvertrauen. Der führte ihn nach gefährlicher Fahrt in sichere Gewässer und schließlich bis zum König von Ceylon. Der Herrscher hörte sich die Reiseberichte von Sindbad fasziniert an und beschenkte ihn großzügig. Auch übergab er ihm zum Abschied ein besonders wertvolles Geschenk aus seiner Schatzkammer und dazu einen Brief. Beides sollte Sindbad dem Kalifen Harun al Raschid überbringen, und das tat er auch.

„Es wird dich nach allem, was ich dir in den vergangenen fünf Tagen erzählt habe, nicht weiter wundern", so begann Sindbad der Seefahrer seinen Bericht am sechsten Tage, „dass es mich auch diesmal nicht lange zu Hause hielt. Der Alltagstrott vermochte mir einfach keine Befriedigung zu schenken. Schon bald packte mich neuerlich die Reiselust. Diesmal ließ ich mir auf eigene Kosten ein Schiff bauen und es mit Waren aller Art beladen. Weil das Schiff groß genug war und ich gerne in Gesellschaft reise, lud ich einige andere Kaufleute ein, mich auf meiner Fahrt zu begleiten, und bald schon liefen wir frohgemut aus dem Hafen von Basra aus.

Zunächst ging alles wie geplant. Wir liefen zahlreiche Häfen an und machten gute Geschäfte. Dann aber trieben uns ungünstige Winde ausgerechnet zu jener Insel, der ich schon mein erstes, grimmiges Erlebnis mit dem Vogel Roch zu verdanken hatte. Es war, als zögen uns unsichtbare magnetische Kräfte zu einem Ziel hin, das keiner von uns anstrebte. Mir selber gefiel es ganz gut, all die wunderbaren Pflanzen und Tiere, die herrlichen Düfte und das liebliche Vogelgezwitscher, die mich schon auf meiner früheren Reise betört hatten,

noch einmal zu genießen. Und diesmal hatte ich sichergestellt, dass mein Schiff nicht ohne mich ablegen würde! Dann aber entdeckten meine Reisegefährten das Ei eines Rochs und waren so töricht, nicht auf meine Warnung zu hören und das ihnen fremde Gelege in Ruhe zu lassen. Stattdessen begannen sie damit, Steine nach dem Ei des Riesenvogels zu werfen und seine Schale zu zertrümmern. Kurze Zeit später verfinsterte sich der Himmel noch stärker als bei meinem ersten Besuch. Wie ich zum Himmel hochblickte, sah ich, dass der Urvogel Roch diesmal nicht alleine angeflogen kam, sondern von seinem nicht minder gigantischen Vogelweib begleitet wurde. Als die Riesenvögel erkannten, was mit ihrem Ei geschah, stießen sie laut kreischend auf uns herab. Ich rannte so schnell ich nur konnte zu meinem Schiff, und die eben noch so wagemutigen Steinewerfer hefteten sich an meine Fersen.

Zwar schafften wir es noch ganz knapp, uns an Bord unseres Seglers zu retten und den Anker zu lichten. Doch da schwebten die immensen Vögel auch schon herbei. In den Krallen hielten sie mächtige Felsbrocken, die auf uns niederprasselten. Einer der Brocken schlug direkt neben der Bordwand ein und löste eine riesige Flutwelle aus, die uns überschüttete. Ein weiterer Felsbrocken zertrümmerte das Hinterschiff und ließ den Bug unseres Gefährts so hoch aus dem Wasser schießen, dass wir allesamt über Bord flogen.

Jene von uns, die nicht in den Fluten ertrunken waren, sondern sich mit knapper Not an den nahen Strand retten konnten, gerieten nach längerer Flucht durch Urwald und dichtes Gestrüpp in eine Gegend, die von einer Horde großer und kleiner Affen bewohnt wurde. Als uns die Affen erblickten, kletterten sie behände bis in die Wipfel der außergewöhnlich hoch gewachsenen Kokospalmen. Das brachte mich auf eine Idee. Ich hieß meine Gefährten, Steine zu sammeln und damit nach den Affen in den Baumkronen zu werfen. Und meine Rechnung ging auf: Unsere Steinwürfe provozierten die Affen dazu, Kokosnüsse aus den Baumkronen zu reißen und damit nach uns zu werfen.

Wir, nicht dumm, sammelten die wertvollen Früchte auf, schafften sie zur Küste und verschifften sie auf einem Notfloß in den nächsten Hafen, wo wir die Kokosnüsse für gutes Geld verkauften. Irgendwann hatten wir genügend Reichtümer angehäuft, um uns nach Basra einzuschiffen und von dort ins heimatliche Bagdad zurückzukehren.

So endete meine sechste Reise, und sie wäre wahrlich meine letzte geblieben, wenn nicht eines Tages unser hochverehrter Kalif Harun al Raschid nach mir verlangt und mich gebeten hätte, in seinem Auftrag noch einmal übers weite Meer nach Ceylon zu fahren. Ich sollte mich beim König von Ceylon für die überbrachten Geschenke bedanken und eine Antwort auf den königlichen Brief an unseren Kalifen persönlich überbringen.

Ich zögerte keinen Augenblick, zumal ich diesmal das Ziel meiner Reise kannte und überzeugt war, inzwischen über genügend Erfahrung zu verfügen, um unnötige Gefahren zu vermeiden. Also regelte ich erneut meinen Haushalt, ließ eine Karawane bestücken und zog von Bagdad nach Basra, wo ich mich mit den neuen Gefährten einschiffte.

Ach, wäre ich nur brav daheim geblieben, denn alles kam noch viel schlimmer, als auf den Reisen zuvor! Zwar verlief die Fahrt nach Ceylon ohne größere Zwischenfälle und der dortige König freute sich, mich wiederzusehen. Er nahm das Geschenk und auch den Brief des Kalifen dankbar in Empfang und entließ mich einige Zeit später reich beschenkt in die Heimat.

Doch statt zu Hause, fand ich mich wenig später in den Händen von Seeräubern wieder, die unser wehrloses Schiff kaperten, mich und meine Kameraden ausplünderten und uns auf dem Sklavenmarkt einer fernen Insel verkauften! An diese schrecklichste Zeit meines Lebens, als ich von meinem Besitzer genötigt wurde, Elefanten zu töten, um an das wertvolle Elfenbein ihrer Zähne zu gelangen, mag ich mich lieber nicht

erinnern. Stattdessen will ich dir zum Abschluss von jenem Tag berichten, als ich wieder einmal Schiffbruch erlitten hatte und mich nur deshalb retten konnte, weil ich mir aus den Schiffstrümmern einen Balken fischte, an dem ich mich mit losen Stricken festzurrte.

Endlich an Land gespült, geriet ich neuerlich in Gefahren: In einem tief unter mir liegenden Tal, das ich nach mühevoller Wanderung erreichte, wimmelte es nur so von riesigen Schlangen. Unter den Schlangen aber glänzte und blitzte der Boden. Als ich genauer hinschaute, erkannte ich: Das Schlangennest war mit Juwelen, Smaragden und Brillanten angefüllt! Es kostete mich große Überwindung und fast übermenschliche Kraft, die Riesenschlangen eine um die andere zu erschlagen und so in den Besitz der Edelsteine zu gelangen. Wie aber sollte ich nun mit meiner reichen Beute von der menschenleeren Insel nach Hause gelangen?

Nach längerem Nachdenken und einem Blick in den Himmel über mir verfiel ich auf die Idee, mich unter die verblutenden Körper der von mir getöteten Schlangen zu legen. Als riesige Adler herniederstießen, um die leichte Beute zu erhaschen, klammerte ich mich an den Fleischbrocken fest. An ihnen und dem getrockneten Blut klebten die Edelsteine. Nachdem wir nach schwindelerregendem Flug übers weite Meer im Adlerhorst gelandet waren, klaubte ich die Juwelen, Smaragde und Diamanten zusammen, schlich mich von den Adlern davon und gelangte schließlich auf abenteuerlichen Wegen nach Bagdad. Hier begab ich mich sogleich zu Harun al Raschid und erstattete ihm gewissenhaft Bericht. Der hohe Kalif hatte sich ob meiner langen Abwesenheit bereits Sorgen gemacht. Umso glücklicher war er über meine Rückkehr. Er überhäufte mich mit Ehren und Geschenken und hieß mich nach Hause zurückkehren.

Nun, mein Freund und Namensvetter, da du meine Geschichte kennst, urteile selbst: Hast du je von einem anderen Menschen gehört, der so viel gelitten und so große Gefahren überstanden hätte? Sag an, ist es da nicht recht und billig, dass mir Allah auf meine alten Tage hin ein ruhiges und bequemes Leben gönnt?“

Sindbad der Lastenträger gab zunächst keine Antwort. Allzu sehr war er noch damit beschäftigt, über all die Geschichten nachzudenken, die ihm Sindbad der Seefahrer an diesem und an den zurückliegenden Tagen erzählt hatte.

Und noch ein anderer Gedanke beschäftigte Sindbad den Lastenträger: Vielleicht war sein eigenes, schweres Schicksal gar nicht so unabänderlich, wie er immer geglaubt hatte? Zumal jetzt, da ihm sein Namensvetter so tatkräftig unter die Arme gegriffen hatte? Vielleicht könnte es ihm mit etwas Mut und Tatendrang gelingen, sein Schicksal in die eigenen Hände zu nehmen? Er musste ja nicht gleich zur See fahren ...

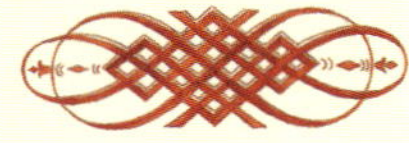

So erzählte Scheherazade. Mehrere Nächte waren vergangen, in denen sie die Abenteuer von Sindbad dem Seefahrer zum Vergnügen von Sultan Scheherban und ihrer Schwester Dinarazade bis in alle Einzelheiten ausgesponnen und ausgeschmückt und dabei so manche Tasse Mokka getrunken hatte, um wach zu bleiben.

„Mit seiner Abenteuerlust hat Sindbad der Seefahrer Allahs Großmut nun wahrlich bis zum Äußersten ausgereizt!", sprach Scheherban anerkennend, nachdem Scheherazade geendet hatte und ein neuer Tag angebrochen war. „Ein wagemutiger Kerl! Aber ist das auch alles wahr, was er Sindbad dem Lastenträger erzählt hat, was meinst du?"

Scheherazade lächelte und sprach:

„Die Welt hält viele Wunder bereit für den, der an sie glaubt. Und ist nicht auch jedes Märchen im Grunde wahr, weil es uns etwas über die Hoffnungen und Träume der Menschen verrät?"

„Da magst du Recht haben", nickte Sultan Scheherban. „Jetzt aber wollen wir ruhen. Und morgen erzählst du uns wieder einmal eine lustige Geschichte, ja?"

Und so geschah es:

Der ganz erstaunliche Reisesack

Kalif Harun al Raschid saß schlecht gelaunt in seinem Palast. Nach kurzem Spaziergang vor die Tore seines Palastes war er wieder umgekehrt, weil er von allzu vielen Leuten bedrängt worden war, die etwas von ihm wollten. Es war ein anstrengender Tag gewesen und der Kalif fühlte sich müde und abgespannt. Sich verkleiden und in aller Heimlichkeit durch die Straßen und Gassen von Bagdad streifen, wie er es sonst gerne tat, um herauszubekommen, was seine Untertanen beschäftigte, mochte er heute nicht. Seine Laune besserte sich auch nicht, als das Essen aufgetragen wurde. Irgendwie wollte es ihm heute nicht so gut schmecken wie sonst. So aß er nur wenig und saß danach noch missmutiger als zuvor in einem seiner prunkvollen Räume.

Sein Wesir erkannte, wie schlecht gelaunt der Herrscher war, und schlug ihm vor:

„Mein Gebieter, willst du dir nicht ein schönes Märchen erzählen lassen, damit du in bessere Stimmung gerätst? Mein alter Freund Ali aus Persien weilt gerade in der Stadt. Der kennt viele seltsame Geschichten und ist viel herumgekommen in der Welt. Wünschst du, dass ich ihn kommen lasse?"

Harun al Raschid zuckte gleichgültig die Schultern, wies den Vorschlag aber nicht ausdrücklich zurück. Deshalb ging der Wesir zum Basar und suchte in den winkeligen Gassen nach seinem persischen Freund. Nachdem er ihn in einem Teehaus gefunden und ihm sein Anliegen vorgebracht hatte, verabschiedete sich der Perser von seiner Gesellschaft und ging zusammen mit dem Wesir in den Palast des Kalifen.

„Salam aleikum", grüßte der Perser, „möge dir Allah Gesundheit und ein langes Leben bescheren! Wenn du magst, so will ich dir gerne erzählen, was mir neulich zugestoßen ist. Ich war für ein paar Tage verreist, um meinen Geschäften nachzugehen und gerade damit be-

schäftigt, mich auf dem Basar umzuschauen, als plötzlich ein wüst aussehender Kurde auftauchte und versuchte, mir meinen Reisesack zu entreißen. Dazu schrie er so laut, dass sich alle nach uns umdrehten:

‚Her damit, Dieb! Dies ist mein Sack und mir gehört alles, was darin steckt.'

Ich war erstaunt und wütend zugleich.

‚Was fällt dir ein, Lump?', schrie ich empört und hielt den Sack fest.

Er zerrte an einer, ich an der anderen Seite meines Reisesacks; ein Wort gab das andere, und schon war ein wüster Streit entbrannt. Bald lagen wir uns in den Haaren und prügelten so lange aufeinander ein, bis uns die Umstehenden trennten und uns vor den Kadi schleppten.

‚Was liegt an? Wer führt hier Klage gegen wen?', fragte der Richter.

Da drängte sich der freche Kerl vor und rief: ‚Gott der Gerechte möge dich beschützen, ehrenwerter Richter! Ich war mit diesem Sack hier in Geschäften unterwegs, als er mir am helllichten Tage gestohlen wurde. Eben nun entdeckte ich meinen Sack in der Hand jenes Unbekannten dort und wollte an mich nehmen, was mir gehört. Sag selbst: Ist das nicht gerecht?'

‚Wann soll das gewesen sein, dass man dir deinen Sack entwendete?', fragte der Richter.

‚Erst gestern.'

‚Dann kannst du uns ja sicher genau aufzählen, was alles in dem Sacke steckt!'

‚Nichts leichter als das, verehrter Kadi! Zwei kostbare Spiegel befinden sich in meinem Sacke, viel Silber, Augenschminke, ein Handtuch und verschiedene Gefäße: ein Topf, drei Schalen, dazu Besteck; ein schönes weiches Kissen, ein kleiner Gebetsteppich; außerdem zwei Wasserkrüge und Schüsseln, um sich zu waschen. Und richtig: zwei weiße Katzen, zwei schwarze Hunde, zwei Kälbchen nebst Mutterkuh; sechzehn Schafe, eine Ziege, zwei Lämmchen, zwei Dromedare und ein Buckelrind. Fast hätte ich die beiden Stiere vergessen … und die drei Elefanten, einer von ihnen weiblich, die anderen beiden männlich; zwei Füchse, ein Diwan, ein Badezimmer, eine Küche und viele Landsleute, alles Kurden. Die können bezeugen: Alles ist meins!'

Der Kadi hatte sich das schweigend angehört. Nun wandte er sich an mich:

‚Und du, was sagst du dazu?'

‚Alles war ganz anders, oh Hüter der Gerechtigkeit!', entgegnete ich und warf mich vor ihm auf den Boden. ‚Der Sack gehört mir! Und ich will dir gerne aufzählen, was alles darin steckt: Da ist mein kleines Haus, schon etwas ramponiert, daneben eine Hundehütte;

ferner eine Koranschule, viele Soldaten mit ihren Zelten und die Stadt Kairo; außerdem unser geliebtes Bagdad mit seinen mächtigen Palästen und Moscheen; und … ja doch … ein Fischernetz. Und alte Säulen sowie junge Mädchen und Knaben; auch viele Handwerker aus dem Basar. Sie alle können bezeugen: Der Sack ist mein!'

'Nein, nein!', begann jetzt der Kurde zu jammern. 'Mir fällt ein, was noch alles in meinem Sacke steckte: Burgen und Schlösser, eine sehr schöne Frau, Bären und große Raubkatzen, ein herrliches Pferd, zwei Zauberer, ein Blinder und ein Mann mit Krücken, ein Schriftgelehrter, ein Richter und viele Palastwächter, die alle bezeugen können: Es ist mein Sack!'

Das konnte ich nun wirklich nicht auf mir sitzen lassen und rief:

'Oh Kadi, Allah sei mein Zeuge. Glaube ihm nicht, dem lügnerischen Kurden! In meinem Sack befindet sich eine Rüstkammer mit allen nur erdenklichen Waffen. Daneben liegen üppige Weingärten und ganze Obstplantagen mit Äpfeln, Aprikosen und Orangen. Ein Chor mit hundert Sängerinnen und Sängern steckt drin; Kinder und ihre Säuglingsfrauen, Sklavinnen aus Abessinien, fünf gazellenschöne Frauen aus Griechenland, acht Frauen aus Kurdistan, ein Harem aus Persien, sogar eine Inderin und neun Frauen aus Ägypten. Wenn Ihr hineinschaut in meinen Sack, werdet Ihr Euphrat und Tigris finden, Fischer mit ihren Booten und Netzen, Badehäuser, weite Ländereien und die Städte dazu – kurz: alles, was sich von Indien über Isfahan bis nach Nubien am Oberlauf des Nils erstreckt.'

Von solchen Anhäufungen war dem Kadi ganz schwindelig geworden:

'Seid ihr alle beide vom Glauben abgefallen? Das alles soll in diesem Reisesack stecken? Ihr wollt euch wohl über mich lustig machen?'

Dann befahl er dem Gerichtsdiener, in den Sack zu schauen und herauszuholen, was darin steckte.

Und was kam zum Vorschein? Ein krumpeliger Brotkanten, zwei angefaulte Früchte, ein paar nicht mehr sonderlich frische Oliven und ein halb vergammeltes Stück Käse.

Ich griff nach meinem alten, ausgedienten Sack, schleuderte ihn dem Kurden vor die Füße und ging davon."

Diese Geschichte ergötzte Harun al Raschid so sehr, dass er sich vor Lachen krümmte und sich den Bauch hielt. Seine schlechte Laune war wie weggeblasen. Vergnügt zahlte er dem Perser ein fürstliches Honorar und entließ ihn in allen Ehren.

Prinz Seyn und der Geisterkönig

Was nutzten dem Sultan von Basra all seine Macht und seine Reichtümer, waren er und seine Frau doch trotz aller Gebete und Beschwörungen kinderlos geblieben. Erst sehr spät im Leben des Sultans erbarmte sich der allmächtige Allah und schenkte ihnen einen Sohn, den sie Seyn Alasnam, „Zierde der Standbilder", nannten. Welch seltsamer Name!

Um zu erfahren, wie das Leben von Seyn verlaufen werde, ließ der Sultan die weisen Männer seines Reiches, Magier und Sterndeuter zusammenrufen. Sie sollten ihm sagen, wie es seinem einzigen Sohn in Zukunft ergehen werde. Die weisen Männer beratschlagten lange. Dann sprachen sie zum Sultan: „Dein Sohn wird viele Gefahren zu bestehen haben. Bleibt er aber auch im Unglück tugendhaft, so erwartet ihn ein langes Leben in Glück und Zufriedenheit."

Damit war der Sultan zufrieden. Er ließ die besten Lehrer des Landes kommen und dem Sohn eine hervorragende Ausbildung zuteil werden. So verstrichen die Jahre. Der Sultan wurde alt, dann krank. Als er seine letzte Stunde nahen spürte, rief er seinen Sohn zu sich und sprach:

„Mein Sohn, lebe tugendhaft, regiere gerecht und trachte danach, von den Leuten geliebt, statt gefürchtet zu werden. Höre nicht auf Schmeichler, denn sie sind nur auf ihren eigenen Vorteil bedacht. Versuche klar zu erkennen, was gut und was böse ist. Sei mit der Belohnung ebenso langsam wie mit der Bestrafung. Und höre auf den Rat der Weisen." Damit drehte er sich zur Seite und starb.

Seyn hatte die Worte seines Vaters wohl vernommen, doch handelte er nicht danach. Kaum war die Trauerzeit vorbei, stürzte er sich in allerlei Ausschweifungen. Er gab das Geld mit vollen Händen aus und hörte weder auf die mahnenden Worte seiner Mutter noch auf die Empfehlungen der alten Ratgeber seines verstorbenen Vaters. In kürzester Zeit hatte er das hinterlassene Geld verprasst, und auch um die Regierungsgeschäfte kümmerte er sich nicht. Er dachte nur an die Pflichten seiner Untertanen, nicht aber daran, was er ihnen schuldig war. Und bald fing das Volk an zu murren.

Es schien schon fast zu spät, als Seyn sein leichtsinniges Leben zu bereuen begann und in schwere Gedanken versank.

Da erschien ihm eines Nachts im Traum die Gestalt eines uralten weisen Mannes, der zu ihm sprach:

„Wenn du dein Schicksal ändern, wenn du Schlechtes zum Guten wenden willst, so mache dich auf den Weg nach Kairo. Alles Weitere wirst du dort erfahren!"

Seine Mutter hob klagend die Arme, als Seyn ihr von diesem Traum erzählte und ihr ankündigte, er werde nach Ägypten reisen. „Sohn, du willst doch nicht ernstlich einem Traum folgen? Du wirst dich lächerlich machen! Was werden die Leute von dir denken?"

Aber Seyn ließ sich nicht mehr umstimmen. Er übergab der Mutter für die Dauer seiner Abwesenheit die Regierungsgeschäfte, bat sie, niemandem etwas von seinen

Plänen zu verraten und schlich sich in der Nacht alleine und unerkannt aus der Stadt davon.

Die Reise von Basra nach Kairo war lang und anstrengend. Als Seyn endlich ans Ziel gelangte, war er so müde, dass er sich auf den Stufen einer Moschee niederließ und sogleich einschlief. Wieder erschien ihm der geheimnisvolle Alte aus seinem ersten Traum und sprach:

„Mit dieser beschwerlichen Reise wollte ich dich prüfen, Seyn. Du hast die Probe bestanden. Jetzt kannst du wieder nach Basra zurückkehren. Dort wirst du große Reichtümer finden."

„Das kann doch nicht sein Ernst sein, mich nur zur Probe hierher zu locken und dann wieder heimzuschicken", sprach Seyn zu sich selbst, als er sich am nächsten Morgen an den Traum erinnerte. „Was würden die Leute daheim lachen, wenn sie von dieser Geschichte erführen! Zum Glück weiß nur meine Mutter von dem Unternehmen."

Verdrossen machte sich Seyn auf die Heimreise, die um nichts weniger beschwerlich war als die Hinreise. Unterwegs hatte er viel Zeit, über sein Leben und über die Ratschläge seines Vaters nachzudenken. Er nahm sich fest vor, ein besserer Herrscher zu werden.

Kaum war er zu Hause angekommen, erzählte er seiner Mutter von seinem zweiten Traum. Sie bestärkte ihn darin, sich fortan an die Ratschläge seines Vaters zu halten.

„Wenn dir das Schicksal Reichtümer zugedacht hat, so wirst du sie auch bekommen", sagte die Mutter. „Aber es gibt nicht nur äußeren, es gibt auch inneren Reichtum. Darum sei weise und bedenke: Das Glück oder Unglück deiner Untertanen ist auch das deinige."

Kaum war Seyn in dieser Nacht erschöpft eingeschlafen, erschien ihm erneut der Alte aus den früheren Träumen und sprach:

„Ich bin sehr zufrieden mit dir, Seyn. Du hast dir eine Belohnung verdient. Nimm Hacke und Schaufel und grabe in dem Saal, den dein Vater zuletzt bewohnte. Du wirst dort einen großen Schatz finden."

Als Seyn aus diesem Traum erwachte, wusste er nicht, wie er sich verhalten sollte. Wollte der Alte aus seinem Traum ihn wieder nur prüfen und ihn dann wegen seiner Dummheit verspotten? Aber die Neugier war zu groß. Seyn ging in den Saal, wo sein Vater seine letzten Tage zugebracht hatte, stemmte die schweren Bodenplatten hoch und grub sich mit Hacke und Schaufel in die Tiefe. Die ungewohnte

Arbeit war schweißtreibend. Bald schmerzten die Hände, die Arme und der Rücken. Immer wieder musste Seyn Pausen einlegen.

Viele Stunden waren vergangen und Seyn wollte schon erschöpft aufgeben, als er plötzlich einen metallisch glänzenden Ring vor sich im Sand liegen sah. Der Ring war an einer Steinplatte befestigt, und als er diese hochstemmte, tat sich vor ihm eine Treppe aus Marmor auf, die noch tiefer ins Erdreich hinunterführte.

Seyn entzündete eine Öllampe und stieg die Treppe hinunter. Vergessen war die Müdigkeit! Am Fuß der Treppe stieß er auf einen Raum, der ganz mit Marmorplatten getäfelt war. Mitten im Raum standen acht große Achatgefäße. Erst meinte er, ein Vorratslager mit Weingefäßen vor sich zu sehen. Doch als er nacheinander die Deckel der Gefäße anhob, fand er alle bis obenhin mit glänzenden Goldstücken gefüllt. Der Alte aus seinen Träumen hatte nicht zu viel versprochen: Dies war in der Tat ein großer Schatz! Erfreut füllte sich Seyn seine Taschen mit Goldstücken, eilte die Treppe zurück ans Tageslicht und zeigte sie seiner Mutter.

Die hatte zunächst große Sorge, der Sohn würde wieder sein früheres verschwenderisches Leben aufnehmen. Doch Seyn beruhigte sie und sprach:

„Keine Angst, liebe Mutter. Ich habe aus meinen Fehlern gelernt und werde fortan den Lebenswandel führen, zu dem mir mein Vater geraten hat."

In der nächsten Nacht, als am Hof alle schliefen, führte er seine Mutter in das unterirdische Gewölbe hinunter. Wie sich die beiden nun genauer umsahen, entdeckten sie hinter den großen Achatgefäßen mit den Goldstücken ein kleineres Gefäß, das einen goldenen Schlüssel barg. In welches Schloss mochte dieser Schlüssel passen? Sie suchten den Boden und die Wände ab, bis sie auf ein gut getarntes kleines Schlüsselloch stießen.

Der Schlüssel passte und gab den Zugang zu einem weiteren herrlich geschmückten Saal

frei. Vor ihnen lagen neun goldene Gestelle. Auf acht von ihnen standen hell blitzende Statuen. Jede dieser Figuren war aus einem einzigen, riesigen Diamanten gefertigt. Zusammen erhellten die geschliffenen Diamanten den Raum strahlender, als es tausend Öllampen vermöchten. Staunend standen die beiden vor den Standbildern und fragten sich, wie der Vater von Seyn zu diesen Reichtümern gekommen war.

Ein Teppich am Fuß des einzigen leeren Gestells verriet ihnen die Antwort. Eingewoben in den Teppich war dieser Spruch:

„Sohn, was habe ich für Anstrengungen aufbringen müssen, diese Schätze anzuhäufen! Leider ist es mir nicht vergönnt gewesen, auch noch das letzte Standbild zu beschaffen. Du musst in die Hauptstadt der Ägypter reisen. Dort frage nach Mobarek, der einst mein Sklave war. Wenn du seine Hilfe gewinnst, wird er dich zur letzten und kostbarsten Statue führen."

Also machte sich Seyn noch einmal auf die beschwerliche Reise. Diesmal kannte er den Weg bereits und gelangte durch die weiten Wüsten und über den Nil sicher ans Ziel. In Kairo stellte sich heraus, dass Mobarek dort hoch angesehen und leicht zu finden war. Allerdings mochte Mobarek zuerst nicht glauben, dass sein einstiger Herr, der so lange kinderlos geblieben war, spät in seinem Leben noch einen Sohn bekommen hatte. Doch als ihm Seyn erzählte, wie er die geheimen Gemächer und die Gestelle mit den Diamantfiguren entdeckt hatte, glaubte ihm der alte Sklave und war bereit, dem jungen Mann zu helfen. Zum Dank erklärte ihn Seyn vor den anwesenden Zeugen zum freien Mann.

Nun waren erneut Vorbereitungen für den Aufbruch in die Wüste zu treffen. Esel wurden beladen, edle Pferde doppelt gefüttert und aufgezäumt. Ziel der Reise war ein einsam gelegener See, der von hohen Sanddünen umschlossen wurde. Als sie Tage später dort ankamen, sprach Mobarek zu Seyn:

„Mein Fürst, wir sind jetzt in der Nähe jenes geheimnisvollen Ortes, wo das neunte Standbild aufbewahrt wird. Nun naht die Stunde deiner Bewährung. Du musst all deinen Mut zusammennehmen, um diesen See zu überqueren. Das Zauberschiff des Königs der Geister wird uns hier abholen. Unser Fährmann sieht mehr als nur seltsam aus. Doch du darfst kein Wort mit ihm reden, sonst sind wir verloren und versinken für immer im tiefen Wasser.

Seyn gelobte zu schweigen. Da kam auch schon ein prächtig geschmücktes Boot angesegelt. Es war aus edelstem Holz gebaut. An seinem Mast wehte eine seidene Fahne. Aber der Fährmann! Auf einem Tigerleib trug er einen Elefantenkopf!

Seyn verschlug es beim Anblick dieses Monsters die Sprache. Welch ein Glück, dass er nicht reden durfte. Mit seinem Rüssel griff sich der Fährmann Seyn und Mobarek und hob sie zu sich ins Boot.

Die Fahrt verlief wortlos. Am Ufer einer Insel inmitten des großen Sees setzte sie der Fährmann ab und segelte lautlos davon. Jetzt durften sie wieder sprechen. Sie durchquerten einen paradiesischen Garten. Uralte Bäume und seltsame Sträucher blühten, herrliche Blumen verströmen ihren Duft und die Luft war erfüllt vom Gezwitscher und Gesang bunter Vögel.

Bald näherten sich Mobarek und Seyn einem prächtigen Palast. Doch der Zutritt zum Palast war ihnen versperrt: Vor dem Tor saßen gewaltige Geister, die stählerne Keulen schwangen und sich auf die Eindringlinge stürzten. Seyn wollte rasch zurückweichen, doch Mobarek sprach:

„Wir müssen uns standhaft zeigen. Die Ungeheuer werden uns sonst erschlagen. Habe keine Angst. Ich werde die Geister beschwören und auch den Besitzer des Palastes besänftigen, damit er nicht als reißende Bestie erscheint. Tritt uns der Herrscher als freundlicher Mann entgegen, haben wir nichts zu befürchten. Nur wenn der Zauber misslingt, ist es um uns geschehen."

Mobarek griff in einen Beutel, den er unter seinem Gewand trug, und entnahm ihm Seidenbänder, Tücher, feinste Gewürze und einige Edelsteine. Seyn musste sich ein gelbes Seidenband umbinden und auf eines der ausgelegten Tücher treten. Dann begann Mobarek mit der Beschwörung. Zunächst wichen die Schutzgeister mit ihren mächtigen Keulen furchtsam zurück. Doch dann brach ein höllisches Gewitter los. Grelle Blitze zuckten und lauter Donner grollte! Mobarek aber ließ sich dadurch nicht beirren und rief seine Beschwörungsformeln ins Sturmesbrausen, bis das Unwetter nachließ und der Weg vor ihnen frei wurde.

Durch ein goldenes Tor schritten sie ins Innere des Palastes, das wie die Fassade von

blitzenden und blinkenden Edelsteinen bedeckt war. Und da kam auch schon der Geisterkönig mit huldvollem Lächeln auf sie zu – Mobareks Beschwörung war geglückt!
Mobarek berichtete dem Geisterkönig, wen er mitgebracht hatte. Der Geisterkönig lächelte und sprach: „Seyn Alasnam, Zierde der Standbilder! Dein Vater war oft bei mir zu Besuch. Und weil er mir Respekt bekundete, beschenkte ich ihn jedes Mal reichlich und gab ihm nebst vielen Goldstücken bei jedem Besuch auch ein Standbild aus echten Diamanten mit. Ich habe deinem Vater versprochen, dich unter meine Obhut zu nehmen. Ich bin es, den du in deinen Träumen in der Gestalt eines alten Mannes gesehen hast. Die neunte Statue, von der in der Teppichinschrift zu lesen war, kannst du jetzt erringen. Aber zuvor schwöre, mir eine wunderschöne Jungfrau zu finden, die ohne jeden Makel ist, und sie mir zuzuführen, ohne sie selber zu begehren.
„Wohlan, das will ich gerne tun und auch beschwören, lieber Herr“, sagte Seyn. „Aber wie soll ich erkennen, dass ich die richtige Jungfrau gefunden habe?“
„Hier, diesen Spiegel gebe ich dir mit. Ist die Jungfrau fehlerhaft, so beschlägt er. Ist sie jedoch ohne Fehl und Tadel, so bleibt der Spiegel blank und du wirst sie zu mir bringen. Doch bedenke stets, was du geschworen hast, sonst bist du des Todes, so lieb ich dich auch habe!“
Nachdem sich Mobarek und Seyn vom König der Geister verabschiedet hatten und nach Kairo zurückgekehrt waren, verbrachten sie viel Zeit und Mühe damit, eine wunderschöne Jungfrau zu finden, die ohne Makel war. Denn so oft sie auch eine schöne Jungfrau sahen, stets beschlug sich der Spiegel, wenn Seyn ihn befragte.
Weil er in Kairo erfolglos blieb, zog der junge Sultan mit dem getreuen Mobarek nach Bagdad weiter und mietete sich einen großen Palast. Zunächst fiel es ihm schwer, in der Stadt Fuß zu fassen und Bekanntschaften zu schließen. Besonders der Imam, der oberste Geistliche der großen Moschee, redete schlecht von den Fremden. Schließlich aber konnte er von Mobarek bestochen werden und redete nun besonders gut von ihnen. Auf Vermittlung des Imams wurde Seyn jetzt von vielen Leuten empfangen und mit deren Töchtern bekannt gemacht. Eines Tages besuchte er einen ehemaligen Wesir, der sich vom Hof zurückgezogen hatte, um sich ganz der Erziehung seiner Tochter zu widmen. Der alte Wesir fand Gefallen am jungen Sultan aus Basra, rief nach seiner Tochter und hieß sie, den Schleier abzulegen.

Seyn war von der Schönheit der jungen Frau ganz verzaubert. Um zu sehen, ob sie nicht nur schön, sondern auch tugendhaft sei, griff er nach dem Spiegel. Und siehe: Zum ersten Mal blieb das Glas blank!

Natürlich verliebte sich Seyn auf der Stelle unsterblich in die ebenso schöne, tugendhafte und obendrein noch gebildete Tochter des angesehenen Wesirs! Vergessen waren die Schwüre, die er zuvor dem Geisterkönig geleistet hatte! Er bat den Wesir um die Hand der schönen Jungfrau und dieser war hocherfreut, seine Tochter mit einem richtigen Sultan verheiraten zu können. Wie damals üblich, wurde ein Heiratsvertrag aufgesetzt. Dann ließ der stolze Vater seine Tochter mit Seyn ziehen.

Mobarek aber mahnte das Versprechen an, das Seyn einst gegeben hatte. Er schilderte mit starken Worten, was mit Seyn geschehen würde, wenn er seinen Schwur brach: Der Tod wäre ihm gewiss, so sehr ihn der König der Geister auch lieben mochte!

Was blieb dem unglücklichen Seyn anderes übrig, als einzuwilligen, mit der geliebten Frau zur Geisterinsel zu fahren?

Der jungen Frau blieb der veränderte Gemütszustand ihres Bräutigams nicht verborgen. Sie fragte den getreuen Mobarek nach dem Grund für Seyns plötzliche Traurigkeit. Und es dauerte nicht lange, da fing das schöne Mädchen ihrerseits bitterlich an zu weinen. Doch alles Jammern und Flehen half nichts; unerbittlich nahm das Schicksal seinen Lauf ...

Der König der Geister war mit Seyn und mit der schönen Jungfrau, die dieser widerstrebend in den Palast auf der geheimnisvollen Insel brachte, sehr zufrieden. Er schickte den untröstlichen Seyn nach Hause.

„Wenn du den unterirdischen Saal deines Vaters betrittst“, so sprach der Geisterkönig, „wird dort die neunte und letzte Statue auf dich warten, deretwegen du einst hergekommen bist. Allah sei mit dir!“

Zu Tode betrübt zog Seyn von dannen. Als er Wochen später mit hängenden Ohren, aber von Mobarek gut bewacht, in seine Heimat zurückkehrte, dort in das unterirdische Gewölbe hinabstieg und die neunte Statue erblickte, verwandelte sich das diamantene Standbild in die lebhafte Gestalt des angebeteten Mädchens, das er auf der Geisterinsel hatte zurücklassen müssen! Die schöne Frau fiel ihrem Bräutigam um den Hals und verzieh ihm alles Vorherige, denn der Geisterkönig selbst hatte sie in die wahre Geschichte von Seyn eingeweiht.

In dieser Nacht träumte Seyn ein letztes Mal vom König der Geister. „Lebe wohl und werde glücklich mit deiner tugendhaften Gemahlin“, sagte dieser und verabschiedete sich mit einem Lächeln.

Über die Hochzeit ihres jungen Sultans freuten sich die Leute von ganz Basra und weit darüber hinaus. Das Paar aber führte fortan ein Leben in Glück und Zufriedenheit und erfreute sich vieler Kinder und Kindeskinder.

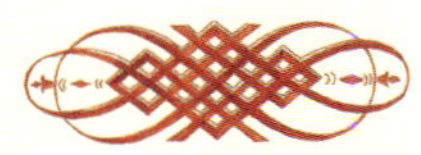

So erzählte Scheherazade, und dem Sultan gefiel es. „Ach, wenn doch jede Liebesgeschichte so glücklich enden würde!“, sagte er. Aber seine Stimme klang längst nicht mehr so verbittert wie viele Monde zuvor, als er in rasender Eifersucht nach jeder Nacht eine der Töchter seines Landes dem Henker überantwortet hatte. „Kennst du noch eine weitere Liebesgeschichte, die glücklich endet?“

„Gewiss, mein Gebieter. Morgen will ich dir das spannende Märchen von der Sklavin, dem Fischer und dem Kalifen erzählen.“

Und so geschah es:

Von der Sklavin, dem Fischer und dem Kalifen

Harun al Raschid, der Kalif von Bagdad, war ein volksnaher Herrscher. Gerne mischte er sich unter seine Untergebenen, durchstreifte die Basare oder unternahm den ein oder anderen Ausflug über Land. Dabei kam er mit den verschiedensten Menschen zusammen, mit Kaufleuten und Gelehrten, mit Handwerkern, Bauern und Beamten, mit Wohlhabenden und Reichen, aber auch mit armen Schluckern.

Eines Tages lernte der Kalif im Hause von Ibn as-Sagar, einem der besser gestellten Bewohner von Bagdad, eine Sklavin von besonderer Schönheit kennen, die sein Gastgeber erst vor kurzem einem Menschenhändler abgekauft hatte. Als Harun al Raschid im Gespräch mit der Sklavin feststellte, dass sie nicht nur schön, sondern auch sehr wach im Kopf war und dazu noch viel Charme und Fantasie hatte, war er so entzückt, dass er sich bis über beide Ohren in sie verliebte und sie in seinen Palast einlud.

Die nächsten Tage und Wochen verbrachte der Kalif nur noch in Gesellschaft seiner neuen Flamme Qut al-Qulut, was so viel wie „Herznahrung" heißt. Nun muss man wissen,

dass Harun al Raschid zu dieser Zeit bereits mehrfach verheiratet war: Neben seiner schon etwas älteren Hauptfrau Zubaida hielt er sich, wie das für einen vermögenden Mann seines Standes üblich war, einen ganzen Harem von jüngeren Nebenfrauen. Am schönsten jedoch erschien dem Kalifen jetzt das Leben mit Qut al-Qulut, die seinem Herzen und all seinen Sinnen Nahrung gab.

Zubaida, Haruns Hauptfrau, war über diese Entwicklung verständlicherweise sehr unglücklich. Sie fühlte sich vernachlässigt, ja verstoßen. Schließlich wurde sie derart von Eifersucht geschüttelt, dass sie nur noch eines denken konnte: ihre Rivalin „Herznahrung" musste aus dem Weg geräumt werden!

Der verliebte Kalif bekam davon nichts mit, weil er nur Augen für die schöne Sklavin hatte. Sein Wesir allerdings merkte wohl, dass sich am Horizont ein häusliches Unwetter zusammenbraute, und meinte, eine kleine Luftveränderung täte dem Kalifen gut. Auch hatte Harun al

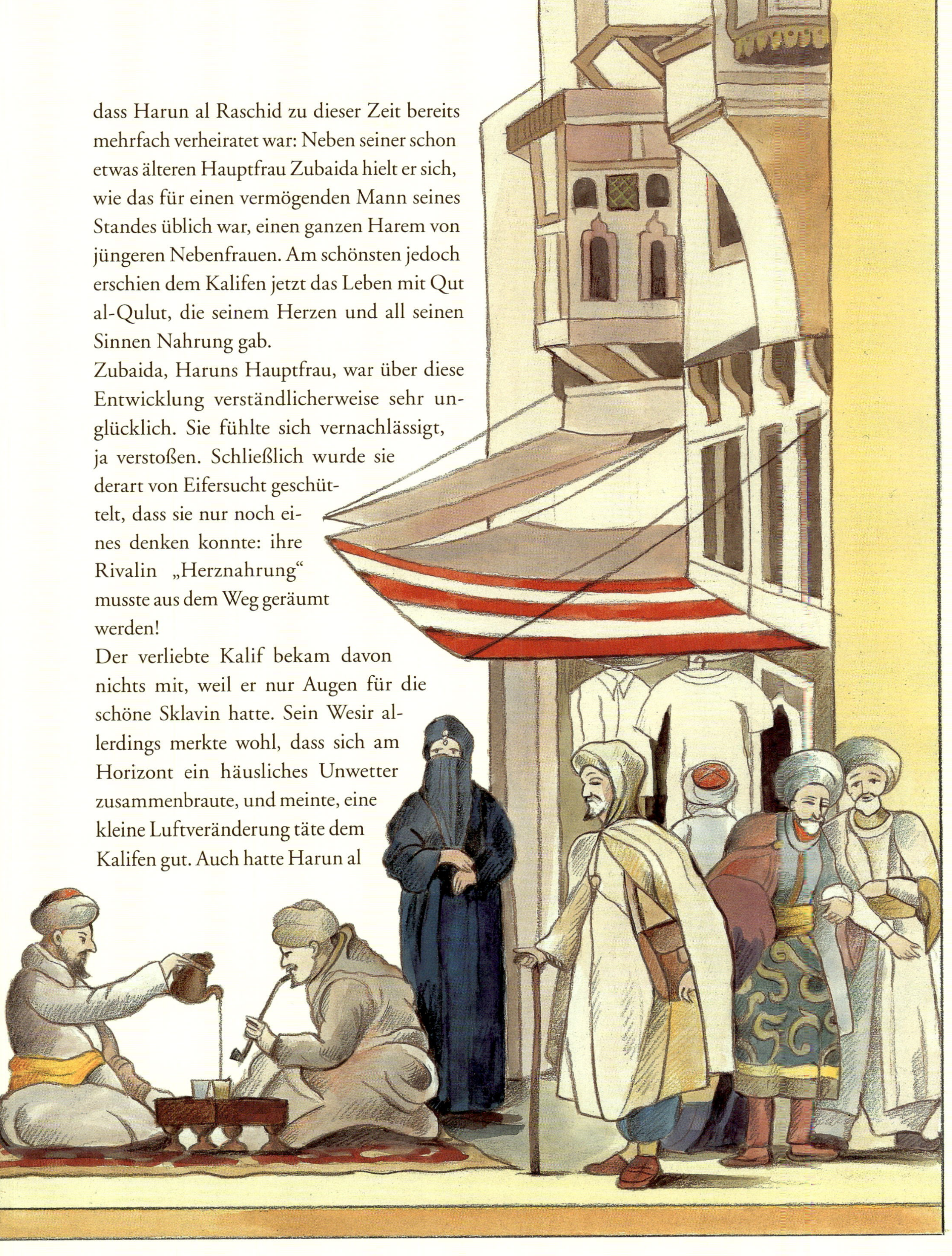

Raschid seine Regierungsgeschäfte in jüngster Zeit ob seiner Herzensangelegenheit etwas vernachlässigt, und es konnte nicht schaden, wieder einmal für ein, zwei Tage mit ihm über Land zu reiten und diesen Ausritt zu nutzen, um ein paar wichtige Regierungsangelegenheiten zu besprechen.

Harun trennte sich höchst ungern von Qut al-Qulut. Aber weil er die Notwendigkeit einsah, sich mit dem Wesir zu besprechen, willigte er in den Ausflug ein. So kam es, dass der Kalif und sein Wesir früh am nächsten Morgen ohne Hofbegleitung oder Leibwache und nur auf ihren Eseln durch die Stadttore von Bagdad ritten und in einiger Entfernung dem breiten Flussbett des Tigris folgten.

Die beiden hatten in der Tat einiges zu besprechen. Vom vielen Reden wurde der Kalif durstig, sodass er den Wesir im Schatten einer Düne zurückließ und mit seinem Esel schnell ans Wasser ritt. Dort traf er auf eine verschlammte, nackte Gestalt mit strubbelig grünem Haar und vor Zorn leuchtenden Augen. Ein Fischernetz lag ihm über dem Arm; in der Hand hielt er ein großes Messer.

Als ihn der Kalif mitleidig fragte, wo denn seine Kleidung geblieben sei, bekam der Nackte einen gewaltigen Wutanfall. Weil er den Kalifen nicht erkannte, sondern in Harun al Raschid den Bösewicht vermutete, der ihm seine Kleider gestohlen hatte und sich jetzt von seinem Esel herab auch noch über ihn lustig machen wollte, hob er sein Messer und schrie voller Zorn: „Spar dir deine dummen Sprüche, Schuft! Gib auf der Stelle meine Kleider her, sonst solls dir schlecht ergehen!“

Harun al Raschid wich erschrocken zurück und versuchte, den Rasenden zu besänftigen:

„Ich habe deine Kleider nicht gestohlen, guter Mann. Hier, nimm meine Galabija, bis sich deine Sachen finden.“

Der Kalif streifte sich sein feines Übergewand ab und reichte es dem nackten Mann, der offensichtlich ein Fischer war. Dieser erkannte noch immer nicht, wen er vor sich hatte und wie vornehm und edel das angebotene Kleidungsstück war. Er knurrte nur widerwillig und zog sich das Gewand über. Weil ihm die Galabija des Kalifen zu lang war und bis auf den Boden reichte, griff er zu seinem Messer und säbelte sie kurzerhand auf Kniehöhe ab. Sodann wickelte er sich den abgetrennten, edel verzierten Stoffstreifen als Turban um den Kopf.

Erst jetzt musterte er sein Gegenüber etwas genauer, sah die untersetzte Gestalt, die pausbäckigen Gesichtszüge und die geblähten Nasenflügel, ohne aber den Kalifen zu erkennen.

„Bläst du etwa die Posaune oder spielst du die Flöte? Und wie viel verdienst du damit?"

Harun al Raschid, dem die Begegnung mit dem kauzigen Fischer Spaß zu machen begann, sagte mit kleinlauter Stimme:

„Nur etwa zwei Dinar pro Monat."

„Ha, das ist verdammt wenig. Bei mir kannst du locker mehr verdienen! Du scheinst nicht der freche Dieb zu sein, für den ich dich gehalten habe. Ich werde dir das Fischefangen beibringen!"

Der Kalif genoss das Spiel und ließ sich darauf ein. Als die beiden wenig später gemeinsam ein gut gefülltes Netz an Land zogen, frohlockte der Fischer:

„Mit dir ist gut Fische fangen! Jetzt spute dich, steig auf deinen Esel und schaffe Körbe herbei, damit wir den Fang zum Markt tragen und zu Geld machen können."

Da stieg Harun al Raschid wie geheißen auf seinen Esel und ritt hinter die nächste Düne. Dort traf er auf den Wesir, den er zuvor zurückgelassen hatte und der sich schon gewundert hatte, was den Kalifen so lange aufgehalten haben mochte. Harun al Raschid schüttelte sich vor Lachen, als er dem Wesir erzählte, was er in den letzten paar Stunden erlebt hatte. Sodann ritten die beiden fröhlich nach Bagdad zurück.

Dort angekommen, schickten sie einen der Palastwächter mit dem Auftrag los, dem grün verschlammten Fischer hinter den Dünen des Tigris ein paar von den fangfrischen Fischen abzukaufen: Der arme Kerl wartete dort bestimmt noch immer darauf, dass sein neuer Gehilfe mit den Körben zurückkehrte, um die Fische zu Markte zu tragen. Er hatte schon genug Pech gehabt, als ihm seine Kleider gestohlen wurden; nun sollte ihm nicht auch noch der reiche Fang verderben! Aber natürlich sollte der Palastwächter nicht verraten, wer ihn geschickt hatte.

Der Palastwächter tat wie geheißen und fand den Fischer am beschriebenen Ort. Doch als er ihm die Fische bezahlen wollte, stellte er fest, dass er in der Eile ohne Geld losgeritten war, und so sprach er zum Fischer:
„Komm morgen in den Palast, dort sollst du dein Geld bekommen."
Also musste der Fischer am nächsten Tag nach Bagdad hinein. Die Leute sahen ihm staunend hinterher, als er etwas verschlammt und mit strubbelig grünen Haaren, aber mit feinen Sachen angetan, durch die Gassen zum Palast des Kalifen zog. Ein Schneider, der vor seinem Laden stand und sogleich erkannte, wie kostbar das Tuch war, das an dem armen Schlucker hing, wollte ihm Übergewand und Turban für gutes Geld abkaufen.
„Das geht nicht", erwiderte der Fischer, „ich habe sie von einem pausbackigen Kerl im Tausch gegen meine Kleider erhalten, die er

mir zuvor gestohlen hatte. Und ich habe mich von dem gemeinen Schuft auch noch täuschen lassen und ihn als Gehilfen eingestellt! Der Kerl kann von Glück reden, wenn ich ihn nicht beim Kadi anzeige, sonst würden sie ihm für seine Schandtat glatt die Hand abhacken."

Aber verlassen wir den Fischer für ein paar Augenblicke und hören uns an, was in der Zwischenzeit aus Zubaida, der eifersüchtigen Hauptfrau des Kalifen, und aus deren Racheplänen geworden ist: Kaum waren der Sultan und sein Wesir am Vortag zusammen aus dem Stadttor hinausgeritten, hatte sie die schöne Sklavin Qut al-Qulut zum Tee eingeladen. Die nette Geste erwies sich als ziemlich gemeiner Trick, denn Zubaida hatte zuvor ein Betäubungsmittel in den Tee gegeben. Als „Herznahrung" nach dem Genuss des Tees ohnmächtig zu Boden sank, ließ Zubaida die Bewusstlose von ihren Dienerinnen in einen großen Korb legen und diesen mit einem Vorhängeschloss verschließen. Dann befahl sie einem ergebenen Sklaven, den Korb in den Tigris zu kippen und die Schöne zu ersäufen. Zum Schein ließ sie schnell eine Grube ausheben, einen Grabhügel aufschütten und einen Gedenkstein daneben setzen.

Als der Kalif am Abend heimkehrte, wurde ihm berichtet, seine Geliebte sei eines plötzlichen Todes gestorben, erstickt an einem Dattelkern, und gleich begraben worden. Alle Zeugen dieser schrecklichen Geschichte hatte Zubaida bedroht, ihnen die Köpfe abhacken zu lassen, wenn sie auch nur ein Sterbenswort von der Schandtat verrieten!

Harun al Raschid war ob der schrecklichen Nachricht vom Erstickungstode seiner „Herznahrung" untröstlich und verbrachte die Nacht weinend am vermeintlichen Grab der Geliebten. Am nächsten Morgen schleppte er sich müde und niedergeschlagen zu seinem Thron, um die Regierungsgeschäfte zu erledigen, die er tags zuvor mit dem Wesir besprochen hatte.

Etwa zu dieser Stunde war der Fischer auf seinem Weg durch die Stadt und über den Markt beim Palast angekommen, um den Palastwächter vom Vortag zu treffen und das geschuldete Geld für die Fische in Empfang zu nehmen. Der Palastwächter war auch pünktlich zur Stelle und wollte gerade tief in die Tasche greifen, um den vereinbarten Betrag herauszukramen, als er zum Wesir gerufen wurde. Der Fischer musste sich noch weiter gedulden.

Der Wesir hatte den etwas verschlammten, aber in den gekürzten Überhang des Kalifen gekleideten Fischer durch eines der Fenster des Palastes herankommen sehen und wollte sich von der Palastwache be-

stätigen lassen, dass es sich bei dem seltsamen Besucher tatsächlich um den Fischer handelte, der erst gestern versucht hatte, dem Kalifen das Fischen beizubringen. Das war doch wirklich eine lustige Geschichte! Und vielleicht würde es den um Qut al-Qulut trauernden Kalifen ja auf andere Gedanken bringen, wenn er dem komischen Kauz hier in seinem Palast wiederbegegnen würde.

Tatsächlich willigte der Kalif ein, den Fischer zu empfangen, und dieser wurde vor den Thron Harun al Raschids geführt. Der Fischer war erstaunt, seinen Gehilfen vom Vortag auf dem Kalifenthron sitzen zu sehen. Mehr Respekt flößte ihm der Thron aber nicht ein.

„Wo bist du nur gestern mit den Körben geblieben?", maulte er den Nachfolger Mohammeds an. „Fast wären mir die gefangenen Fische verdorben. Und jetzt muss ich auch noch meinem Geld hinterherlaufen!"

„Du hast mich zu Unrecht des Diebstahls beschuldigt. Und du hast meine schöne Galabija zersäbelt. Auch habe ich keinen Lohn dafür genommen, dass ich dir half, dein Fischernetz einzuholen. Was also beklagst du dich?", fragte Harun al Raschid. „Lassen wir das Los entscheiden, welches dein Lohn sein soll. Hier sind acht verschiedene Zettel. Wähle drei davon aus und du wirst bekommen, was dir zusteht!"

Zuvor hatte der Kalif auf einen Zettel „Nichts", auf einen anderen „1 Dinar", auf einen dritten sogar „Bastonade: 100 Stockschläge auf die nackten Fußsohlen", auf wieder einen ande-

ren aber auch „100 Goldstücke“, „1 Esel“ und Ähnliches geschrieben.

Das Pech wollte es nun, dass der Fischer nacheinander die beiden erstgenannten Nieten und als Drittes das Unglückslos mit der Bastonade zog! So kam es, dass er am Ende erbärmlich durchgeprügelt und nur mit einem kümmerlichen Geldstück in der Hand aus dem Palast humpelte. Als er sich laut jammernd vom Palast entfernen wollte, holte ihn der Palastwächter ein, der ihm tags zuvor die Fische abgekauft hatte, griff erneut in die Tasche und förderte ein kleines Geldsäckchen zutage. Im Auftrag des Kalifen schüttete er dem vom Glück verlassenen Fischer hundert Goldstücke in die offenen Handflächen, sodass der am Ende doch recht zufrieden von dannen zog. „Hundert Prügelhiebe und hundert Goldstücke“, grummelte er. „Inschallah! Es hätte schlimmer kommen können!“

Diesen oder einen ähnlichen Stoßseufzer hätte auch die schöne Sklavin Qut al-Qulut ausstoßen können, denn jener Sklave, dem Zubaida aufgetragen hatte, sie in ihrem Korbgefängnis zum Tigris zu schleppen und dort zu ersäufen, war unterwegs etwas ermüdet und gönnte sich auf dem Markt eine kleine Pause. Er stellte den schweren Korb bei einem befreundeten Händler ab und bat ihn, ein Auge drauf zu halten, während er sich in einer Teestube stärken würde. Nun war dieser Händler ein rechtes Schlitzohr, und als er den abgestellten Korb etwas näher betrachtete, witterte er sogleich ein gutes Geschäft. Kaum hatte sich der Sklave entfernt, begann der Händler damit, den bei ihm abgestellten Korb auf dem Markt anzupreisen und zu versteigern:

„Leute, ihr wollt doch für einen so schweren, eng geflochtenen Korb, angefüllt mit schönen Dingen und versperrt mit einem reich verzierten Schloss, nicht nur zwanzig Dinare zahlen? Was höre ich? Dreißig! Und da hinten? Vierzig? Schon besser! Aber das ist doch wohl noch nicht das letzte Gebot – wer bietet mehr?“

Gibt es Zufälle? Oder Fügungen des Schicksals? Jedenfalls stieß der Fischer, der noch immer das gekürzte Übergewand des Kalifen und den Turban trug, dazu jetzt aber auch noch

hundert Goldstücke in der Tasche stecken hatte, zur Versteigerung der Marktleute und begann kräftig mitzubieten. Als sein letzter Konkurrent bei neunzig Goldstücken ausstieg und niemand mehr mitbieten mochte, bekam der Fischer den Zuschlag für hundert Goldstücke und der Verkäufer machte sich mit dem Geld aus dem Staub.

Nun war der Fischer also stolzer Besitzer eines geflochtenen und gewichtigen Korbes, den es schleunigst heimzuschaffen und zu öffnen galt. Was mochte die riesige Wundertüte wohl alles enthalten? Der Fischer malte sich schon die tollsten Dinge aus – schwer genug war der Korb ja allemal! Bei Allah, solch schwere Last hatte er selbst nach reichem Fischfang in seinen Körben nie auf der Schulter buckeln müssen! Zwei der Marktleute wuchteten ihm den Korb schließlich auf den Kopf, und er taumelte damit wankend und schwankend in seine ärmliche Wohngegend zurück.

Mit schweren Gliedmaßen und noch immer schmerzenden Füßen sank der Fischer daheim auf sein Strohlager und schlief auf der Stelle ein. Mitten in der Nacht jedoch schreckte er aus seinen bösen Träumen voller Stockschläge und schlimmer Geister hoch. Hatte er nicht eine Stimme gehört? Hatte er von den argen Geistern gar nicht geträumt? Waren sie vielleicht in dem Korb versteckt, den er so teuer ersteigert hatte?

Zitternd lief der Fischer hinaus in die Nacht und schreckte seinen Nachbarn auf, damit ihm dieser seine Öllampe leihe.

Nun wissen wir natürlich, dass es nicht die Stimme eines bösen Dschinns war, die den Fischer aus seinen Träumen hatte aufschrecken lassen, sondern der Hilferuf der Sklavin „Herznahrung", die in ihrem Korbgefängnis endlich aus dem tiefen Betäubungsschlaf erwacht war. Und so können wir uns die Erleichterung vorstellen, die der Fischer empfand, als er bebend das Vorhängeschloss aufgebrochen und den Korb geöffnet hatte. Kein böser Geist, sondern eine schöne Frau stieg heraus, die kräftigen Hunger und Durst hatte. Erneut musste

Fortsetzung Seite 205

Weizendieb und böser Wind

Einem Meisterdieb glückte einst fast alles. Immer fand er eine unverschlossene Tür, durch die er in ein Haus eindringen, ein offenes Fenster, durch das er in einen Speicher klettern und sich die Taschen füllen konnte. Und hätte er an diesem Abend nicht so viele Bohnen gegessen, wäre es ihm auch diesmal nicht anders ergangen.

Kurzum: Zu später Stunde schlich sich der Meisterdieb bei einem reichen Bauern durch ein nur leicht angelehntes Fenster in die Scheune und erklomm rasch die Leiter, um sich auf dem Scheunenboden über die Getreideschätze herzumachen. Schon hatte er seine Beutesäcke geöffnet und schaufelte mit beiden Händen hinein, so viel als er später nur schleppen konnte, als der Bauer mit seinen Knechten aus der Schenke zurückkehrte. Weil es der Bauer im Speicher rascheln hörte, schloss er das Tor auf, trat mit seinen Knechten hinein und kletterte die Leiter hoch, um nachzuschauen, ob auf dem Speicherboden alles in Ordnung sei.

Rasch versteckte sich der Dieb unter einem Stapel von Getreidesäcken und hielt den Atem an.

„Da tanzten wohl wieder nur die Ratten mit den Mäusen!“, riefen sich die Knechte zu, denn den Räuber hatten sie unter den Säcken nicht erkannt. Dann stiegen sie, einer nach dem anderen, bedächtig die Leiter hinab und traten ins Freie.

Der Dieb schnaufte erleichtert auf: Das war noch einmal gut gegangen!

Just in diesem Moment aber zwackte ihn von dem Bohnengericht, das er zuvor verschlungen hatte, das Gedärm. Der Bauer wollte gerade die Scheune zusperren, als dem Bösewicht ein gewaltig donnernder Furz entfuhr. Da rief der Bauer, den der Weizendieb fast übertölpelt hätte, seine Knechte zurück und hastete erneut die Leiter hoch. Die Knechte folgten ihm, und es dauerte nicht lange, da hatten sie den Dieb unter den Getreidesäcken entdeckt.

Dieser aber war nicht nur ein geschickter Einbrecher; er wusste sich auch seiner Haut zu wehren: „Wie“, rief der freche Weizendieb, „ihr wollt mich nicht dafür belohnen, dass ich euch auf mich aufmerksam gemacht habe?! Hätte ich euch nicht mit dem lauten Furz herbeigerufen, ihr hättet mich doch niemals entdeckt! Ich habe wahrlich eine Belohnung verdient!“

Und während die verblüfften Bauersleute noch darüber ratschlagten, wie sie auf diese Unverschämtheit reagieren sollten, drängte sich der Meisterdieb hastig an ihnen vorbei die Leiter hinunter, stieß dieselbe um und entschwand ins Dunkel der Nacht.

der Fischer deshalb seinen Nachbarn aus dem Schlaf klopfen, damit er ihm mit etwas Käse, Fladenbrot, Oliven und einem Krug Wasser aushalf.

In aller Kürze erzählte Qut al-Qulut dem Fischer von ihrem Geschick bis zu jenem Augenblick, als sie bei Zubaida, der Hauptfrau des Kalifen, Tee getrunken hatte und in Ohnmacht gefallen war. Sie staunte nicht schlecht, als ihr der Fischer nun seinerseits erzählte, wie er den schweren Korb auf dem Markt in der Hoffnung ersteigert hatte, darin reiche Schätze zu finden, und wie er es schließlich mit der Angst zu tun bekommen habe, als der Korb mitten in der Nacht zu sprechen anfing.

Die beiden beratschlagten, was jetzt zu tun sei, und kamen rasch darauf, dass es nicht ratsam war, einen Boten zu Harun al Raschid zu schicken, denn wer konnte schon mit Bestimmtheit sagen, ob dieser nicht von der eifersüchtigen Zubaida abgefangen würde. „Herznahrung" schrieb deshalb einen Brief an Ibn as-Sagar, der sie einst einem Sklavenhändler abgekauft und später mit dem Kalifen bekannt gemacht hatte. Und von Ibn as-Sagar erfuhr Harun al Raschid endlich, dass seine „Herznahrung" noch am Leben und nicht an einem Dattelkern erstickt war, wie ihn seine Hauptfrau glauben gemacht hatte!

Sogleich schickte der Kalif eine ganze Heerschar von Dienern, Sklaven und Mamelucken zur Hütte des Fischers, um die Geliebte und ihren Befreier abzuholen und in den Palast zu führen.

Das Wiedersehen von Harun al Raschid und Qut al-Qulut geriet zum Freudenfest. Und auch der vielleicht etwas kauzige, letztlich aber gutmütige Fischer wurde diesmal nicht mit der Bastonade bestraft, sondern mit einer ganzen Schatzkiste voller Gold beschenkt. Nur die hinterlistige Zubaida hatte nichts mehr zu lachen. Welche Strafe der Kalif über seine böse Hauptfrau verhängte, dürft ihr euch selber ausmalen!

So erzählte Scheherazade, und ihre Schwester Dinarazade rief entrüstet: „Die Rasende hat das gleiche Schicksal verdient, das sie ihrer Rivalin zugedacht hatte!"

Scheherban aber dachte nach und bedachte, dass er in seiner Eifersucht selbst ganz ähnlich gehandelt hatte wie diese Zubaida. „Eifersucht macht blind", sagte er nur, und fragte Scheherazade, ob sie noch eins dieser Zaubermärchen wüsste, das von Magiern, Geistern und geheimen Mächten handelte.

„Gewiss, mein Gebieter. Eines der schönsten Märchen aus uralter Zeit ist die Geschichte von Aladin und der Wunderlampe. Sie will ich euch morgen erzählen."

Und als der Muezzin am nächsten Tag das letzte Abendgebet ausgerufen hatte und die Dunkelheit hereingebrochen war, begann Scheherazade zu erzählen:

Aladin und die Wunderlampe

Vor urlangen Zeiten lebte in China ein Knabe namens Aladin. Sein Vater war Schneider, doch so fleißig er auch arbeitete, er brachte es auf keinen grünen Zweig. Nur weil die Mutter ab und zu auf dem Markt aushalf und damit ein Zubrot verdiente, kam die Familie mehr schlecht als recht über die Runden.

Aladin war nicht so fleißig wie seine Eltern. Lieber als lesen, schreiben oder rechnen zu lernen, spielte er mit seinen Freunden oder hockte einfach nur so zu Hause rum und träumte in den Tag hinein. Die Schule lag ihm nicht; das Lernen strengte ihn einfach zu sehr an. Auch als sein Vater früh verstarb und seine Mutter in der Folge noch viel mehr Mühe hatte, sich und den Jungen durchzubringen, fand Aladin nicht aus seinem Schlendrian heraus.

Eines Tages aber sollte sich vieles ändern: Aus dem fernen Nordafrika trat ein Magier in die bescheidene Hütte der armen Witwe und ihres Sohnes. Wie es scheint, hatte der Zauberer von Nachbarn vom harten Schicksal der Familie Aladins erfahren. Jedenfalls gab er vor, ein alter Bekannter von Aladins Vater zu sein, der von endlos langer Reise heimgekehrt und gekommen sei, um sich persönlich vom Wohlergehen seines alten Freundes zu überzeugen. Er zeigte sich tief betroffen von der traurigen Nachricht, dass der Schneider gestorben war, und da er reichlich Geld hatte und sich auch sehr großzügig gab, dauerte es nicht lange, bis er das Vertrauen von Aladin und seiner Mutter gewonnen hatte. Der Sohn seines alten Freundes solle doch das ehrbare Gewerbe des Kaufmanns erlernen und Handel auf Basaren treiben, schlug der Zauberer alsbald vor. Er erbot sich, Aladin bei seinen Geschäften zu beraten. Auch kleidete er ihn in ein feines Gewand und führte ihn in die Gesellschaft der Marktleute ein.

Aladin gefiel das bunte Treiben auf dem Basar. Und die Aussicht, einmal ein richtiger Händler mit einem eigenen Geschäft zu werden, brachte ihn sogar dazu, sich im Rechnen zu üben, damit er auch ja die richtigen Preise würde festsetzen können und nicht plötzlich Verluste machte, statt reich zu werden.

Der Zauberer zeigte sich hoch erfreut, als sein junger Schützling seine bisherige Trägheit abzulegen begann und darauf brannte, sein Leben in die eigenen Hände zu nehmen. An einem Sonntag lud der Magier den chinesischen Jungen zu einem längeren Spaziergang ein, um die nächsten Schritte zu besprechen, die zu tun waren. Das angeregte Gespräch führte die beiden durch die Vorstädte und Gärten immer weiter aus der Stadt hinaus, bis sie schließlich in einer unbesiedelten Gegend angekommen waren, die Aladin völlig unbekannt war. Dort stießen sie wie zufällig auf eine seltsame, mit rätselhaften Zeichen versehene Steinplatte, an der ein Ring befestigt war.

Der Magier forderte Aladin auf, die Platte am Ring in die Höhe zu ziehen und zur Seite zu schieben, um an das darunter liegende Warenlager zu kommen. Doch so sehr er sich auch anstrengte, Aladin brachte die Steinplatte nicht vom Fleck. Bald war der Junge völlig erschöpft und musste einsehen, dass die Platte, obwohl sie ziemlich klein schien, für ihn allein viel zu schwer war. Bestimmt würde sein Gönner nun enttäuscht oder gar böse sein. Doch dieser lachte nur und meinte, es gebe im Leben manchmal Situationen, da müsse man sich anders zu helfen wissen als mit roher Kraft. Er forderte Aladin auf, laut den Namen seines verstorbenen Vaters und des Großvaters auszurufen, dann werde es schon klappen.

Dieser Ratschlag kam Aladin zwar reichlich merkwürdig vor, aber ein Versuch konnte ja nicht schaden, zumal in dieser abgeschiedenen Gegend keiner mitbekommen würde, falls er sich lächerlich machte. Also rief Aladin laut die Namen seines Vaters und seines Großvaters aus – und staunte nicht schlecht, als sich die schwere Platte jetzt mühelos anheben und zur Seite schieben ließ.

Unter der Platte tat sich eine kleine Öffnung auf, die den Einstieg in eine finstere Höhle mit einem unüberschaubaren Gewirr aus düsteren Gängen und Räumen freilegte. Natürlich fürchtete sich Aladin davor, allein in die dunkle Höhle hinabzusteigen. Aber für einen ausgewachsenen Mann war das Loch im Boden viel zu klein. Schließlich siegte die Neugier des Jungen und er stieg, wenn auch ängstlich und verzagt, durch die enge Öffnung in die unterirdischen Gemächer hinab.

Der Zauberer hatte Aladin ermahnt, sich durch die funkelnden und leuchtenden Gegenstände am Boden und an den Wänden nicht ablenken zu lassen oder diese gar an sich zu bringen, denn das könne tödlich sein! Vielmehr müsse er, sobald er unten in der Höhle angelangt sei, über von ihm genau beschriebene Treppen und Gänge zu einer Terrasse hinaufsteigen, von wo ihm der Schimmer einer brennenden Lampe entgegenleuchte. Diese Lampe nun solle Aladin löschen, unter seiner Kleidung verbergen und rasch zum Höhleneingang zurückkehren. Auf dem Rückweg – erst auf dem Rückweg!, so schärfte ihm der Zauberer noch einmal ein – sei es dann auch gefahrlos möglich, sich ein paar von den herumliegenden Edelsteinen einzustecken.

Zwischen Angst und Neugier schwankend, kletterte Aladin in die Tiefe und tastete sich den beschriebenen Weg hinauf zu der Stelle, wo die Lampe hing. Er machte das Licht aus und versteckte die Lampe, sobald sie etwas abgekühlt war, unter seine Kleidung. Seine anfängliche Angst hatte sich etwas gelegt, und nun, da er den Weg hinaus ans Tageslicht kannte, bewegte er sich leichtfüßig und flink.

Erst jetzt hatte der Junge Augen für die glitzernden Edelsteine, die in Truhen und am Boden lagen, oder für das glänzende Geschmeide, das an den Wänden hing. Seine frühere Trägheit schien wie durch Zauberkraft verschwunden. Behände stopfte er sich so viel von dem Glitzerkram in die Taschen, dass er anschließend Mühe hatte, sich mit dem großen Gewicht zur Einganghöhle zurückzuschleppen. Von dort auch noch in die Höhe zu klettern und sich durch die enge Öffnung ins Freie zu zwängen, schaffte Aladin dagegen nicht mehr.

Oben auf der Erde wurde der Zauberer langsam ungeduldig. Aladin solle gefälligst seine Taschen leeren und als Erstes einmal die Lampe durch die Öffnung reichen, deretwegen sie hergekommen seien, schrie er den Jungen an. Danach könne Aladin ja sehen, wie viel von dem Glitzerkram er darüber hinaus noch heraufbefördern wolle.

Was der Zauberer dem Jungen gegenüber wohlweislich verschwieg und was dieser erst später erfahren sollte: Der Lampe, deretwegen der Zauberer nach China gekommen war, wurden wundersame Kräfte nachgesagt! Bis ins schwärzeste Afrika war der Ruf der Wunderlampe gedrungen. Wer sie besitze, so hatte der Zauberer dort gehört, brauche nur sanft an ihr zu reiben und schon stünden dienstbare Geister bereit, die dem Besitzer jeden nur erdenklichen Wunsch erfüllten!

Nun war Aladin ja vielleicht lange Zeit träge und faul gewesen und auch nicht gerade das Musterbeispiel eines strebsamen Schülers. Aber dumm war er deswegen noch lange nicht. Wenn er seinem Förderer die Lampe reichte, nach der dieser so begierig schien, wie konnte er dann sicher sein, dass dieser seinen Gehilfen nicht einfach in der Höhle sitzen ließ und sich mit der Lampe aus dem Staub machte?
„Die Lampe will ich dir wohl geben. Aber erst musst du mir helfen, all meine Edelsteine und mich selbst aus diesem Loch zu hieven", rief er dem Zauberer zu.
Als der Zauberer erkannte, dass ihn der Junge durchschaut hatte, geriet er in solche Wut, dass er ein magisches Feuer entfachte und dazu einen grässlichen Fluch ausstieß. Daraufhin schob sich die schwere Platte wie von Zauberhand über die Öffnung und schloss die Höhle zu. Unten in der Höhle aber hockte der hilflose Aladin mit all seinen Schätzen wie in tiefschwarzer Nacht! Und all die alten Ängste, die er überwunden glaubte, kehrten zurück!

Völlig verzweifelt und voller Todesangst verbrachte Aladin endlose Stunden in der stockdunklen Höhle. War es Tag, war es Nacht? Waren erst Stunden oder schon Tage und Wochen vergangen? Ängstlich tastete er im Dunkeln herum, um einen Ausweg zu finden. Kein Lichtstrahl drang in die Höhle. Aladin verspürte Hunger und Durst. Er dachte an seine Mutter, die sich bestimmt schon große Sorgen machte. Ob sie wohl Suchtrupps nach ihm ausschickte? Aber auch die würden ihn hier nicht finden können, so weit draußen vor der Stadt und so tief unter der Erde, dass auch lautes Schreien zwecklos schien.
Der Junge war schon kurz davor aufzugeben und sich in sein Schicksal zu fügen, als er ein Rascheln hörte. Da, was war das? Ein herumstreunendes Tier auf der Suche nach Futter? Würde es gleich über ihn herfallen und ihn auffressen? Er saß mucksmäuschenstill, bis das Tier umkehrte und davonlief.
Und dann hatte Aladin plötzlich eine Idee: Das Geräusch, das sich jetzt langsam von ihm entfernte, stammte von einem größeren Tier; das war keine Maus, keine Ratte. Wenn es aber ein größeres Tier war, dann musste es irgendwo einen Eingang zu dieser Höhle geben, der groß genug war, dass das Tier und vielleicht auch er selbst wieder hinausgelangen konnten!
Mühsam um sich tastend folgte Aladin dem Tier und fand so schließlich einen Ausgang aus der Höhle. Halb verdurstet und verhungert, aber überglücklich sank er auf die Knie und dankte Allah für seine Ret-

tung. Und für seinen neuen Reichtum! Von seiner großen Beute nämlich hatte sich Aladin trotz aller Not und Pein nicht getrennt, sondern sie die ganze Zeit mit sich herumgeschleppt.

Aladins Mutter hatte sich während all der Tage und Nächte, die sie vergeblich auf die Heimkehr ihres Sohnes gewartet und die Nachbarn auf die Suche nach ihm ausgeschickt hatte, große Sorgen gemacht und sich dabei an die Hoffnung geklammert, dass er vorübergehend mit dem hilfsbereiten Freund ihres verstorbenen Mannes verreist sein könnte, denn auch dieser blieb spurlos verschwunden. Wie freute sich die Frau nun, als sie Aladin wiedersah! Schmutzig war er, hungrig und müde, aber er war am Leben!
Nachdem sich der Junge gewaschen und ausgeruht sowie reichlich gegessen und getrunken hatte, berichtete er seiner Mutter von seinen Erlebnissen. Von dem bösen Streich, den ihm der angebliche Freund seines Vaters gespielt hatte, der in Wahrheit ein böser Zauberer war. Aber auch von der Lampe und den sonstigen Schätzen, mit denen er in der Höhle seine Taschen vollgestopft hatte und die er nun vor den staunenden Augen seiner Mutter ausbreitete.

Anfänglich hatte Aladin keine genaue Vorstellung davon, was seine Schätze wirklich wert waren. Als er an den folgenden Tagen auf den Basar ging, um die ersten Stücke aus seiner Sammlung zu versetzen, geriet er abwechselnd an Betrüger und an ehrliche Kaufleute. Mit der Zeit aber lernte er selber einschätzen, was die besten Stücke wert waren und ließ sich nicht mehr übertölpeln.

Leider aber stieg Aladin der schnelle Reichtum rasch zu Kopf und verwirrte seine Sinne. Heiraten wollte er nun plötzlich nicht mehr irgendein nettes Mädchen aus der Nachbarschaft, nein, es musste schon die schöne Tochter des Sultans sein!

Um dem Sultan und der ins Auge gefassten Braut zu imponieren, ritt er auf dem edelsten Pferd und in der feinsten Kleidung, die sich finden ließ, zum Sultanspalast. Seiner Mutter hatte er zuvor schon aufgetragen, dem Herrscher Schalen voller Edelsteine bringen zu lassen, um ihm mit seinem Reichtum zu imponieren und ihn für sich einzunehmen.

Aladins Geld und Reichtum versiegten trotz des aufwändigen Lebensstils und der großzügigen Geschenke nie. Denn als Aladin die alte Lampe einmal etwas näher betrachtete, deretwegen ihn der Zauberer in die Höhle geschickt hatte, und dabei etwas Schmutz wegrieb, kam er eher zufällig hinter das Geheimnis der Wunderlampe: Er brauchte bloß an der Lampe zu reiben, und schon war ein dienstbeflissener Geist zur Stelle und schaffte alles Gewünschte herbei!

Mithilfe des Geistes aus der Wunderlampe konnte Aladin sogar die schöne Prinzessin und einige ihrer schwarzen Sklaven an seine Seite bringen lassen. Die Einwilligung des Sultans in die Hochzeit aber ließ sich nicht so einfach herbeizaubern! Der nämlich hatte sich immer noch nicht festgelegt, welchem der zahlreichen Bewerber er seine Tochter zur Frau geben wollte. Wie also konnte Aladin den wankelmütigen Sultan für sich einnehmen und seine Achtung gewinnen?

Eines Abends rieb Aladin wieder einmal an seiner Wunderlampe und begrüßte den allsogleich erscheinenden Geist:
„Ohne deine Hilfe, guter Geist, hätte ich es nie dahin gebracht, wo ich heute stehe, und ich danke dir dafür. Heute aber will ich dich um etwas bitten, was größer ist als alles, was du bisher geschaffen hast!"
„Sprich, mein Gebieter!", sagte der Geist.
„Du musst mir, ich flehe dich an, so schnell wie möglich einen Palast errichten, der so groß und so prächtig ist, dass der Sultan gar nicht anders kann, als mich voller Bewunderung und Respekt zu bitten, seine Tochter zu heiraten und sein Schwiegersohn zu werden. Nutze für das Gemäuer solides und dauerhaftes Gestein, Granit, Porphyrit und den schön geäderten Marmor. Für die Umrandung der Fensterbögen und Tore spare nicht mit Edelsteinen und kostbarem Metall. Nimm auch Jaspis und Achat und verwende reichlich Silber und Gold für die Ornamente.
Die Räume schmücke mit kunstvollen Leuchtern, weichen Kissen und feinsten Wandbehängen. Für die Teppiche und Läufer nimm nur von der besten Qualität, auf dass die Fußsohlen der darüber Schreitenden geschmeichelt werden. Zu den prunkvollen Sälen des Palastes sollst du auch Vorhöfe und Stallungen errichten, welche Platz für viele Kamele und edelste Pferde bieten, dazu Schlafräume für die Bediensteten und Stallknechte.
Die ganze Pracht soll sodann überragt werden von einer mächtigen Kuppel, hochgewölbt und auf der Außenseite mit glänzenden Kacheln, innen mit Mosaiken reich geschmückt. Und ich bitte darum: Spute dich!"

Man kann wahrlich nicht sagen, dass Aladin bescheidene Wünsche hatte! Doch der Geist nahm es gelassen:
„Sorge dich nicht weiter darum, mein Gebieter, und pflege der Ruhe. Ich will schauen, was ich über Nacht für dich vollbringen kann."
Aladin lehnte sich beruhigt zurück, doch als der Geist entweichen wollte, fiel ihm noch etwas ein. Rasch rief er ihm nach:
„Fast hätte ich es vergessen: Mein Palast soll direkt gegenüber dem Serail des Sultans zu stehen kommen. Wenn er in der Frühe aus dem Tor tritt, soll sein erster Blick auf den neuen Prachtbau fallen. Auch sollen unsere Paläste durch einen besonders schönen Teppich aus Brokat, Samt und Seide miteinander verbunden sein!"
Schweigend schwebte der Geist davon, die Hand zum Zeichen erhebend, alles Verlangte verstanden zu haben.
Trotz der beruhigenden Zusicherungen konnte Aladin in dieser Nacht lange nicht einschlafen.

Ob er mit seinen Wünschen diesmal vielleicht doch zu weit gegangen war?
Als er im frühen Morgengrauen erwachte, war er nicht mehr zu halten. Er sprang erst aus dem Bett und dann aus dem Haus und eilte im Sauseschritt zum Platz, an dem der Sultanspalast lag. Und da, direkt gegenüber dem Serail des Sultans, stand Aladins Wunschpalast – ein Wunderwerk orientalischer Baukunst mit einer Kuppel, die alles andere überragte. Vor dem reich verzierten, mächtigen Portal lag ein

breiter Teppich, der über den ganzen Platz bis zum Eingangstor des Sultanspalastes führte. Auch an weit gefächerte, Schatten spendende Palmen hatte der Geist aus der Wunderlampe gedacht. Und als Aladin sah, welch üppig grüne und blühende Sträucher über die Außenmauern wuchsen, wusste er, dass der dienstbare Geist sogar daran gedacht hatte, innerhalb der Palastmauern schön gepflegte Gärten mit Springbrunnen anzulegen, aus denen quellfrisches Wasser sprudelte.

Dem Sultan verschlug es glatt die Stimme, als er nach dem ersten Morgengebet durch die Pforte seines Palastes trat! Wo sich tags zuvor noch ein weiträumiger, leerer Platz erstreckt hatte, stand jetzt ein Prunkbau, wie er noch keinen gesehen hatte! Direkt vor seinen Füßen lud ihn ein dicht gewobener Teppich mit eingeknüpften Motiven aus der Pflanzen- und Vogelwelt ein, über den Platz zu schreiten und sich das Wunderwerk genauer anzuschauen.

Und so schien denn endlich alles zum Guten gewendet, wenn … ja, wenn da nicht noch der Magier im fernen Nordafrika gewesen wäre! Dessen übermächtiger Wunsch nach der Wunderlampe nämlich war nicht ver-

siegt. Nachdem er diesen undankbaren chinesischen Lümmel mitsamt der Lampe in der Höhle eingeschlossen hatte, war der Zauberer in seine Heimat zurückgekehrt, um neue Pläne zu schmieden. Wie ihm nun berichtet wurde, dass Aladin wie durch ein Wunder lebend aus der Höhle herausgefunden hatte und inzwischen als steinreicher Mann gar mit der Tochter des Sultans verheiratet war, ahnte er, dass dabei die geheime Zauberkraft der Wunderlampe im Spiel gewesen sein musste. Also, so schloss er daraus, befand sich das Objekt seiner Begierde nun mit großer Wahrscheinlichkeit nicht mehr in der unterirdischen Höhle vor der Stadt, sondern in Aladins Palast. Die begehrte Lampe dort herauszubekommen, verlangte nach einer List! Aber auch vor roher Gewalt würde er diesmal nicht zurückschrecken, um sein Ziel zu erreichen und die Wunderlampe in seinen Besitz zu bringen!

Wieder wechselte der afrikanische Magier dank seiner wundersamen Kräfte die Kontinente. In China angekommen, erschlich er sich das Vertrauen einiger Menschen aus dem Umkreis der heiligen Fatima. Das Gewand dieser Heiligen, so wurde berichtet, verhelfe dem Träger zu überirdischen Kräften. Natürlich wurde ein solches Gewand weder verkauft noch verschenkt. Der Zauberer aber ließ sich dadurch nicht von seinem bösen Plan abbringen. Er brachte Fatima in seine Gewalt, tötete sie und streifte sich ihr Gewand über.

Als Straßenhändlerin verkleidet und mit einem großen Packen schön glänzender Lampen beladen, zog der Magier sodann über die Märkte und von Haus zu Haus. Geschickt redete er den Leuten ein, ihre alten, unansehnlich gewordenen Lampen gegen seine schillernd neuen einzutauschen.

Auf diese Weise überlistete der Zauberer, während Aladin gerade in Geschäften außer Haus weilte, auch Aladins Frau. Aladin hatte ihr nie verraten, dass er all seinen Reichtum dieser schäbigen Ölfunzel verdankte. Deshalb freute sich die Ahnungslose, das unansehnliche Ding gegen eine schöne neue Lampe eintauschen zu können und berichtete ihrem heimkehrenden Mann freudig von dem guten Handel ...

Aladins Absturz in die altvertraute Armut erfolgte genauso schnell, wie sich sein früherer Aufstieg zu Reichtum und Ruhm vollzogen hatte. Aller magischen Kräfte beraubt, wurde er als Hochstapler verhaftet und verurteilt. Dass er der Schwiegersohn des Sultans war, half ihm rein gar nichts. Im Gegenteil, sein Schwiegervater war so erzürnt darüber, einem Schwindler auf den Leim gegangen zu sein und seine Tochter mit dem, wie sich jetzt herausstellte, mittellosen Sohn eines einfachen Schneiders verheiratet zu haben, dass er kurzen Prozess machte und verfügte, der Missetäter sei hinzurichten!

Alle Gnadengesuche von Aladins armer Mutter und selbst die Bitten seiner eigenen Tochter konnten den Sultan nicht umstimmen.

Und so erlebte Aladin in seiner Zelle noch einmal, wie die alten Ängste, die er überwunden glaubte, zurückkehrten und von ihm Besitz ergriffen.

Nun hatte der Sultan aber nicht nur Aladin in den Kerker geworfen, sondern auch den Magier verhaften lassen, weil dieser den Untertanen des Sultans und sogar dessen Tochter wertvolle alte Lampen abgeluchst und durch billigen Plunder ersetzt hatte. So gelangte die Wunderlampe, die der Zauberer bei seiner Verhaftung bei sich getragen hatte, zurück in den Palast.

Außer Aladin und dem Magier wusste keiner, was es mit der Lampe für eine Bewandtnis hatte. Und als Aladin sich kurz vor seiner Hinrichtung erbat, die schicksalhafte Lampe noch einmal in die Hand nehmen zu dürfen, wurde ihm dieser letzte Wunsch anstandslos erfüllt!

Aladins Erleichterung und Freude waren grenzenlos, als sich, kaum hatte er an der Lampe gerieben, der dienstbeflissene Geist zur Stelle meldete und Aladins Schicksal zum Guten wendete!

So kam es, dass am Ende nicht Aladin, sondern der böse Magier sterben musste. Danach kehrten endlich Wohlstand und Frieden ein. Und als viele Jahre später der alte Sultan müde und matt geworden starb, trat Aladin seine Nachfolge an und regierte noch lange Jahre inmitten seiner reichen Nachkommenschaft und zufriedenen Untertanen.

Scheherazade: Wie es weiterging

Scheherazade hatte die letzte Geschichte beendet und lehnte sich zurück. Der Sultan betrachtete sie mit Wohlgefallen. Seit ihrem ersten Treffen hatte sich mit ihm ein spürbarer Wandel vollzogen. Er wirkte nicht mehr so grimmig, wütend und menschenfeindlich wie zu Beginn vor drei Jahren.

Scheherazade wollte die Gunst der Stunde nutzen:

„Eine Gnade gewähre mir noch, mein Gebieter", wandte sie sich an ihn.

„Es sei", gab dieser zurück.

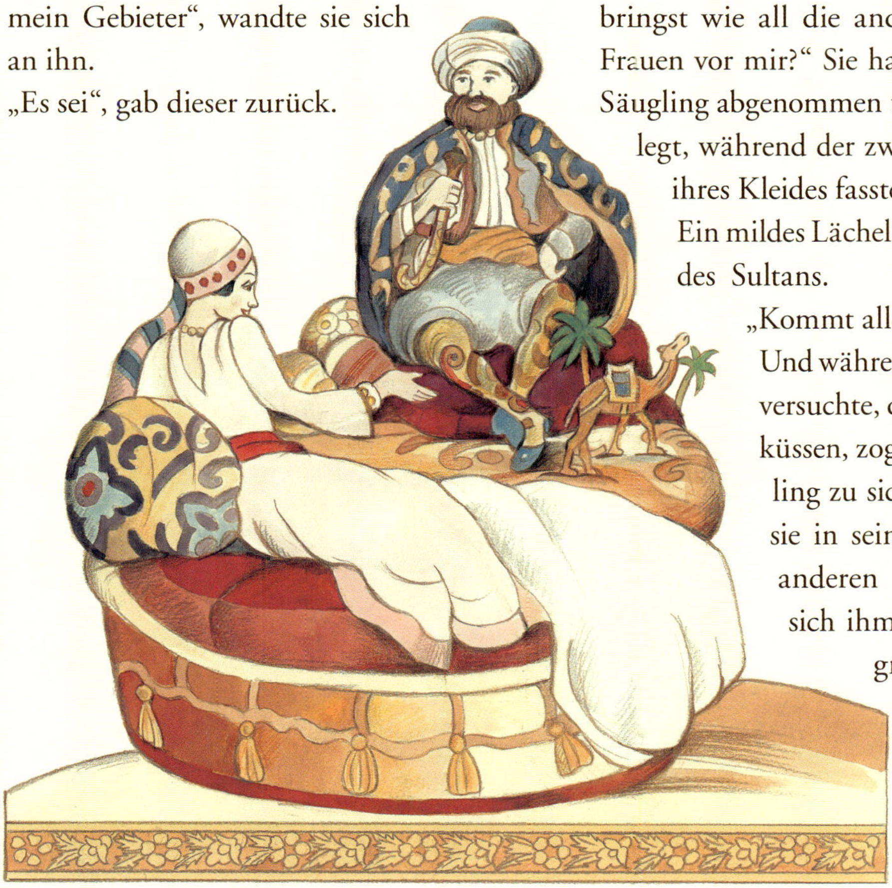

„Um uns und unserer Kinder willen, lasst mich am Leben!"

Und während sie noch sprach, war eine der Sklavinnen des Palastes in den Raum getreten. Auf dem Arm trug sie einen Säugling. Ein kleiner Knabe krabbelte ihr zu Füßen und neben ihr kam ein dritter Junge mit festem Tritt näher.

„Siehe, oh Sultan, willst du diese Knaben zu Halbwaisen machen, indem du mich umbringst wie all die anderen Mädchen und Frauen vor mir?" Sie hatte der Dienerin den Säugling abgenommen und an ihre Brust gelegt, während der zweite Junge den Saum ihres Kleides fasste.

Ein mildes Lächeln überzog das Gesicht des Sultans.

„Kommt alle zu mir", befahl er.

Und während noch Scheherazade versuchte, den Boden vor ihm zu küssen, zog er sie mit dem Säugling zu sich empor und schloss sie in seine Arme. Die beiden anderen Knaben näherten sich ihm jetzt zutraulich und griffen nach seinen Händen.

„Sei mein Weib“, sprach Scheherban. „Du bist es ja längst.“
Wie ein Lauffeuer verbreitete sich die Nachricht unter den Bewohnern von Samarkand, dass eine Hochzeitsfeier stattfinden sollte, wie sie noch niemand zuvor erlebt hatte. Keiner sollte auch nur eine Münze dafür ausgeben. Der Sultan wollte alles bezahlen.
Ehe die Feiern begannen, ließ Scheherban den Großwesir, seinen künftigen Schwiegervater, zu sich kommen und beschenkte ihn mit einem reich bestickten Festgewand. Auch Dinarazade, die Schwester von Scheherazade, erhielt großzügige Geschenke.
„Ohne dich und deine Töchter wäre mein Leben viel armseliger verlaufen“, sprach er zum Großwesir und klatschte dann in die Hände. Da begannen die Musikanten aufzuspielen, bliesen in Flöten und Posaunen, zupften die Laute, schlugen auf Zimbeln, Pauken und Darabukkas. Abends brannten Freudenfeuer, und Raketen mit farbigen Sternen und Kugeln stiegen in den Nachthimmel.
Die Menschen waren völlig aus dem Häuschen und tanzten auf Straßen, Plätzen und in den Gassen der Basare. Dreißig Tage ging es so dahin, und die Freude wollte schier kein Ende nehmen.

Keine Angst vor neuen Vokabeln!

GLOSSAR

= Wörterverzeichnis mit Erklärungen

ACHAT, der = orientalischer Halbedelstein.

ALMOSEN, das = milde Gabe, kleine Spende, die jeder gläubige → Moslem an Arme und Bedürftige zu entrichten hat.

„ALEIKUM SALAM!“, etwa: „Sei gegrüßt, Friede mit dir!“ – Antwort auf die Begrüßung → „Salam aleikum“.

ALEXANDRIA = arab. „Al-Iskandarija“, bedeutendste Hafenstadt Ägyptens, am Westrand des Nildeltas. Seit der Gründung durch Alexander den Großen 331 v. Chr. die griech. Hauptstadt Ägyptens. Kam 30 v. Chr. unter römische, 642 unter arabische und 1517 unter türkische Herrschaft.

ALLAH = arab. „der Gott“, nach → islamischem Glauben der „Schöpfer der Welt“, der – ähnlich wie bei den Christen – am „Tag des Jüngsten Gerichts“ darüber entscheidet, was aus den Seelen der Toten wird.

Arabeske

„ALLAH AKBAR!“ = „Gott ist groß!“. Beginn des Gebetsrufs der → Muslime.

ALOE, die = Zier- und Heilpflanze.

AMBER, der/AMBRA, die = Ausscheidung des Pottwals; Duftstoff.

Nay

Arabische Schrift, hier: Bi-smi Llâhi r-rahmâni r-rahîm, „Im Namen Gottes, des Barmherzigen, des Erbarmers“.

AMULETT, das = Glücksbringer. Kann an Kette und Schnur um den Hals, aber auch unterm Gewand am Herzen getragen werden, → Talisman.

ARABESKE, die = arab. Verzierung; Ornamente, Schmuckform an Moscheen und Palästen. In Form von Blättern, Blüten und Ranken in Stein gehauen oder in Holz geritzt. Manchmal werden auch Tiere dargestellt, aber – wegen des Gebots „du sollst dir kein Bildnis machen“ – keine Menschen.

ARABISCH, ARABISCHE, das = Sprache der Araber; mit dem Siegeszug des Islam (7. Jh.) verbreitete sich das A. in Vorderasien bis nach Zentral- und Südostasien, in Nordafrika und in Spanien. Auch die Völker, die der Arabisierung widerstanden (Perser, Türken, Inder, Malaien, Berber) übernahmen das A. als Schriftsprache.

ARABISCHE SCHRIFT weicht völlig von unserer ab: 28 Buchstaben, die von rechts nach links geschrieben und gelesen werden.

ARABISCHE MUSIK klingt völlig anders als unsere Musik und wird mit ganz unterschiedlichen Instrumenten erzeugt: der Knickhalslaute; der Nay, einer Längsflöte, ähnlich der uns vertrauten Oboe; und der mit Fingern geschlagenen Darabukka, einer tönernen Gefäßtrommel, deren Trommelfell aus gespannter Tierhaut (Leder) besteht.

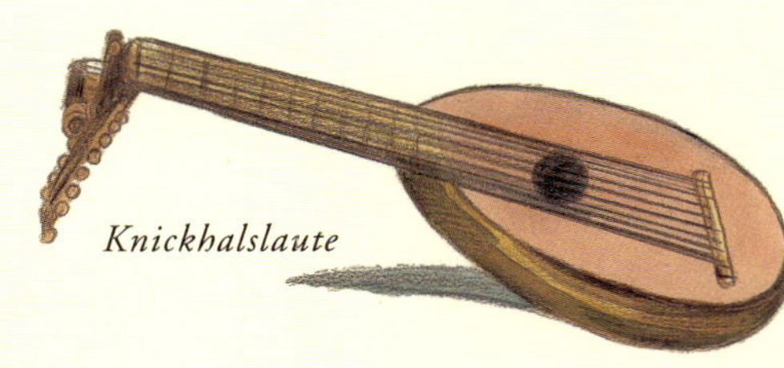

Knickhalslaute

ARABISCHE ZAHLEN/ZIFFERN = bei uns in Europa wird oft vergessen, dass wir unsere Ziffernzeichen und das Dezimalsystem von 1 bis 10 im Mittelalter von den Arabern übernommen haben. Die Araber ihrerseits bezogen dieses System von den Indern.

BADEHAUS, das = jeder → Moschee ist ein Bade- oder Waschhaus vorgelagert, in dem sich Gläubige vor jedem Gebet den Mund ausspülen, das Gesicht und vor allem die Füße waschen.

BAGDAD, auch BAGHDAD = im Jahre 762 am Fluss Tigris gegründete „Stadt des Friedens“. Alte Hauptstadt der Abbasiden, → Kalifat, d.h. Sitz des → Kalifen. Wichtiger Handelsplatz und Kreuzung der Hauptverkehrswege in alter Zeit. Im 19. Jahrhundert wurde ab Konya, Türkei, die wichtige, erst 1940 fertig gestellte B.-Bahn dorthin gebaut, eine strategisch wichtige Eisenbahnlinie. In der Neuzeit wurde Bagdad die Hauptstadt des → IRAK.

BAIRAM, der = türk. Bezeichnung der beiden islam. Hauptfeste. Der Kleine B. (auch Zucker-B.) beendet den Fastenmonat → Ramadan und dauert drei Tage; der Große B. wird 70 Tage später gefeiert und dauert vier Tage.

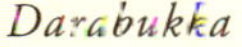

Darabukka

Badehaus

BASALT, der = besonders hartes vulkanisches Ergussgestein, erstarrt häufig in Form von Säulen, bildet Kuppen und Gänge; oft als robustes Straßenpflaster verwendet.

BASAR, der = Markt im Orient, Händlerviertel. Viele Märkte finden im Freien statt; andere haben gegen zu große Hitze oder seltene Regenfälle Stoff- oder (seit dem 20. Jh.) Plastikbahnen über die engen Gänge und Gassen gespannt. Einige Städte, → Istanbul und → Isfahan, sind bis heute berühmt geblieben für ihre jahrhundertealten „gedeckten“ B. Sie sind von festem Mauerwerk und Gewölben überdacht. Alle B. sind streng und genau nach den angebotenen Waren unterteilt: Metall, Gewürze aller Arten, Fische, Fleisch, Teppiche, Schmuck, Gemüse und Obst, Teppiche, Süßigkeiten, Brot und Gebäck werden in ganz bestimmten Gassen, Straßen und Vierteln angeboten.
Bei uns auch Warenverkauf zu Wohltätigkeitszwecken.

Buckelochse

BASRA = Provinz-Hptst. im → Irak; früher großer Handelshafen am Euphrat-Tigris-Delta, über den der Handel von Indien und dem hinteren Orient mit den Mittelmeerländern lief. 638 gegründet, war B. im 8./9. Jh. eine blühende Handelsstadt und ein Zentrum arab. Kultur; ab dem 10. Jh. zerfiel es und wurde 1638 von den Türken erobert. Das heutige B. entstand im 17. Jh.

BASTONADE = harte Prügelstrafe, die mit Stockschlägen auf nackte Fußsohlen ausgeführt wird; seit dem Altertum und bis heute praktizierte Strafform der → Sharia.

BAUCHTANZ, der = uralte Tanzform, die schon vor Jh. in Nordafrika und im Vorderen → Orient vornehmlich von Frauen ausgeübt wurde. Bauch, Hüften und Hände werden dabei im Gegensatz zum Oberkörper am stärksten bewegt; urspr. eine Form des religiösen Kults, wurde der B. seit dem 19. Jh. bis heute ein Schautanz für Einheimische und Touristen. Der B. als Huldigung weibl. Fruchtbarkeit ist auch Zeichen eines gewandelten Selbstbewusstseins der Frauen.

BUCKELOCHSE, BUCKELRIND = Zebu = besonders in Indien und Ostafrika verbreitetes Rind mit kurzen Hörnern und Fetthöcker; Nutz-, Reit- und Schlachttier, jedoch nicht bei den Hindus, die das Tier als heilig betrachten und die Gottheit Nandu in Gestalt eines B. verehren.

CHORASAN = persisch: „Land des Sonnenaufgangs“. Eine Provinz im Nordiran, umgeben von unwegsamen Bergketten, die bis über 3400 m aufragen. Im Mittelalter ein Zentrum der persisch-islamischen Kultur.

Basar

Dau

DAU, die = seit Jahrhunderten sehr seetüchtiges arabisches Segelschiff mit anderthalb Masten und einem dreieckigen „Lateiner“-Segel. Die D. wird heute noch in Südarabien und an den Küsten Ostafrikas gebaut, u.a. auf den Inseln Sansibar und Lamu.

DERWISCH, der = Angehöriger einer besonders glaubensstrengen Sekte im → Islam. Von manchen Herrschern verboten. D. führten ihre eigene Musik auf und vollführten bis zur Ekstase (Verzückung, Taumel, Ohnmacht) religiöse Drehtänze auf. Seit einiger Zeit erleben die D. und ihre Orden eine neue Blüte. D.-Tänze sind an vielen Orten auch eine Touristenattraktion.

DIAMANT, der = eigtl. „Unbezwingbares"; der härteste natürl. Stoff, doch gut spaltbar; aus reinem Kohlenstoff bestehendes Mineral. Farblos („blauweiß") ist der D. einer der wertvollsten Edelsteine. Bis ins 18. Jh. war Indien das einzige Herkunftsland.

DIWAN, der = hat mehrere Bedeutungen; Sofa und Sitzgelegenheit ist nicht falsch. Bedeutet eigentlich „Sammlung von Dingen". Das kann eine Ansammlung von Menschen, etwa die Zusammenkunft höchster Würdenträger, aber auch eine Sammlung von Gedichten sein; Goethe ließ eine solche Gedichtsammlung veröffentlichen: „West-östlicher Diwan" (1819).

DROMEDAR, das = → Kamel.

Falke, Jagdfalke

Dschinn

DSCHIHAD, JIHAD, der = arab. „Anstrengung". Heiliger Krieg des → Islam gegen Ungläubige (Anhänger eines anderen Glaubens). Ob damit ein „Krieg der Ideen" oder ein „Krieg der Waffen" gemeint ist, bleibt Ansichtssache.

DSCHINN, der = Geist, Dämon, auch in weiblicher Gestalt; zwischen Himmel und Erde angesiedelt, üben die D. gute wie böse Kräfte auf den Menschen aus.

EMIR = hoher Hofbeamter, Statthalter des → Kalifen, der meistens auch oberster Befehlshaber der Truppen war.

FALKE, der = Edelfalken waren schon den alten Ägyptern und im alten Zweistromland Mesopotamien bekannt. Seit 600 v. Chr. wurden Edelfalken zur Jagd auf Niederwild, u. a. Hasen und Rebhühner, abgerichtet. Im alten → Orient benutzten sie die vornehmen Araber und Perser. Seit damals wurde dem Vogel vor dem Einsatz eine Kappe über den Kopf gestreift. Die Falkner haben die Vögel vor und nach dem Abflug seit jeher bis auf den heutigen Tag auf einem schweren ledernen Schutzhandschuh sitzen. Seit den Kreuzzügen kam die Falknerei nach Europa und wurde auch hier zum Jagdsport der Könige und Fürsten.

FATA MORGANA, die = Täuschung; die durch Luftspiegelung erzeugten Bilder von in dieser Form und an diesem Ort nicht vorhandenen Gegenständen; besonders häufig in Wüsten und über Meeren.

FES, FEZ, der = Filzmütze ohne Krempe, wahrscheinlich nach der marokkanischen Stadt Fes/Fez benannt, wo sie zuerst angefertigt wurde. Im 20. Jh. in bestimmten Ländern (Ägypten, Türkei) verboten, weil als Kleidungsstück von Reformpolitikern als zu altertümlich und überholt empfunden.

FEUERANBETER, der = Anhänger einer vor der christlichen Zeitrechnung geschaffenen Religion, die dem Feuer besonders heilige Kraft zuspricht, → Parsen, → Zarathustra.

FREITAGSGEBET, das = der Freitag ist der Sonntag der Muslime. Gebeten an diesem Feiertag kommt besonderes Gewicht zu.

Freitagsgebet

GAZELLE, die = Untergruppe der Antilope, die in Afrika und seltener in Arabien lebt. In einem alten Bestimmungsbuch („Leitfaden der Zoologie", Schmeil 1917) findet sich die schöne, poetische Zuordnung: „G., die etwa die Gestalt eines Rehes besitzt, aber dessen Größe nicht erreicht. Sie trägt ein wüstenfarbenes Kleid, sodass sie ruhend aus der Ferne selbst von dem Falkenauge der Eingeborenen kaum von einem Stein der Wüste unterschieden werden kann!" Poetisch wird eine schöne Frau als „Gazellenschöne" bezeichnet = schön wie eine Gazelle.

GALABIJA, die = knöchellanges Männergewand, wie ein zu lang geratenes Hemd, oder → Kaftan.

GÖTZE, der = Abgott, falscher Gott; auch abschätzige Bezeichnung für den Gott einer anderen Religion.

HADSCH, der = Pilgerfahrt nach → Mekka und → Medina. Eine der fünf Grundpflichten des → Islam. Für jeden Muslim, der körperlich und finanziell dazu in der Lage ist, einmal im Leben vorgeschrieben; findet im letzten Monat des islam. Mondjahres statt.
Wer den H. erfolgreich bestanden hat, darf sich den Ehrentitel → Hadschi zulegen.

HADSCHI, der = Mekkapilger; auch Bezeichnung für schiitische Kerbela- und christl. Jerusalempilger.

HAKIM, der = Arzt im Orient. Die Kunst der Medizin war im orientalischen Altertum und Mittelalter besonders hoch angesehen.

HAMMAM, der = öffentl. Dampfbad, das in Nordafrika, im Nahen und Mittleren Osten verbreitet ist. Dort streng nach Geschlechtern getrennt. Hitze wird dadurch erzeugt, dass glühende Steine mit Wasser abgegossen werden. Nach dem Bad sind Ruhepausen und kräftige Massagen vorgesehen. Im islam. Bereich das Badehaus für die vom → Islam vorgeschriebenen rituellen Waschungen und auch für die normale Körperpflege.

HAREM, der = abgesonderter Wohnplatz der Frauen des → islamischen Hauses; Fenster meistens stark vergittert, Zutritt für fremde Männer streng verboten. Der Begriff H. umfasst auch die Frauen, die im H. leben.

HARUN AL RASCHID = wörtlich „Harun der Rechtgeleitete", → Kalif, lebte von 766 bis 809, kämpfte gegen Syrer und Türken; baute seine Hauptstadt → Bagdad zu einem wichtigen Umschlagplatz für den Handel von China und Indien nach Westen und umgekehrt von Nordafrika und Europa nach Osten aus und ließ prächtige Paläste, Koranschulen, Herbergen und → Moscheen bauen.

Gazelle

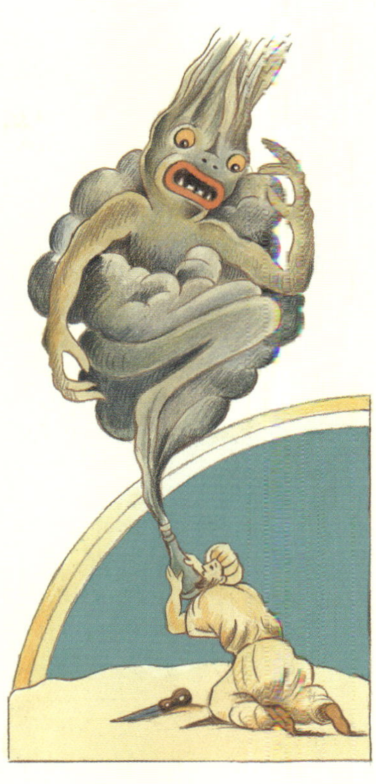

Ifrit

HOHE PFORTE, die = Wohnsitz des → Sultans in → Konstantinopel, heute Istanbul, Türkei. „Hohe Pforte" meint zugleich auch ein wirklich hohes Eingangstor, den Bereich des → Wesirs oder ganz allgemein die Regierung der damals herrschenden → Osmanen.

IFRIT, der = eine Abart der → Dschinn; besonders bösartiger Dämon (zum Beispiel der Geist aus der Flasche).

IMAM, der = arab. „Führer", Vorbild; auch Oberhaupt und ehrender Titel für Gelehrte des → Islam. Heute vornehmlich Bezeichnung des mohammedanischen Vorbeters in der → Moschee. Prophet und geistliches, auf Mohammed zurückgeführtes Oberhaupt der → Schiiten.

IMAN, das = Glaube im → Islam.

INSCHALLAH! = arab. „wenn Allah will!“; auf Zukünftiges bezogene muslimische Redensart, welche die Unterwerfung unter den Willen Gottes zum Ausdruck bringt.

IRAK, der = vorderasiat. Staat mit der Hauptstadt → Bagdad; ursprünglich Herzland des alten → Orients und späteren → islamischen Weltreiches. Der heutige Irak war in vergangenen Zeiten auch Bestandteil des alten → Persien (= heute Iran). Im vorchristlichen Altertum war der heutige Irak das Kernland Mesopotamiens, eines kulturell hoch stehenden Gebietes im Zweistromland zwischen den Flüssen Euphrat und Tigris. In den Großreichen von Assyrien und Babylon entstanden einige der ältesten Stadtkulturen der Menschheit. Um 635 wurde die Region durch muslimische Araber erobert. 762 kam es zur Gründung eines eigenständigen → Kalifats mit der Hauptstadt → Bagdad. Blütezeit unter → Harun al Raschid. Aus jener Zeit stammen einige der wichtigsten Märchen aus 1001 Nacht.

IRAN, der = Staat in Vorderasien, seit 1979 islamische Republik, basierend auf der Ethik des → Islam; früher → Persien.

ISFAHAN = Stadt in → Persien (heute: Iran); mit ihren riesigen Plätzen, prächtigen → Moscheen, → Medresen, → Karawansereien und Palästen noch heute eine der schönsten Städte der Welt; heute iranische Provinzhauptstadt, in einer Oase auf wüstenhafter Hochebene gelegen.

ISLAM, der = von → Mohammed zwischen 622 und 632 in → Medina gestiftete monotheistische Weltreligion und Glaubensform der → Muslime; eigentlich „sich Gott ergeben“.

ISTANBUL = größte Stadt der Türkei, bis 1923 Hauptstadt des → Osmanischen Reiches; am Schnittpunkt des Seeweges durch die Meerenge vom Schwarzen Meer zum Mittelmeer, mit dem Landweg von der Balkanhalbinsel nach Kleinasien. Von 330 bis 1930 → Konstantinopel, vorher Byzanz.

JASPIS, der = trüber, durch fremdbeimengungen gefärbter Schmuckstein.

KAABA, die = arab. „Würfel“; ein 10 x 12 x 15 m großes, durch schwarze Teppiche verhängtes Gebäude im Hof der Hauptmoschee in → Mekka. Heiligtum des → Islam, das den Schwarzen Stein, einen Meteoriten, birgt.

Kaaba

KADI, der = Richter, der in islam. Ländern auch für religiöse Vergehen zuständig ist; richtet sich vielfach nach dem moslemisch orientierten Recht der → Shariah.

Kaftan

KAFTAN, der = türkischer Name für ein langes, vorne weit geöffnetes männliches und meist knöchellanges Obergewand. Mit den Kreuzzügen gelangte der K. im 13. und 14. Jh. nach Europa. In Osteuropa, Polen, Russland und Ungarn beeinflusste er die europäische Männerkleidung, war teilweise bis ins 19. und 20. Jahrhundert Teil der Nationaltracht und Kennzeichen der dort lebenden jüdischen Gemeinschaft. In unterschiedlichen Zeiten und in den verschiedenen Ländern wurde der K. entweder als übergehängte Schulterdecke oder später mit weitem Ausschnitt und Schlitzen für leichtes Hineinschlüpfen mit Kopf und Armen verwendet getragen; s.a. → Galabija.

Trampeltier

offene/geschlossene Nasenöffnung

Dromedar

KAIROUAN = arab. „Al-Quairawan“, Stadt in der Tieflandsteppe in Zentraltunesien. Eine der vier heiligen Städte des → Islam mit altem Stadtkern, der → Medina.

KALIF, der = arab. „Nachfolger des Gesandten Allahs“; morgenländischer Herrscher, Titel der Nachfolger → Mohammeds; ab Omar mit dem Zusatz „Beherrscher der Gläubigen“. Berühmtester Kalif war → Harun al Raschid. Der K. herrschte über ein Kalifat.

KAMEL, das = Huftier mit Höcker. Das einhöckerige Trag- und Reittier Nordafrikas und Arabiens heißt Dromedar. Mehari, Leit-K. der Sahara. Manchmal auch mit weißem Fell. Das zweihöckerige K. in Zentralasien heißt Trampeltier. Beiden Tieren dienen die Höcker als Vorratskammer für lange Reisetage ohne Gras, Sträucher und Wasser.
Besondere Muskeln erlauben dem K., seine Nasenlöcher zu schließen und wieder zu öffnen. Dies ist ein wichtiger Schutz gegen die peitschenden Sandstürme in der Wüste.

KANNIBALE, der = Menschenfresser. Ritueller Kannibalismus ist haupts. in Südamerika, Afrika und Ozeanien vorgekommen, vor allem als Bestattungsritus: zeremonielles Trinken von Knochenasche oder Verzehr des Leichnams eines Angehörigen.

KARAWANSEREI, die = im Mittelalter oft fest ummauerter Rastplatz für Karawanen, der Wasser und Verpflegung für Mensch und Tier sowie Unterkunft und Schutz vor Überfällen bot.

Karawanserei

KARNEOL, der = ein rot bis gelblich gefärbter Schmuckstein

KASCHEMME, die = abschätzige Bezeichnung für Gastwirtschaft.

KONSTANTINOPEL = heute → Istanbul; die kulturell bedeutendste Stadt der Türkei. Früher Byzanz; 330 von Konstantin d.Gr. erobert und als K. neue Hauptstadt des Röm. Reichs, ab 395 des Byzantin. Reichs. Bis zur Eroberung durch die Türken 1453 war die Stadt Kapitale und Zentrum des christlich-orthodoxen → Osmanischen Reiches. Nach dem Sieg der Türken wurde die Kirche der Hagia Sophia in eine Moschee umgewandelt, die Stadt um neue Moscheen, Befestigungen, Paläste erweitert, der Hafen ausgebaut. Von K. aus erfolgten weitere Vorstöße der Türken, die bis zur Eroberung des Balkans, des ehem. Jugoslawiens und Ungarns führten. Erst nachdem die Türken 1683 vor Wien durch ein gemischteuropäisches Heer geschlagen wurden, begann der Niedergang der damaligen Weltmacht.

KORAN, der = das heilige Buch des → Islam, das dem Propheten Mohammed zw. 608 und 632 vom Erzengel Gabriel offenbart wurde. Unterteilt in 114 Suren, kurze Sinnsprüche, Gebote und Gesänge, stellt der K. das älteste arab. Prosawerk dar. Die erste Sure bildet das Hauptgebet des Islam.

Koran

KURDEN, die = Volk in Vorderasien, das trotz gemeinsamer Sprache, Geschichte und Kultur keinen eigenen Nationalstaat errichten konnte; die K. bilden Minderheiten in der Türkei, in Iran, Irak, Syrien, in mittelasiat. Staaten und im westl. Europa und kämpfen bis heute um einen eigenen Staat. Zwischen 637 und 643 nahm die Mehrheit der K. den → Islam an. Kurdistan = überwiegend von Kurden bewohntes Gebiet in Vorderasien.

KUSKUS siehe Seite 236 (Orientalische Genüsse).

MAGHREB, der = arab. „Westen“, altarabische geographische Bezeichnung zunächst für die gesamte → islamische Welt westlich von Ägypten, heute Sammelbegriff für die Atlas-Länder Algerien, Tunesien und Marokko.

MAGIER, der = urspr. Glied der altpersischen Priesterschaft medischen Stammes; durch griechische Missdeutung ihres Einflusses und Geheimwissens als Wahrsager und Zauberer aufgefasst.

Minarett

MAMELUCKEN, die = ursprünglich christliche Kreuzritter, die bei ihren Kriegs- und Eroberungszügen durch die islamischen Länder von den einheimischen → Muslimen gefangen genommen und versklavt wurden. Viele von ihnen wurden als Leibwächter und Elitesoldaten ausgebildet. Einige stiegen zu Heerführern und Regierungsfürsten auf (so in Ägypten zur Zeit Napoleons).

MEDINA = arab. „Stadt des Propheten“, vorislamische Oasenstadt im heutigen Saudi-Arabien; neben → Mekka der bedeutendste Wallfahrtsort des → Islam; für Nichtmuslime verboten und nicht zugänglich. In der Hauptmoschee El-Haram (1487 erbaut) sind → Mohammed, dessen Tochter Fatima sowie die ersten → Kalifen Abu Bekr und Omar begraben.

MEDINA, die = erweiterte Bezeichnung für die arab. Altstadtviertel und Wohnquartiere in den Städten Nordafrikas, im Gegensatz zu den neueren, moderneren Europäervierteln der Kolonialzeit.

MEDRESE, auch MEDRESSE, die = türk.-arab. „Ort des Lernens“, islam. jurist. und theol. Hochschule; Koranschule einer → Moschee; manchmal sehr einfacher Bau, in der Vergangenheit aber oft prächtiges, palastähnliches Gebäude mit offenen Höfen für → Koran-Schüler.

MEHARIST, der = bewaffneter Reiter eines edlen → Kamels.

MEKKA = Stadt im heutigen Saudi-Arabien; als Geburtsort → Mohammeds wichtigster Wallfahrtsort des → Islam mit der Moschee El-Haram mit der heiligen → Kaaba. Wer eine → Pilgerreise (→ Hadsch) dorthin unternimmt, darf sich anschließend → Hadschi nennen.

Moschee

MINARETT, das = arab. „Gebetsturm“; meistens ein runder, spitz zulaufender Turm neben der → Moschee. Vom M. aus ruft (heute meistens von Kassette und über Lautsprecher) der → Muezzin die Gläubigen fünfmal am Tag zum Gebet. In aller Welt beginnt dieser Ruf mit „Allah Akbar!“ = „Gott ist groß!“.

MOHAMMED, MUHAMMED = arab. „der Gepriesene“, Stifter des → Islam. Wurde 570 in → Mekka geboren und starb 632 in → Medina; Kaufmann, dem durch Engel der → Koran, das heilige Buch der → Muslime zum Mitschreiben diktiert wurde; → Prophet, durch den → Allah zu den Ungläubigen und noch zu Bekehrenden sprach. Nach seinem, mehr noch der → Kalifen Gebot, sollte der → Islam „mit „Feuer und Schwert“ verbreitet werden.
Durch Jahrhunderte andauernde Eroberungszüge entstand ein Weltreich, das sich von Indien bis nach Nordafrika und Spanien erstreckte (s. a. nebenstehende Karte).

MORGENGABE, die = Aussteuer einer muslimischen Braut, die in der Regel von ihren Eltern aufgebracht und zusammengestellt wird.
Scheitert die Ehe oder geht die Frau wieder in ihre ursprüngliche Familie zurück, bleibt die M. im Eigentum der Frau.

MOSCHEE, die = Gebetshaus, der → Muslime, kann eine ganz schlichte Lehmhütte sein, aber auch ein prächtiges, kunstvoll ausgeführtes Gebäude mit Mosaik-geschmückten Kuppeln und Säulenhallen; die eigentliche Gebetshalle ist mit der nach → Mekka ausgerichteten Gebetsnische und dem → Koranpult ausgestattet.

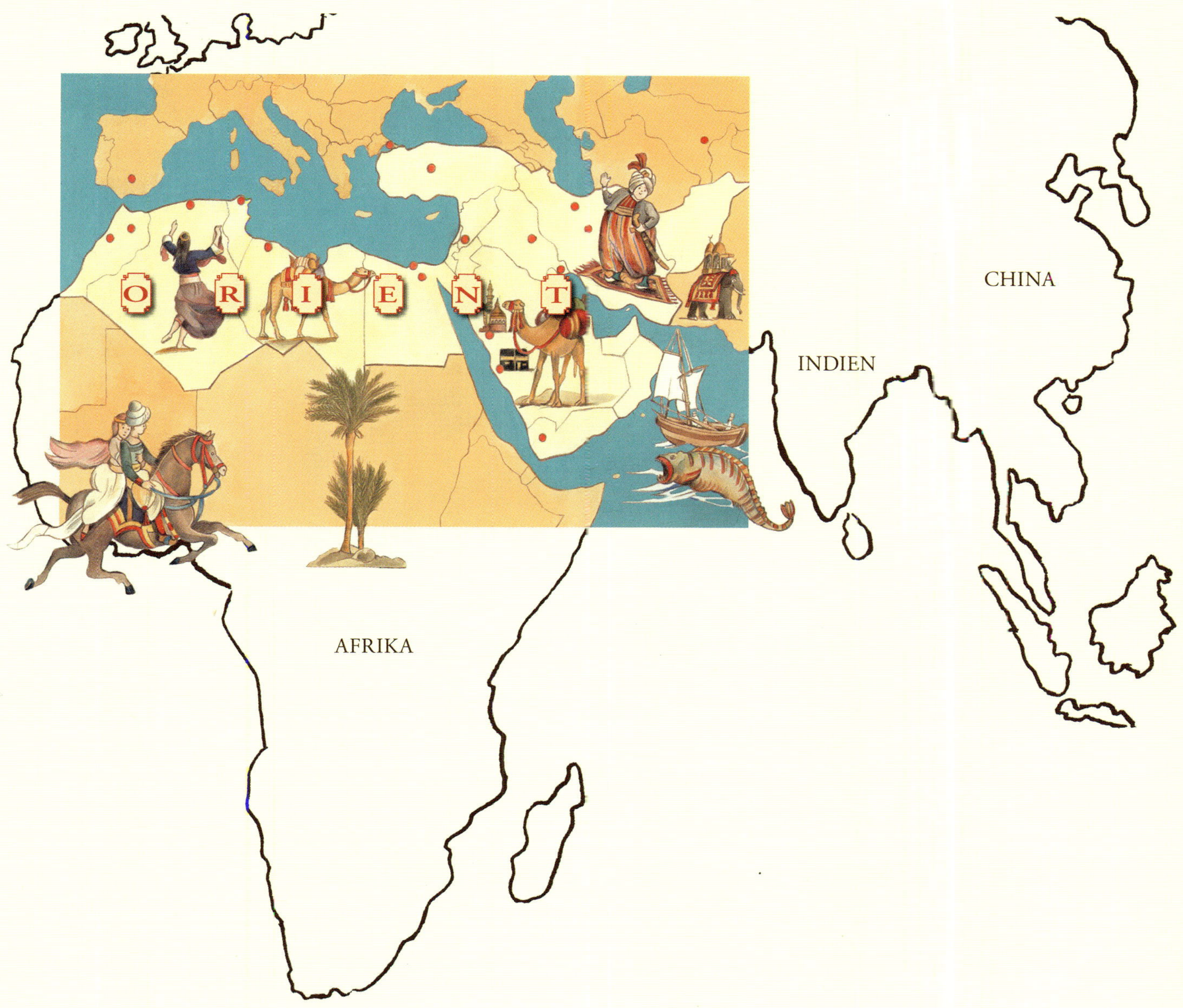

MOSCHUS, der = Riechstoff aus dem Sekret der männl. M.-Tiere (z.B. M.-Hirsch, M.-Ochse) gewonnen; in der Parfümherstellung heute meist durch synthet. Substanzen ersetzt.

MUEZZIN, der = islam. Gebetsrufer, der die → Muslime fünfmal täglich vom → Minarett herab zum Gebet auffordert (heute meist über Tonband und Lautsprecher).

MUFTI, der = islam. Gesetzeskundiger; auch Oberer, Vorgesetzter; das Oberhaupt der einzelnen Rechtsschulen ist der Großmufti.

MUSLIM, MOSLEM, der = arab. „der sich (Gott) Hingebende"; Anhänger des → islamischen Glaubens. Weibliche Form: Muslima. Ältere Menschen gebrauchen manchmal noch die heute veraltete Bezeichnung „Muselman/Muselmann", bzw. die nicht mehr üblichen Begriffe „mohammedanisch" oder „Mohammedaner".

NARGILEH, die = → Wasserpfeife.

OKZIDENT, der = arab. „das Abendland"; Land im Westen, vom → Orient aus gesehen dort, wo die Sonne untergeht, u.a. Europa. Gegensatz: Orient.

ORIENT, der = das Morgenland, Land im Osten, von Europa aus gesehen dort, wo die Sonne aufgeht (im Unterschied zum → Okzident). Heute Sammelbegriff für die Länder Vorderasiens (auch Vorderer O.) mit Ägypten, im weiteren Sinne das Gebiet der islam. Kultur.

OSMANEN, die = Stammesgenossen von Osman I., dem Gründer des Osmanischen (= türkischen) Reiches, der 1300 den Titel → Sultan annahm.

PARABEL, die = in der Literatur eine Gleichniserzählung; in der Mathematik ein Kegelschnitt.

PARSE, der = ursprünglich Benennung für Perser, die Bewohner von → Persien. Anhänger von → Zarathustra. Als der → Islam 642 ihre Heimat eroberte, wanderten viele P. ostwärts nach Indien aus. Heute leben etwa 130 000 ihrer Nachfahren in Indien und rund 20 000 in Teheran, der Hauptstadt des modernen Iran. Bekämpfte der damals militante Islam die Anhänger einer zauberischen Religion der → Feueranbeter, so genießen sie heute religiöse Toleranz (= Duldung). Die P. bestatteten ihre Toten durch die Jahrhunderte auf den „Türmen des Schweigens“, die im Iran heute noch anzutreffen sind.

PASCHA, der = arab. „Exzellenz“, zur → Kalifen-Zeit höchster militärischer Offizier oder Beamter. Bei uns abwertend gemeinte Bezeichnung für einen anspruchsvollen, aber faulen Mann, der sich gerne (von Frauen) bedienen lässt.

Phönix und Zimt

PERSIEN = bis 1935 Bezeichnung für den heutigen → Iran in Vorderasien. Hat im Verlauf der Jahrtausende bis lange zurück vor Christi Geburt viele bedeutende Kulturen hervorgebracht. Unter Parthern, Abbasiden, Sassaniden, Seldschuken, mächtigen und einflussreichen Herrscherhäusern erstreckte sich der Einfluss Persiens bis weit nach Zentralasien und in den Nahen Osten. Eroberungszüge persischer Herrscher führten bis nach Europa, im Altertum an die Grenzen des klassischen Griechenlands (Seeschlacht von Salamis; Marathon), nach Syrien, Palästina und Anatolien (= Kernland der heutigen Türkei).
Verbunden mit der Religion des → Islam gelangte P. zur Hochblüte in Künsten und Wissenschaften. Arabisch-persische Literatur und Wissenschaften wirkten bis nach → Samarkand in Zentralasien (heute Usbekistan). Im alten P. entstand eine

hoch entwickelte Schrift- und Buchkultur (persische Miniaturmalerei), eine Dichtkunst, die bis nach Europa wirkte. Weitläufige künstliche Bewässerungssysteme blieben bis heute erhalten. In bedeutenden Städten wie Schiras (Rosenkultur) und Isfahan sind heute noch prachtvolle Plätze, Paläste, Moscheen, Medresen, Koranschulen und alte Karawansereien zu bewundern.
Von einem der Machtzentren von P., aus Chorasan (Korasan), erfolgten Eroberungsfeldzüge bis nach Indien.

PHÖNIX, der = Fabeltier; seit dem Altertum ein heiliger und wundertätiger Vogel, der beim Ursprung der Welt auf einem allerersten Hügel lebte. Einem Reiher ähnlich, soll er sich selbst verbrannt und zerstört haben, um anschl. aus der eigenen Asche aufzuerstehen. Ähnlich wie andere wundertätige oder auch bedrohliche Vögel (Feng, Greif, → Roch), konnte der P. wertvolle Gewürze wie den → Zimt beschaffen. In versch. Religionen gilt der P. als Symbol für Unzerstörbarkeit, Wiederauferstehung und Reinkarnation (= Wiedergeburt).
Auch Name der Hauptstadt von Arizona, USA.

PILGER, der = Wallfahrer, Reisender zu den heiligen Stätten.

PISCHANGAR = Hauptstadt des gleichnamigen, auf der indischen Halbinsel gelegenen Königreichs, das seine Blütezeit im 15 Jh. erlebte.

POLYGAMIE, die = eigentlich Mehr-, Vielehe; „Vielweiberei"; die Möglichkeit in der muslimischen Welt, dass ein Mann mehrere Frauen heiratet – vorausgesetzt, er hat die erforderlichen materiellen Mittel, sie angemessen unterzubringen und zu ernähren.

PORPHYRIT, der = altes Ergussgestein.

PROPHET, der = Empfänger und Verkünder göttlicher Offenbarungen, die Heil oder Unheil ankündigen können. Alle Weltreligionen hatten und haben ihre Propheten.

RAMADAN, der = der „heiße Monat" oder 9. Monat des muslim. (Mond-)Jahres; gleichzeitig Fastenmonat der → Muslime, in welchem sich die Gläubigen vom Morgengrauen bis Sonnenuntergang jeder Nahrungsaufnahme (auch des Trinkens) enthalten; nach Sonnenuntergang erst kann bis tief in die Nacht hinein geschmaust und getrunken werden; endet mit dem Freudenfest → Bairam.

ROCH, der = Fabeltier; ungeheurer Riesenvogel in pers. und arab. Sagen und Märchen; u.a. auch in die mittelhochdeutsche Spielmannsepik übernommen.

„SALAM ALEIKUM!" etwa „Sei gegrüßt, Friede mit dir!" Antwort darauf: „Aleikum salam!"

SALOMON = israelitischer König (965 bis 926 v. Chr.), Sohn Davids; unter S. erreichte das Reich Israel-Judäa mit der Hauptstadt Jerusalem seinen Höhepunkt; S. galt als weiser und gerechter Richter; salomonisch = weise (z.B. ein weises Urteil).

SAMARKAND = Hptst. des Gebietes S., Usbekistan, in einer Flussoase am Serawschan. 329 v. Chr. von Alexander d. Gr., 712 von den Arabern erobert, erlebte die Stadt im 9. und 10. Jh. einen großen Aufschwung, bis sie 1220 von Dschingis Khan zerstört wurde. Im 14. Jh. erneut Aufschwung zum kulturellen Zentrum des → Islam.

SASSANIDEN, die = pers. Herrschergeschlecht (224–651), Begründer des zweiten pers. Großreiches, 642 durch die Araber gestürzt. Bekannt für ihre Felsreliefs und ihr Kunsthandwerk.

SCHAH, der = pers. für „König", meist kurz für Schahinschah = „König der Könige" (früher Titel des pers. Herrschers).

SCHAL, der = großes Umhänge-, Kopf- oder Halstuch; ursprünglich aus Persien stammend, seit den 18. Jh. auch in Europa verbreitet.

SCHARLATAN, der = falscher Arzt oder Heilsbringer; auch Quacksalber, Kurpfuscher, Schwindler. Abwertender Begriff für eine Person, die vorgibt, etwas anderes zu sein, als sie ist.

SCHEICH, der = auch heute noch üblicher Begriff für islamische Stammesfürsten und geistliche Würdenträger.

SCHIITEN, die = Anhänger des Schiismus, einer Glaubensrichtung des → Islam, die nur die Nachkommen des Ali (= Gatte von → Mohammeds Tochter Fatima) als Führer anerkennen.

SCHIRAS = Provinz-Hptst. in → Iran, 1585 m ü.M., in einem Becken des Zagrosgebirges, Handelszentrum m. großem → Basar und Freitagsmoschee (875 gegr., 1199 bis 1218 erneuert).

SEIDE, die = edelste Textilfaser, erzeugt von der S.-Raupe, die nach dem Verzehr von Maulbeerbaumblättern einen bis 4000 m langen S.-Faden spinnt. Zur S.-Gewinnung werden die Raupen in den Kokons durch Hitze (Dampf) getötet, die Kokons in heißem Wasser aufgeweicht und dann die Fäden abgehaspelt, die versponnen, zusammengezwirnt und zu Geweben verarbeitet werden. Seit dem 3. Jahrtausend v. Chr. zuerst in China gewonnen, gelangte die S. über die sog. Seidenstraße über Zentralasien, Indien, Persien und Anatolien westwärts ans Schwarze und ans Mittelmeer und schließlich bis nach Europa. Trotz strengstem Verbot schmuggelten Mönche um 532 S.-Raupen nach Europa, wo (in Italien und Südfrankreich) eine begrenzte eigene Zucht und damit die S.-Gewinnung begann.

SERAI, SERAIL, das = Palast des → Sultans; auch geschlossener Wohnbereich der Frauen, wie → Harem. Palaststadt von → Istanbul, bis 1922 Residenz der türk. Sultane.

SHARIA, die = islam. Recht mit sehr harten Strafen, das in orthodoxen (= streng religiös orientierten Staaten) ausgeübt wird, z. B. Hand abhacken bei Diebstahl, Steinigung bei Ehebruch. Im Westen empören wir uns darüber, dass die S. in Arabien, im Iran und im Sudan noch heute praktiziert wird; gleichzeitig praktizieren einige Staaten des Westens (USA) bis heute die Todesstrafe.

SCHEHERAZADE = die Erzählerin der Märchen aus Tausendundeiner Nacht.

SHISHA, die = → Wasserpfeife.

SUK, der = arab. Markt, manchmal auch bei uns gebrauchter Begriff für → Basar.

SULTAN, der = arab. für „mächtiger Herrscher"; der S. herrscht über ein Sultanat (heute z.B. noch im Sultanat Brunei in Südostasien; Sultanin = Herrscherin.

SUNNA, die = mündl. Überlieferung von Leben und Lehre des Propheten → Mohammed; für die nach ihr benannten → Sunniten bildet sie die zweite Glaubensquelle nach dem → Koran.

SUNNITEN, die = Anhänger einer der beiden Hauptkonfessionen des → Islams, der etwa 90% der → Muslime angehören. Im Gegensatz zu den → Schiiten erkennen sie die Rechtmäßigkeit der Kalifen als Nachfolger → Mohammeds an.

TALISMAN, der = Amulett; zauberkräftiger Gegenstand, dem Glück bringende oder Unheil abwehrende Kräfte nachgesagt werden.

TRAMPELTIER, das = → Kamel.

TURBAN, der = Kopfbedeckung der → Muslime und Hindu aus einem kunstvoll um eine Kappe gewundenen → Seiden- oder Baumwollschal (s. Abb. S. 232/233 unten).

TYRANN, der = Gewaltherrscher oder herrschsüchtiger Mensch; Tyrannei, die = Gewalt-/Willkürherrschaft; tyrannisch = gewaltsam, willkürlich; tyrannisieren = gewaltsam behandeln, unterdrücken.

WASSERPFEIFE siehe Seite 237 (Orientalische Genüsse).

WESIR, der = arab. „Stütze", „Helfer"; hoher Würdenträger islamischer Staaten, dessen Rang noch zum Großwesir zu steigern war.

ZARATHUSTRA, auch ZOROASTER = Neugestalter der altiranischen Religion, geb. 628 v. Chr., erkannte Ahuramazda als „Schöpfer aller Dinge", rief zum Kampf für das Gute gegen das Böse auf. Schuf als → Prophet den Kult der → Feueranbetung. Seine Religionsanhänger waren und sind die → Parsen.

Orientalische Genüsse

„... Am Köstlichsten aber erschien Aziz ein Tisch, über den eine Decke gebreitet lag und von dem ihm die herrlichsten Speisedüfte entgegenströmten.“

Viele der aus unserem Essen nicht mehr wegzudenkenden Gewürze stammen aus dem Orient. Darüber, wie sie ihren Weg in unsere Küchen gefunden haben, ranken sich zahlreiche Legenden, die zum Teil sehr abenteuerlich klingen. So soll zum Beispiel ein rätselhafter, altägyptischer Vogel namens Phönix, der sich im Feuer verjüngt, dafür zuständig gewesen sein, den Zimt zu transportieren. Im Mittelalter war Pfeffer in Europa so wertvoll, dass ein Tütchen davon mit Gold aufgewogen wurde. Pfefferdieben drohten schärfste Strafen wie das Abhacken der Hand (s.a. Sharia).

Über viele Jahrhunderte und bis in die Gegenwart bestimmt der starke Duft von Gewürzen den besonderen Charakter orientalischer Basare.

Aber nicht nur die Basare, auch die Gärten des Orients wurden und werden von ganz besonderen Düften geprägt. So stammt zum Beispiel die älteste Rosenart aus dem Orient. Rosen duften nicht nur angenehm, sie liefern neben Grundstoffen für Parfüms auch Rosenwasser zum Süßen von Speisen und finden medizinische Verwendung. Über Jahrhunderte hinweg und bis heute behauptet die Stadt Schiras ihre Bedeutung als Rosenstadt.

Über ihre Funktion als Zier- und Nutzgärten hinaus kommt den Gärten in den arabischen Ländern noch eine tiefere Bedeutung zu: Da sich in den Wüsten- und Steppengebieten Brunnen nur schwer bohren lassen und Wasser eine Kostbarkeit ist, galten die in Palästen und herrschaftlichen Gebäuden angelegten Gärten mit dem wohl duftenden Jasmin und den blühenden Rosen, mit sprudelnden Springbrunnen und zwitschernden Singvögeln als Paradies auf Erden.

1 Feige, Feigenblatt
2 Dattel
3 Granatapfel
4 Aprikose
5 Mandel
6 Honigmelone
7 Tamarinde
8 Olive, Olivenzweig
9 Sesam
10 Pfefferminze
11 Zitrone
12 Orange, Orangenblüten
13 Kardamom
14 Dattelpalme

Chili

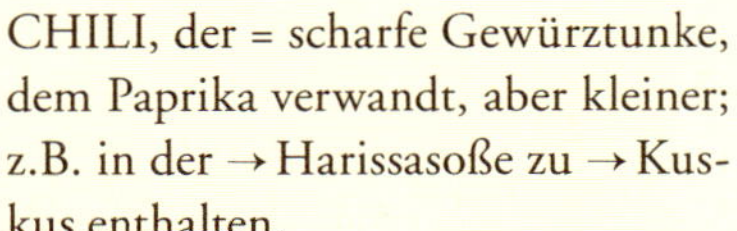

Die Heiligen Drei Könige führten Gold, Myrrhe und Weihrauch als Geschenke mit.

CHILI, der = scharfe Gewürztunke, dem Paprika verwandt, aber kleiner; z.B. in der → Harissasoße zu → Kuskus enthalten.

COUSCOUS → Kuskus.

HARISSASOSSE, die = sehr scharfe Soße aus → Chili, Knoblauch, Kümmel, Salz und Olivenöl, die z.B. zum → Kuskus genossen wird.

JOHANNISBROT, das = Hülsenfrucht des Johannisbrotbaumes, einem der ältesten Bäume der Welt, an dem alles nutzbar ist: Sein Holz wurde früher für den Tempelbau und als Gewicht zum Wiegen von → Diamanten benutzt. Aus den Früchten lässt sich Mehl gewinnen, aus den Hülsen Sirup und Süße für Medikamente. Der biblische Bußprediger Johannes der Täufer soll vom wilden Honig des Baumes gelebt haben, daher sein heutiger Name.

Johannisbrot

KAFFEE, der = Getränk, das aus Bohnen gebraut wird, welche von K.-Sträuchern oder -Bäumen geerntet und dann getrocknet und geröstet werden; ursprüngliche Heimat Äthiopien und Ostafrika, später auch die Regionen um Aden und → Mekka. Heute stammen mehr als 30 % der Welternte aus Brasilien. K.-Bohnen enthalten den munter machenden Wirkstoff Koffein.

KARDAMOM, der od. das = scharfes Gewürz aus den Samen von vorderindischen Ingwergewächsen; in arab. Ländern ist der mit K. gewürzte Kaffee ein beliebtes Getränk; in Europa seit dem 12. Jh. u.a. zum Würzen von Lebkuchen verwendet.

KÜMMEL, der = Gewürzpflanze; kümmeln = mit K. zubereiten; ugs. für (Alkohol) trinken.

KUSKUS, der und das = nordafrikanisches Gericht, das aus Hirse, Mais oder Weizengrieß gewonnen wird; besonders wohlschmeckend, wenn mit Brühe, Geflügel, Gemüse und Hammelfleisch angerichtet. Wird mit der rechten Hand gegessen, weil die linke als „unrein" gilt.

MOKKA, der = → Kaffeesorte, die besonders stark und oft gesüßt getrunken wird. Benannt nach der gleichnamigen Hafenstadt im Jemen am Roten Meer. Um das 15. Jh. Haupthafen zur Ausfuhr der kleiner gewachsenen Kaffee- oder M.-Bohne; heute stark zerfallen.

MYRRHE, die = wohl duftendes Harz von bitterem Geschmack, aus der Rinde des Dornenstrauches gewonnen. Seit ältesten Zeiten ein Räuchermittel. Die M. wird rotbraun, wenn sie an der Luft trocknet. Gemäß biblischer Geschichte führten die Heiligen Drei Könige als Geschenk zur Geburt von Jesus neben Gold und → Weihrauch auch M. mit.

PISTAZIE, die = ein Baum mit essbaren Samen; der Samenkern dieses Baumes.

Kuskus

SESAM, der = Pflanze mit ölhaltigem Samen; „Sesam, öffne dich!“: Zauberformel im Märchen „Ali Baba und die 40 Räuber“.

SULTANINE, die = große, kernlose Rosine, die schon in vergangenen Märchenzeiten gerne gegessen wurde.

TAMARINDE, die = tropische Pflanzengattung; in arab. Ländern werden die bis 20 cm langen, säuerlichen Hülsen als Obst gegessen und sind ein beliebter Durstlöscher.

TEE, der = weit verbreitetes Getränk, das, wie der → Kaffee, anregendes Koffein enthält; wird im gesamten → Orient bis heute sehr zeremoniell serviert. Schwarzer, grüner, chinesischer, russischer T. Wächst in den Tropen und Subtropen; auch Aufguss von getrockneten Teilen anderer Pflanzen (z.B. Kamillenblüten, Hagebutte). Stammt ursprünglich aus Hinterindien (Assam). Seit dem 4. Jh. in China, seit Ende des 16. Jh. in Europa getrunken, diente auch als Arznei.
Fast in jedem Garten des → Maghreb findet sich ein Beet mit Minze, die für den stark gesüßten Pfefferminz-T. verwendet wird; zusammen mit Thymian, Wermut und Koriander gibt die Minze zudem der marokkanischen Küche ihren besonderen Geschmack.

WASSERPFEIFE, die = ägyptisch, arabisch „Shisha“ oder „Nargileh“. Der Tabak der W. wird durch ein Stück glühender Holzkohle entzündet. Der entstehende Rauch wird durch einen anhängenden Wasserbehälter geleitet und kühlt sich ab. Die W. kommt zz. wieder groß in Mode: In San Francisco, London und Berlin wird die „Shisha“ in ägyptischen, syrischen und türkischen Cafés zum Tee angeboten.

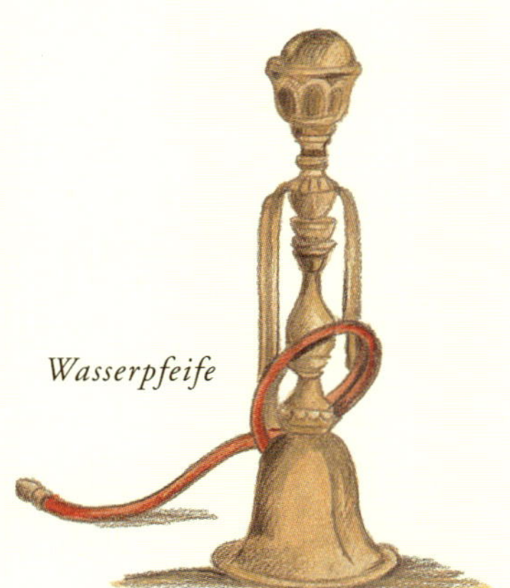
Wasserpfeife

WEIHRAUCH, der = aus Bäumen und Sträuchern gewonnenes Gummiharz. Getrocknet und dann erhitzt, verströmt er einen starken, fast betäubenden Duft. W. wurde schon in Altägypten zu kultischen Zwecken verbrannt und diente ursprünglich zur Vertreibung böser Geister, wurde dann zum Opfer (Rauchopfer) und schließlich zum Sinnbild aufsteigenden Gebets; spielt auch bei katholischen und oströmisch-orthodoxen Messen und Gottesdiensten eine wichtige Rolle. Seit dem Altertum wertvolle Handels- und Tauschware, die über die W.-Straße von Ostafrika und Äthiopien bzw. von Südarabien (Jemen und Oman) mit → Karawanen entlang der Arabischen Halbinsel über → Mekka nach Norden transportiert wurden und über Petra im heutigen Jordanien an die Mittelmeerküste gelangte.

ZIMT, der = urspr. aus China und Malaysia stammendes starkes Gewürz, das aus der getrockneten und zerriebenen Innenrinde des Z.-Baumes gewonnen wird. Seit dem 14. Jh. gelangte der Z. über Ceylon (heute Sri Lanka) nach Europa.

Die Autoren

Horst Künnemann, geboren 1929 in Berlin, lebt seit 1954 in Hamburg. Über 30 Jahre Lehrer an Volks-, Real- und Fachschulen. Er war und ist als Kritiker, Texter und freier Mitarbeiter an großen Tages- und Wochenzeitungen im In- und Ausland tätig. Übersetzer, Autor für Bilderbücher, Fantasiegeschichten, Reiseberichte, Sach- und Fachbücher. Seit 2000 Honorarprofessor an der Carl-von-Ossietzky-Universität in Oldenburg, Fachbereich Ästhetik und Visuelle Kommunikation. Er hat sich zeitlebens gerne herumgetrieben, war immer schrecklich neugierig, ca. 15 Jahre „auf der Rolle“ in allen Kontinenten, darunter auch in (fast) allen Ländern und Regionen des „Orients“, aus denen die „Märchen aus Tausendundeiner Nacht“ stammen.

Mario Grasso wurde 1941 in Mailand geboren, lebt seit 1950 in Basel. Vier Jahre Lehre als Lithograph, parallel dazu Fachhochschule für Gestaltung, Basel. Arbeitet seit 1969 als freischaffender Texter, Illustrator und Designer. Rund zwei Dutzend Bücher sind von ihm erschienen – viele wurden international ausgezeichnet. Auch von anderen Autoren hat er zahlreiche Bücher illustriert. Mit 23 Jahren bereiste Mario Grasso zum ersten Mal Tunesien, ein Jahr später Marokko. Die märchenhafte Stadt Marrakesch mit ihren Moscheen und den farbenprächtigen Ornamenten verarbeitete er oft in seinen Werken. Auch Venedig hat ihn schon sehr früh in seinen Bann gezogen. Der orientalische Einfluss dieser Stadt fasziniert ihn immer wieder aufs Neue.

Córdoba
Istanbu
Fes
Algier
Tunis
Casablanca
Tripolis
O R I E